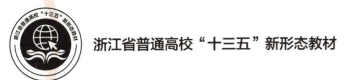

浙江省普通高校"十三五"新形态教材

食药道德教育

Moral Education of Food and Drug

主编　陆晓莉　丁　静

ZHEJIANG UNIVERSITY PRESS
浙江大学出版社
·杭州·

图书在版编目(CIP)数据

食药道德教育/陆晓莉,丁静主编.—杭州:浙江大学
出版社,2023.1
ISBN 978-7-308-22593-9

Ⅰ.①食… Ⅱ.①陆… ②丁… Ⅲ.①食品工业—职
业道德—研究—中国 ②制药工业—职业道德—研究—中国
Ⅳ.①F426.82 ②F426.77

中国版本图书馆 CIP 数据核字(2022)第 077748 号

食药道德教育

SHIYAO DAODE JIAOYU

陆晓莉　丁　静　主编

责任编辑	汪荣丽
责任校对	沈巧华
封面设计	林智广告
出版发行	浙江大学出版社
	(杭州市天目山路 148 号　邮政编码 310007)
	(网址:http://www.zjupress.com)
排　版	杭州星云光电图文制作有限公司
印　刷	杭州宏雅印刷有限公司
开　本	787mm×1092mm　1/16
印　张	13
字　数	282 千
版 印 次	2023 年 1 月第 1 版　2023 年 1 月第 1 次印刷
书　号	ISBN 978-7-308-22593-9
定　价	49.80 元

浙江大学出版社市场运营中心联系方式:0571－88925591;http://zjdxcbs.tmall.com

《食药道德教育》编委会

前　言

国无德不兴，人无德不立。党的二十大报告中指出，教育是国之大计、党之大计。培养什么人、怎样培养人、为谁培养人是教育的根本问题。育人的根本在于立德。

食药道德是食品药品行业职业道德的简称，是社会道德在食药行业实践领域的特殊表现。食药道德是食药行业从业者在职业活动中应遵循的行为准则和规范。随着社会的进步，我国已进入全面建设社会主义现代化国家的新发展阶段，我国食药行业得到持续发展，但仍存在因食药道德缺失而引起的食品药品安全问题，这对人民群众的生命安全和身体健康造成了危害。因此，食药行业从业者具备良好的食药道德规范至关重要。党的二十大报告中强调，推进健康中国建设，把保障人民健康放在优先发展的战略位置。推进健康中国建设，需要高素质食药人才支撑，食药道德教育直接关系到食药人才培养质量、食药企业的可持续发展和食药行业的未来，对造就食药道德高尚的食药人才具有深远的时代意义。

为能够培养和造就食药道德高尚的高素质人才，我们编写了本教材。在编写过程中尽可能使本教材体现以下几个特点：

第一，教材内容设计科学。本教材建设秉承权威性、前沿性、原创性的建设要求，打造培根铸魂、启智增慧，适应新时代要求的精品化、新形态教材。教材内容全面贯彻习近平新时代中国特色社会主义思想，既继承中华传统食药文化中的道德精髓，又注重社会主义核心价值观的融入，更体现了食药道德素养的培养和锤炼，内容设计科学合理，文字表述规范流畅，图文并茂。本教材将食药道德内涵与中华传统伦理道德规范相结合，创造性地凝练出"敬畏生命、厚德博识、质量至上、诚实守信、精进创新、清廉守道、仁爱奉献"七大食药道德规范，能够被广泛应用于食药行业研制、生产、经营、使用、监管等各个实践环节，符合新时代食药道德教育的新要求。

第二，教材编写体例新颖。本教材遵循教学规律和学习者成长规律，充分体现"以学习者为中心"的编写思想。教材体例采用"学"和"践"双线结构，将课程知识体系拆分细化,开发"模块式""项目化"教学模式。如在"食药道德养成实践"模块中,以较为创新的形式对食药道德规范进行解读,通过设置经典释义、要义阐述、案例分析、养成训导等,使学习者既能深刻感受到中华民族食药文化的博大精深,又能不断激发学习者的学习兴趣和创新潜能。教材的编写体例设置能够方便学习者在学中练,在练中践,不断加强学习者的食药道德体验,激发学习者食药道德共鸣,从而达成食药道德自律。

第三,课程思政润物无声。本教材由国家级课程思政教学名师领衔,思政教师与专业教师联合编写而成。在编写过程中,通过深入挖掘食药道德教育所蕴含的思政要素,精选具有思想深度和时代特征的案例,不断增加教材的知识性、人文性,提升教材的引领性、时代性和开放性,在潜移默化中帮助学生塑造正确的世界观、人生观和价值观,以期达到润物无声的思政育人效果。

第四,校企双元共育人。本教材建设积极探索产教融合,践行校企双元协同育人机制。经验丰富的食药行业专家也参与了本教材的编写工作,充分发挥了食药企业的育人主体作用,推进食药行业、企业参与人才培养的全过程,能够将行业现实的职业素养要求与院校理论教学经验有机融合,使教材内容符合新时代食药行业和社会发展的需要,增强教材的适用性,体现教材注重应用型的特色,具有现实意义。

第五,配套资源丰富。本教材配套资源丰富、呈现形式灵活、信息技术应用适当。本教材积极推动配套资源和数字教材建设,充分发挥信息技术作用,融合音频、视频、图片及动画等元素,制作课件、案例库、试题库等数字化教学资源,形成了可听、可视、可练、可互动的新形态教材,以提高学生的学习效率和效果。

在教材编写过程中,编写团队参阅了大量的文献,并尽可能地在参考文献中列出;深入行业、企业、高校进行调研访谈、分析总结、反复论证,以期为提升食药人才素质尽绵薄之力。同时,本教材的编写也得到了广大同行、食药企业专家的关心、支持,在此致以诚挚的谢意!本教材既适用于食品、医药类等高校师生学习,也适用于市场监管部门、药品监管部门、食药企业等人员培训。由于编者水平有限,书中纰漏在所难免,敬请广大读者和专家学者批评指正。

编者

2022 年 12 月

目　录

模块一　食药道德理论认知

模块导航 ……………………………………………………………………（ 2 ）

项目一　食药道德概述 ……………………………………………………（ 3 ）

　　任务一　食药道德的内涵与特征 ………………………………………（ 3 ）

　　任务二　食药道德的实现形式 …………………………………………（ 7 ）

　　任务三　食药道德的建设意义 …………………………………………（ 9 ）

　　思考与练习 ………………………………………………………………（ 13 ）

项目二　食药道德溯源 ……………………………………………………（ 15 ）

　　任务一　国内外食药道德的传承 ………………………………………（ 15 ）

　　任务二　国内外食药道德建设的启发 …………………………………（ 22 ）

　　思考与练习 ………………………………………………………………（ 30 ）

项目三　食药道德应用 ……………………………………………………（ 31 ）

　　任务一　食品行业健康发展的要求 ……………………………………（ 31 ）

　　任务二　药品行业健康发展的要求 ……………………………………（ 33 ）

　　任务三　食药行业中道德规范的应用 …………………………………（ 35 ）

　　思考与练习 ………………………………………………………………（ 38 ）

模块二　食药道德养成实践

模块导航 ……………………………………………………………………（ 42 ）

项目一　敬畏生命的养成 …………………………………………………（ 43 ）

　　任务一　规范解读 ………………………………………………………（ 43 ）

　　任务二　案例分析 ………………………………………………………（ 49 ）

　　任务三　养成训导 ………………………………………………………（ 52 ）

　　思考与练习 ………………………………………………………………（ 55 ）

项目二　厚德博识的养成 …………………………………………………（ 57 ）

　　任务一　规范解读 ………………………………………………………（ 57 ）

任务二 案例分析 ……………………………………………………（64）

任务三 养成训导 ……………………………………………………（67）

思考与练习 ……………………………………………………………（70）

项目三 质量至上的养成 ……………………………………………（72）

任务一 规范解读 ……………………………………………………（72）

任务二 案例分析 ……………………………………………………（79）

任务三 养成训导 ……………………………………………………（81）

思考与练习 ……………………………………………………………（86）

项目四 诚实守信的养成 ……………………………………………（88）

任务一 规范解读 ……………………………………………………（88）

任务二 案例分析 ……………………………………………………（94）

任务三 养成训导 ……………………………………………………（96）

思考与练习 ……………………………………………………………（99）

项目五 精进创新的养成 ……………………………………………（101）

任务一 规范解读 ……………………………………………………（101）

任务二 案例分析 ……………………………………………………（108）

任务三 养成训导 ……………………………………………………（111）

思考与练习 ……………………………………………………………（114）

项目六 清廉守道的养成 ……………………………………………（116）

任务一 规范解读 ……………………………………………………（116）

任务二 案例分析 ……………………………………………………（123）

任务三 养成训导 ……………………………………………………（125）

思考与练习 ……………………………………………………………（129）

项目七 仁爱奉献的养成 ……………………………………………（130）

任务一 规范解读 ……………………………………………………（130）

任务二 案例分析 ……………………………………………………（136）

任务三 养成训导 ……………………………………………………（139）

思考与练习 ……………………………………………………………（142）

模块三 食药道德典型案例

模块导航 ………………………………………………………………（146）

项目一 中国北京同仁堂(集团)有限公司食药道德实践案例 …………（147）

任务一 案例描述 ……………………………………………………（147）

任务二 规范分析 ……………………………………………………（149）

　　任务三　调查体验 ……………………………………………………（150）

项目二　中国医药集团有限公司食药道德实践案例 ………………………（154）
　　任务一　案例描述 ……………………………………………………（154）
　　任务二　规范分析 ……………………………………………………（156）
　　任务三　调查体验 ……………………………………………………（157）

项目三　江苏恒瑞医药股份有限公司食药道德实践案例 …………………（161）
　　任务一　案例描述 ……………………………………………………（161）
　　任务二　规范分析 ……………………………………………………（163）
　　任务三　调查体验 ……………………………………………………（165）

项目四　广州医药集团有限公司食药道德实践案例 ………………………（168）
　　任务一　案例描述 ……………………………………………………（168）
　　任务二　规范分析 ……………………………………………………（170）
　　任务三　调查体验 ……………………………………………………（171）

项目五　华东医药股份有限公司食药道德实践案例 ………………………（174）
　　任务一　案例描述 ……………………………………………………（174）
　　任务二　规范分析 ……………………………………………………（176）
　　任务三　调查体验 ……………………………………………………（177）

项目六　杭州娃哈哈集团有限公司食药道德实践案例 ……………………（180）
　　任务一　案例描述 ……………………………………………………（180）
　　任务二　规范分析 ……………………………………………………（182）
　　任务三　调查体验 ……………………………………………………（183）

项目七　佛山市海天调味食品股份有限公司食药道德实践案例 …………（187）
　　任务一　案例描述 ……………………………………………………（187）
　　任务二　规范分析 ……………………………………………………（189）
　　任务三　调查体验 ……………………………………………………（191）

参考文献 ………………………………………………………………………（194）

食药道德理论认知

党的二十大报告中强调："教育是国之大计、党之大计。培养什么人、怎样培养人、为谁培养人是教育的根本问题。育人的根本在于立德。"[①]食药道德是食品药品行业职业道德的简称。在新发展阶段,强化食药道德建设对全面推进健康中国建设,促进食药行业健康发展具有重大意义。食药行业从业者必须清楚地认识到,不管社会如何发展,食药行业如何进步,食药道德始终是每个从业者应该遵循的行为准则和规范。

本模块设置了食药道德概述、食药道德溯源和食药道德应用三个项目。通过分析食药道德的内涵特征、实现形式和建设意义,追溯国内外食药道德的发展历程,提出食药行业健康发展的要求,推动食药道德规范的应用,从而强化从业者对食药道德理论的认知。

---

① 习近平:高举中国特色社会主义伟大旗帜 为全面建设社会主义现代化国家而团结奋斗:在中国共产党第二十次全国代表大会上的报告[EB/OL].（2022-10-16）[2022-11-30]. https://www.12371.cn/2022/10/25/AR-TI1666705047474465.shtml.

项目一·食药道德概述

项目一 PPT

🎯 学习目标

1. 掌握食药道德的内涵与特征。
2. 理解食药道德的实现形式及建设意义。
3. 强化从业者对食药道德理论的认知。

📖 任务设置

随着社会的进步,我国食药行业持续发展,但仍存在因从业者道德缺失而引起的食品药品安全问题,这给人民群众的生命安全和身体健康造成了危害。因此,必须强化对食药行业从业者的道德建设,确保从业者能清楚地认识到食药道德的重要性,并在学习、工作、生活中积极践行。

进入新发展阶段,食药道德在食药行业各领域中的重要性日益凸显。在全面推进健康中国建设的过程中,良好的食药道德不仅是食药行业从业者职业道德的体现,更是人民生命安全的重要保障。因此,食药道德在发展过程中被赋予了丰富的内涵。

任务一　食药道德的内涵与特征

食药行业从业者的职业活动涉及人的生命安全和身体健康,这类职业活动逐渐形成了共同的价值追求,其中一部分形成了食药行业法律法规,另一部分形成了食药行业职业道德。前者属于国家对食药行业及其从业者和产品的强制性规定,一旦违反相关法律法规,从业者将承担相应的法律责任;后者是食药行业从业者通过教育与实践形成的,能够自觉遵守的行为准则和道德规范,一旦违反,将会在公众舆论和自我良心方面受到谴责。

一、食药道德的内涵

食药道德是食品药品行业职业道德的简称,是社会道德在食药行业实践领域的特殊表现。食药道德是食药行业从业者在职业活动中应遵循的行为准则和规范。它

3

体现了食药行业的职业特征,调整了食药行业的职业关系。这里的食药行业包含食品、药品、医疗器械、化妆品等产业在内的大健康领域。

食药道德是在一定的社会条件下产生的,随着社会经济条件的变化而变化,是在食药实践活动中形成和发展起来的。我国古代虽生产力发展水平较低,经济发展缓慢,但在长期的食药实践活动中,仍然形成了注重德与术相统一、道德教育与实践相结合的初步的食药道德思想。

在儒家伦理思想中,"仁"占据极其重要的地位。中国古代医药不分家,从儒家对医者的仁爱要求中,我们可以看到中医药的仁爱思想。"医乃仁术"体现了儒家思想对医药行业的解读与要求。《黄帝内经·灵枢·师传》指出,掌握医术,即可"上以治民,下以治身,使百姓无病。上下和亲,德泽下流",由此可见,医儒同道。儒家饮食思想的宗旨是"民以食为天",并且认为食不仅是人类的本能,而且是天下的大欲,在儒家看来,饮食不仅能满足人欲的需求,更重要的是能与天理相通。《尚书·泰誓》中"民之所欲,天必从之"表现出人欲和天理相应的必然性。汉代董仲舒"天人合一"思想向饮食领域深化,把民食即天理的伦理观念进一步系统化。新中国成立以后,食药行业进一步发展,以马克思主义的辩证唯物主义、历史唯物主义和伦理学理论为指导,形成了"救死扶伤""防病治病""全心全意为人民健康服务"等道德观念,这些都丰富了食药道德的内涵。

在新时代,经济社会迅猛发展,道德关系更加复杂,道德适用范围也更为广泛,这就对食药道德提出了更高的要求。食药行业从业者面临一切职业的和非职业的情境时,与所接触的一切对象都会产生更为纷繁复杂的关系和联结。食药道德影响从业者的从业态度和价值观。2015年,习近平总书记在十八届中央政治局第二十三次集体学习讲话时指出:"食品药品安全关系每个人身体健康和生命安全。要用最严谨的标准、最严格的监管、最严厉的处罚、最严肃的问责,确保人民群众'舌尖上的安全'。要加快相关安全标准制定,加快建立科学完善的食品药品安全治理体系,努力实现食品药品质量安全稳定可控、保障水平明显提升。要坚持产管并重,加快建立健全覆盖生产加工到流通消费的全程监管制度,加快检验检测技术装备和信息化建设,严把从农田到餐桌、从实验室到医院的每一道防线,着力防范系统性、区域性风险。要着力解决违规使用高剧毒农药、滥用抗生素和激素类药物、非法使用'瘦肉精'和孔雀石绿等添加物,重点打击农村、城乡接合部、学校周边销售违禁超限、假冒伪劣食品药品,一项一项整治,务求取得实际效果。"①2016年,习近平总书记在中央财经领导小组第十四次会议中强调:"加强食品安全监管,关系全国13亿多人'舌尖上的安全',关系

---

① 中共中央宣传部.习近平总书记系列重要讲话读本(2016年版)[M].北京:学习出版社,人民出版社,2016:228.

广大人民群众身体健康和生命安全。要严字当头,严谨标准、严格监管、严厉处罚、严肃问责,各级党委和政府要作为一项重大政治任务来抓。要坚持源头严防、过程严管、风险严控,完善食品药品安全监管体制,加强统一性、权威性。"①可见,食药道德建设在新时代被赋予了更加重要的意义。

二、食药道德的特征

食药道德作为从古至今发展而来的职业道德,符合行业和职业的一般特征,也具有新时代特征,它体现了食药行业从业者发自内心的真诚信仰和执着追求,是食药行业从业者知、情、意、信、行的有机统一。

(一)食药道德的一般特征

1.行业性

食药道德的行业性体现在它对食药行业从业者的职业活动的特殊要求上,食药道德约束从业者在食品药品职业活动中所发生的行为。食药道德紧密联系食药行业实际,集中反映了食药行业中的普遍道德要求,在整个职业道德体系中具有特殊地位,为全社会所关注,这是与其行业性的特征息息相关的。

2.人本性

食药道德的人本性体现在它对人的生命安全和身体健康的关注上,食药道德要求食药行业从业者把维护人的生命安全和身体健康放在首位,把"关爱生命、呵护健康"作为自己的崇高理想。这种由里及外、由小及大的人本性特征是食药道德规范处理人与人、个人与集体、个人与社会、个人与自然等诸多关系的道德准绳。食药道德的人本性还体现在研制、生产、经营、使用更多的高质量的产品上,确保人类可以获取更安全、健康和有营养的食品;不断攻克威胁人类健康的疾病,确保人类可以获得解决病痛的有效药品。只有这样,才能改善人类的生活品质,促进人类的健康发展。

3.严肃性

食药道德的严肃性体现在以下几个方面:首先,食药道德要求食药行业从业者在研制、生产、经营、使用、监管过程中,维护国家制定的相关法律法规的权威性,自觉并严格按照法律法规办事;其次,食药道德要求从业者对食药相关法律法规和他们应该承担的社会责任保持一种敬畏态度,严格规范自己的态度和行为;最后,食药行业从业者一旦没有很好地践行食药道德,很有可能会造成严重的食品药品安全事件。

4.传承性

食药道德的传承性是指在其发展过程中吸收、继承历史上食药道德的精髓,并进一步创新和发展。历代食药人在实践中形成了许多优良的食药道德传统,并根据食

---

① 中央财经领导小组第十四次会议召开[EB/OL].(2016-12-21)[2022-11-30].http://www.gov.cn/xinwen/2016-12/21/content_5151201.htm.

药行业的现实要求,从理论上提出了一系列具有普遍、积极意义的食药道德规范,如国内的"以义生利""诚实守信""市不豫贾""礼义相待""医乃仁术""博施济众""勿重利,当存仁义""贵人"等,国外的"愿绝名利心,服务一念诚,尽力医病人"等。这些都是人类共有的宝贵的精神财富,都得到了有效传承并被发扬光大。

(二)新发展阶段食药道德的特征

2021年3月,十三届全国人大四次会议通过的《中华人民共和国国民经济和社会发展第十四个五年规划和2035年远景目标纲要》中明确提出:"全面推进健康中国建设。把保障人民健康放在优先发展的战略位置,坚持预防为主的方针,深入实施健康中国行动,完善国民健康促进政策,织牢国家公共卫生防护网,为人民提供全方位全周期健康服务。"[①]进入新发展阶段,全面推进健康中国建设的要求,赋予了食药道德新的特征。

1. 创新性

食药道德的创新性是指在传承传统食药道德精髓的基础上,赋予食药道德新的内涵和要求。新时代的食药行业制度创新、发展模式创新、科技和产品(服务)创新,体现出食药领域的创新无处不在。科技创新将助推食药行业迈向新台阶,与此同时也给食药安全带来了全新的挑战。为此,食药道德也需要不断自我创新与发展,才能适应食药行业各方面的要求和新时代中国特色社会主义事业的发展,也能更好地推动新发展阶段食药行业健康发展。食药道德在传承过程中把适应新发展阶段的内容继承下来,对不适应的内容加以完善。食药道德的这种传承过程,既符合人类道德发展的规律,又体现了创新性特征。

2. 开放性

食药道德的开放性是指其在内容和要求上具有开放性。一方面,新发展阶段的食药道德对中华传统食药道德和西方食药道德兼容并包。中华传统食药道德具有悠久的历史,同样西方国家在食品药品事业发展过程中也留下了丰富的精神财富。新发展阶段的食药道德是对中华传统食药道德的批判继承,也是对西方食药道德的甄别吸收。另一方面,新发展阶段的社会现实要求食药道德具备开放性。进入新发展阶段,为了全面契合社会利益和价值的多元性,必须形成一个包容性、开放性的食药道德体系。同时,食药道德之外的法律、政策、风俗、社会舆论以及食药行业从业者的个性因素等都会对食药道德产生影响。食药道德对法律、政策、风俗、社会舆论等诸多因素存在开放性是客观事实,吸纳这些要素中的合理成分,与时俱进,是新发展阶段食药道德的显著特征。

---

① 中华人民共和国国民经济和社会发展第十四个五年规划和2035年远景目标纲要[EB/OL].(2021-03-13)[2022-11-30].http://www.gov.cn/xinwen/2021-03/13/content_5592681.htm.

3.广泛性

新发展阶段的食药道德,就其内容而言,覆盖了食药行业的方方面面,其内涵比以往任何时候都丰富;就其实施而言,能够被食药行业的决策者、执行者、服务对象等不同群体广为接受;就其关注点而言,食药行业从关注自然人转向关注社会人,从关注个体转向关注群体,从关注解决温饱和治病转向关注健康和营养,大量伦理道德问题不断涌现。食药道德广泛性的特点也为食药道德创新提供了更多可能,它给食药行业从业者提供了丰富的内容去甄别、去传承、去融合,也提供了广阔的空间去思考、去拓展、去创新。

食药道德的广泛性还体现在人民对健康共享的新要求上。2020年,新型冠状病毒感染疫情席卷全球,人们越来越感受到共同防御疾病、增进健康的重要性。各国的食药行业发展成果应实现共享,用来为全人类健康谋福祉,有效促进国际合作,这也响应了习近平总书记提出的"构建人类卫生健康共同体""构建人类命运共同体"的号召。

拓展阅读
共同打造人类卫生
健康共同体(新论)

4.自省性

食药道德的自省性是指食药行业从业者基于对行业和社会发展的客观认识,对自己在从业过程中实践食药道德的情况开展自我评价、自我调控,从被动服从变为主动自省,从而自觉地接受食药道德教育,主动践行食药道德规范。

食药道德的这种自省性特征,表现为从业者在履行发展食品药品健康事业,维护人民健康的职责时,是自觉、主动、无条件的。它来源于从业者对自身事业整体利益的深刻认识,也来源于在食药行业实践中形成的道德义务感和典型的人格特征。同时,食药道德的自省性也是从业者全心全意开展职业活动的心理基础。在新时代,从业者仅仅依靠外在的约束力去开展职业活动是远远不够的,还必须依靠自我反省和调控。食药道德的自省性体现了一种不需要任何外力所形成的职业道德习惯,能由内向外对不适宜的道德行为进行纠正,促使从业者深刻理解食药道德义务并做出适当改变。这种内在的自省性越高,其受到的约束就越小,就越能表现出高尚的食药道德品质。

任务二　食药道德的实现形式

食药行业从业者的内在自我修养和外在从业实践是食药道德的主要实现形式。内在自我修养体现在从业者的理想人格、卓越意识和规范品行的养成上。而在食品药品研制、生产、经营、使用、监管等外在从业实践过程中,食药道德表现在态度认识、价值判断、行为选择和习惯养成等方面。

一、内在自我修养

食药行业从业者的内在自我修养是道德活动形式之一,是指为实现一定的行业理想,达到完善的人格,按照食药道德的基本准则和规范在意识、信念和行为方面进行的自我修身磨砺。内在自我修养的根本问题是"自我修养"的主动提升,关键在于通过什么途径来达成自我修养的问题。新时代食药行业从业者,可以从强化认知、树立信念、规范行为等三方面来提升自我修养。

(一)强化认知

强化认知是内在自我修养的发端,为自我修养的推进提供内容的支持,是提升信念、规范行为的前提。强化认知要求从业者掌握食药道德的基本准则和规范,深入理解、认识食药道德的内涵,认可食药道德的特征及功能,形成稳定的食药道德理念。"小事见大节""细微见真情",坚持学习食药道德,强化食药道德意识,用食药道德规范自身言行,始终把食药道德要求付诸职业和生活的细节中,日积月累、锲而不舍,不断增强自身食药道德修养。

(二)树立信念

信念是指人们对基本需要与愿望的坚定不移的思想意识和主观情感,它是食药道德行为的基础。离开食药行业从业者的内心信念的熔炼和打造,食药道德只是一具华丽的外壳。食药道德经过长期发展和完善,形成了明确的规范,在食药行业内部也形成了一些公认的行业准则,是食药行业从业者应当共同遵循的。这些规范和准则并不全是以成文方式出现,更多的是以食药人的理想信念的形式存在。食药行业从业者在从业过程中不断地接触这些思想和准则,接受灌输和强化,验证它们的正确性,有助于树立并坚定食药人的理想信念。因此,树立信念是提升内在修养的主要途径。

(三)规范行为

规范行为是指食药行业从业者在提升内在修养过程中,有意识地用食药道德对行为进行判断,做出选择,对自己或他人的行为进行总结,凝练行为准则的过程。规范行为是食药行业从业者提升内在修养的目的和要求。

二、外在从业实践

食药从业环境为食药道德外在实践提供了良好的土壤。在这个实践环境中,知识、信念、态度、行为、责任等以各种形态得到展现,能够据此判断食药行业从业者是否理解食药道德、践行食药道德、发扬食药道德。外在从业实践形式多样,主要包括氛围熏陶、活动参与、养成训导和榜样示范等。

（一）氛围熏陶

氛围熏陶是指高校、企业、监管部门等通过塑造有形和无形的载体，打造食药领域物质文化和精神文化两个层面的多种元素，有意识地营建食药道德氛围，使食药行业从业者在潜移默化中提升思想、陶冶情操、规范品行、养成习惯。例如：提炼食药道德规范，树立食药企业宗旨理念，建设食药道德文化长廊，开展食药企业文化活动，举办食药人技能竞赛等。

（二）活动参与

活动参与是指食药行业从业者能够积极参与各类食药道德实践活动，不断提升对食药道德的认知和体验。食药道德活动主要包括食药道德主题教育、志愿服务、社会实践和实验实训等活动，为从业者和准从业者提供各类教育和实践资源。例如：食药道德主题演讲比赛、用药志愿服务活动、食药职场情景模拟活动、食药道德模范评选活动等。

（三）养成训导

养成训导是指以食药行业从业者可持续发展为培养目标，以行业岗位需求为依据，以食药道德养成为重点，以食药道德活动为抓手，按照"主题思考—能力拓展—养成评价"的步骤设置并完成训导任务。食药道德养成训导既可面向个体也可面向团队，注重个体的亲身参与和体验。

（四）榜样示范

榜样示范是指组织者通过展现食药行业突出的典型人物及其事迹把食药道德准则和规范具体化、形象化，对从业实践者产生感染力、吸引力，促使他们在学习榜样中深入理解食药道德内涵，把食药道德规范内化为自身的品质。例如：对行业巨擘的学习，对身边的食药道德突出人物的学习等。

任务三　食药道德的建设意义

食药道德是社会道德体系的重要组成部分，在社会生活中扮演着十分重要的角色。它对促进食药行业从业者素质提升和行业的健康发展有着重要作用。党的十九大以后，在推进健康中国战略实施过程中，食药道德得到了新的发展，体现出了新的特征，大健康理念不断深入人心。从业者具备良好的食药道德，能有效满足新发展阶段人民群众对健康的需求，助力国家深入实施健康中国战略，完善国民健康促进政策。

一、提升从业者自身素养

（一）有利于提升食品药品类专业学生的道德素养

只有具有高尚食药道德的人，才能担起食药行业从业者的职责。食药道德教育已成为高校食品药品类专业的道德教育体系的重要内容。开展食药道德教育，让学生理解和掌握食药道德规范，接受食药道德的洗礼，自觉地把食药道德内化为个体职业道德品质，符合高校落实立德树人根本任务的要求，有利于学生形成正确的世界观、人生观和价值观。

（二）有利于提升食药行业从业者的职业素养

食药行业的道德建设之所以尤为重要，是因为食药行业自身的特殊性，食药行业从业者的工作态度、服务质量、精神面貌等都关系着人民群众的健康和行业风气的养成。在行业中开展食药道德教育，使广大从业者自觉接受食药道德教育，自觉地把食药道德运用到食品和药品工作实际中，符合新时代对食药行业从业者的要求。

二、提高食药行业发展水平

（一）有助于增强食药行业的信誉

食药行业的信誉是千千万万食品药品企业通过长期努力而形成的优良的形象、信用和声誉等的集中体现。一家食品药品企业信誉的好坏来自企业的产品与服务在社会公众中逐渐形成的信任程度。信誉是食药行业和企业的生命线，是食药行业秩序的守护神。

不同的食品药品企业有不同的目标和愿景，就维护行业信誉而言，它们的目标是一致的。食药道德直接影响食药行业从业者的道德信念以及用以评价他人行为的道德标准。有了食药道德，食药行业从业者就会把它与行业目标、愿景紧密地联系在一起，自觉地、习惯性地根据食药行业的整体利益以及对岗位和行业的义务来评价自己的职业行为。他们也能够按照食药道德规范的要求，在职业活动中自觉约束和调整自己的行为，不断提高服务质量，从而达到主动维护企业和行业信誉的目的。

（二）有助于提高食药企业的效益

要提高食品药品企业的效益，主要在于促进企业管理和技术进步、提高产品质量、促进企业交流合作等，而这些都需要提高企业员工的素养，尤其是道德素养。在食品药品企业中，食药道德水平较高的员工，其责任心也较强，能为企业创造较高的经济效益。同时，由于食药行业的特殊性，企业经济效益的提升不能一味地靠降低成本等来实现，需要考虑更多的社会责任，履行更多的义务。提高员工的食药道德水平，能够破解食药行业面临的深层次问题，推进行业健康发展，切实保障大众健康。从长远来看，食药道德也能在食品药品企业发挥其重要的激励和导向作用。企业只有履行好社会责任，才能确保长期的经济效益。

(三)有助于规范食药企业的目标和行为

食药道德凝练了整个食药行业广泛认可的行为准则和道德规范,能对食品药品企业的行为选择起到引导和规范作用。食药道德通过协调食药行业的个人利益、企业利益和行业整体利益,调动整个行业的积极性,朝着共同目标去努力。食药道德也能增强企业的凝聚力,使得食品药品企业劲往一处使,合力促成行业的发展。更重要的一点是,食药道德能通过调节和规范食品药品企业的行为,促成食品药品企业与国家的大政方针保持一致,与社会的发展要求保持一致,与大众的需求保持一致,使整个行业健康、良性地发展。

三、促进健康中国战略目标实现

党的二十大报告中强调:"推进健康中国建设。人民健康是民族昌盛和国家强盛的重要标志。把保障人民健康放在优先发展的战略位置,完善人民健康促进政策。"[①]在全面建设社会主义现代化国家的新阶段,人民群众对生命健康和生活质量有了更高的要求,为了不断满足人民日益增长的美好生活需要,食药行业从业者必须勇担使命,助力实现"健康中国三步走"战略目标,即"2020年,主要健康指标居于中高收入国家前列","2030年,主要健康指标进入高收入国家行列"的战略目标,并展望2050年,提出"建成与社会主义现代化国家相适应的健康国家"的长远目标。

在实现全面建成小康社会后,我国主要健康指标总体上已优于中高收入国家平均水平,健康中国战略的第一个目标已经实现。以往的食药道德更多的是着眼于使用者的安全,健康中国战略强调的则是全民健康的理念,立足于为人民提供全方位、全周期的健康服务。为了能更精准地对接和更好地满足人民群众多层次、多样化、个性化的需求,食药行业从业者不仅要关注安全和质量,也要关注营养和疗效。

拓展阅读
共建共享健康中国

加强食药道德建设,构建以全民健康为中心的食药行业道德体系,有利于强化从业者生产服务行为的内在约束和思想引领;有利于提升人民群众对食品药品安全和健康重要性的认识,促进全民道德和健康行为的塑造;有利于强化公共卫生服务,应对和防范重大食品药品安全事件,促进健康中国战略目标的实现。

【知识链接】

"健康中国"的由来

"健康中国"这一概念由来已久,2008年,卫生部启动了"健康中国2020"

---

① 习近平:高举中国特色社会主义伟大旗帜　为全面建设社会主义现代化国家而团结奋斗:在中国共产党第二十次全国代表大会上的报告[EB/OL].(2022-10-16)[2022-11-30].https://www.12371.cn/2022/10/25/ARTI1666705047474465.shtml.

战略研究,系统深入研究了对推动卫生改革发展和改善人民健康具有战略性、全局性、前瞻性的重大问题,取得了一系列富有理论创见和实践价值的研究成果,并发布了《"健康中国2020"战略研究报告》,阐述了我国卫生事业发展所面临的机遇与挑战,明确了发展的指导思想与目标,提出了发展的战略重点和行动计划以及政策措施等。2015年10月,党的十八届五中全会明确提出,推进健康中国建设,为更好地保障人民健康作出了制度性安排。2016年10月,中共中央、国务院印发并实施《"健康中国2030"规划纲要》,这是我国首次在国家层面提出的健康领域中长期战略规划,成为今后15年推进健康中国建设的行动纲领。习近平总书记在2016年8月召开的全国卫生与健康大会上发表重要讲话。他强调,没有全民健康,就没有全面小康。① 2017年10月,习近平总书记在党的十九大报告中明确指出,实施健康中国战略,要完善国民健康政策,为人民群众提供全方位全周期健康服务。② 2019年7月,健康中国行动推进委员会公布《健康中国行动(2019—2030年)》文件,2021年3月,十三届全国人大四次会议通过的《中华人民共和国国民经济和社会发展第十四个五年规划和2035年远景目标纲要》中明确提出:全面推进健康中国建设。③ 2022年10月,党的二十大报告中提出:"推进健康中国建设。人民健康是民族昌盛和国家强盛的重要标志。把保障人民健康放在优先发展的战略位置,完善人民健康促进政策。"④

梳理与总结

食药道德是社会道德在食药行业实践领域的特殊表现,是食药行业从业者在职业活动中应遵循的行为准则和规范。在全面推进健康中国建设的大背景下,食药道德被赋予了更多的内涵,也体现出了创新性、开放性、广泛性、自省性等新的特征。通过学习食药道德的内涵、特征、实现形式及建设意义,食药行业从业者能够强化食药道德理论认知,提升道德素养,助力健康中国建设。

---

① 全国卫生与健康大会19日至20日在京召开[EB/OL].(2016-08-20)[2022-11-30].http://www.gov.cn/xinwen/2016-08/20/content_5101024.htm.

② 习近平.决胜全面建成小康社会 夺取新时代中国特色社会主义伟大胜利:在中国共产党第十九次全国代表大会上的报告[M].北京:人民出版社,2017:48.

③ 中华人民共和国国民经济和社会发展第十四个五年规划和2035年远景目标纲要[EB/OL].(2021-03-13)[2022-11-30].http://www.gov.cn/xinwen/2021-03/13/content_5592681.htm.

④ 习近平:高举中国特色社会主义伟大旗帜 为全面建设社会主义现代化国家而团结奋斗:在中国共产党第二十次全国代表大会上的报告[EB/OL].(2022-10-16)[2022-11-30].https://www.12371.cn/2022/10/25/ARTI1666705047474465.shtml.

本项目知识脉络如图 1-1 所示。

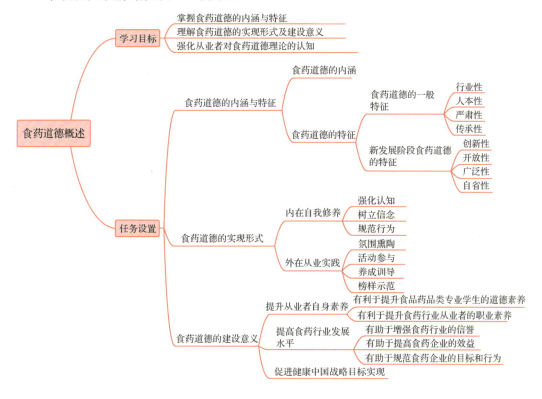

图 1-1　知识脉络

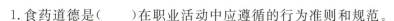

思考与练习

思考与练习
参考答案

一、单选题

1. 食药道德是（　　　）在职业活动中应遵循的行为准则和规范。

A. 食药行业从业者

B. 医药行业从业者

C. 食品行业从业者

D. 卫生健康行业从业者

2. 以下不属于食药道德建设意义的是（　　　）。

A. 提升从业者素养

B. 提高食药行业发展水平

C. 促进健康中国战略目标实现

D. 调节食药行业的利益关系

3.健康中国战略目标的第二步是(　　　)。

A.到 2020 年,主要健康指标居于中高收入国家前列

B.到 2025 年,满足人民群众多样化的健康需求

C.到 2030 年,主要健康指标进入高收入国家行列

D.到 2050 年,建成与社会主义现代化国家相适应的健康国家

二、多选题

1.以下(　　　)是新发展阶段食药道德的特征。

A.创新性　　　　　B.广泛性　　　　　C.自省性　　　　　D.开放性

2.下列(　　　)思想体现了儒家对食药道德的解读。

A.医乃仁术　　　　　　　　　　B.民以食为天

C.愿绝名利心,尽力医病人　　　　D.恃药律以保民生

3.食药道德实现形式的外在从业实践包含(　　　)方面。

A.氛围熏陶　　　　B.活动参与　　　　C.养成训导　　　　D.榜样示范

三、思考题

1.食药企业营建食药道德氛围是其践行食药道德的一种形式,请结合具体实例进行阐述。

2.结合实际,谈一谈食药道德教育对提升从业者自身素养的重要意义。

项目二·食药道德溯源

项目二 PPT

🎯 学习目标

1. 熟悉国内外食药道德发展的历程。
2. 掌握国内外食药道德建设的启发。
3. 提升从业者传承发扬食药道德的能力。

📖 任务设置

国内外食药道德思想经过历代学者和从业者不断丰富、发展、深化,逐步形成体系。追溯国内外食药道德的起源,了解其发展过程,能为我们传承和发展食药道德提供重要启示,对于当代食药道德建设具有重要意义。

任务一　国内外食药道德的传承

一、国内食药道德溯源与发展

(一)国内食药道德的溯源

我国自古以来就有"药食同源"理论。唐朝时期的《黄帝内经·素问》一书中写道"空腹食之为食物,患者食之为药物",反映出"药食同源"的思想。在中国古代社会就已经有了食药道德建设的实践。我国传统食药道德萌芽于原始社会的晚期到奴隶社会早期。在那个时期,人们生活极端困苦,衣食住行条件极度恶劣,也常常受到天灾、疾病、战争和野兽的侵害,为了能够生存下去,解决饥饿与疾病的问题是最为重要的。他们一边从事农业、畜牧业和手工业的生产,改善生活条件,一边采集制造药物,探索治疗疾病的方法。古代传说中的神农氏教民耕作,使民宜之。《农政全书·农本》云:"神农氏……斫木为耜,揉木为耒,耒耨之用,以教万人,始教耕……"《白虎通·号》云:"古之人民,皆食禽兽肉。至于神农……因天之时,分地之利,制耒耜,教民农作,神而化之,使民宜之,故谓之神农也。"传说中,除了发明农耕技术,神农氏还尝遍百草,发明了医术,是医药之祖。《史记·补三皇本纪》中载:"神农氏作蜡祭,以赭鞭鞭草木,始尝百草,始有医药。"《淮南子·修务训》载:"(神农)尝百草之滋味……一日而遇七十毒。"《搜神记》也写道:"神农以赭鞭鞭百草,尽知其平毒寒温之性,臭味所主,以播百谷。"此外,伏羲氏画八卦、制九针,轩辕氏等人察明堂、论经脉,其目的都是"疗民疾""拯天亡"。这些人可被称为中国最早的食药行业从业者,在这个过程中,他们体现出了爱人、救人、护人的食药道德思想。

拓展阅读
《淮南子·修务训》
节选

我国传统的食药道德在奴隶社会时期初步得到发展。关于食品道德方面的要求在周朝就已经出现。《周礼·天官冢宰》中把从事经济活动的人分为九类:"以九职任万民:一曰三农,生九谷。二曰园圃,毓草木。三曰虞衡,作山泽之材。四曰薮牧,养蕃鸟兽。五曰百工,饬化八材。六曰商贾,阜通货贿。七曰嫔妇,化治丝枲。八曰臣妾,聚敛疏材。九曰闲民,无常职,转移执事。"(《周礼·天官冢宰》)第六类是"商贾",并且对"商贾"的职业道德做出了一些规定,如讲究质量,禁伪除诈,定价合理,等等。而对于违反食品安全道德的行为,要给予处罚。据《礼记·王制》记载,西周有十四类货物是不允许买卖的,其中有两类就涉及了食品安全问题,"五谷不时,果实未熟,不鬻于市""禽兽鱼鳖不中杀,不鬻于市"。意思是说,粮食没有到采摘的时节,果实没有成熟,禽兽鱼鳖没有去除杂质,是不可以进行交易的。这一时期,生命神圣观念、生命质量观念和保健观念,在实践中也进一步得到发展。我国先秦时期的古籍《山海经》中反映了西周至春秋期间的一些医药状况,其中出现滋补药、美容药、宜子孙药和避孕药四类特殊药物,这说明周朝人不仅注重疾病的治疗,而且已开始有目的地改善自身的健康状况和生育状况,体现出其对生命质量和保健的要求,这些都丰富了传统食药道德的内容。

我国传统食药道德在漫长的封建社会时期形成并不断发展。儒家思想对我国封建社会的各个方面都影响极深,传统食药道德也被深深地打上了儒家思想的烙印。儒家思想的核心是"仁",在古代食品药品领域都有体现。儒家论饮食,注重其饮食行为之"仁爱",所主张的饮食"仁"德主要寓于两个层面:一为以食"仁民",所谓"民人以食为天",解决百姓的温饱问题即具有重要的"仁民"意义;二为食而"爱物",食事的"仁爱"意义,不仅体现在"仁民"这一"爱人"的层面,还可推及"爱物"层面。儒家也认为医药乃是"仁术",从业者必须是"仁爱之士",在医药活动中必须以仁爱救人为目的,时刻体现仁心仁术。此外,食药道德在封建社会的发展中还体现在政府法令和规范要求中。《唐律疏议》中明文规定:"脯肉有毒,曾经病人,有余者速焚之。违者杖九十;若故与人食并出卖,令人病者,徒一年,以故致死者绞;即人自食致死者,从过失杀人法。"对四类有违食品道德

拓展阅读
《唐律疏议·卷第十八》
节选

的行为分类予以处罚。《唐律疏议》云:"其有害心,故与尊长食,欲令死者,亦准谋杀条论;施于卑贱致死,依故杀法。"凸显了对生命价值的敬畏。唐朝时期,官府还颁布了我国第一部药典《新修本草》,还颁行了医药管理的律令,以法规的形式保证了医药道德规范的贯彻。唐律令规定,为人配药有误而伤人命者要判刑,行医卖药不得欺诈患者,奴仆也有享受医疗的权利。"若官户、奴婢疾病,主司不为请给医药救疗者,笞四十;以故致死者,徒一年",还规定对囚犯也应给以医药。药王孙思邈是唐朝医药道德思想的代表人物,他的不朽著作《备急千金要方》中的《大医习业》和《大医精诚》两篇,是我国历史上最早专门论述医药道德伦理思想的文献。在这两篇文献中,他系统提出了医药人在思想品德、专业素质、对患者态度、与同行关系等方面的具体道德准则,这些准则成为医药职业道德规范的基础。宋、明时期沿袭了唐朝时期的做法,对食药生产经营管理更加规范。在食品方面,对食品行业制假、售假行为的处罚更加严厉和具体。《宋刑统》规定:对在猪牛羊肉里注水销售的商贩,要给予"杖六十"的处罚,如若日后再犯,则要给予"徒一年"的处罚。明朝嘉靖三十三年(1554)规定:"发卖猪羊肉灌水,及米麦等插(掺)和沙土货卖者,比依客商将官盐插和沙土货卖者,杖八十。"在医药方面,由于宋、明时期战争频繁,疾病流行,人们在同伤病做斗争中,既提高了医药科学技术水平,又丰富和发展了医药道德。1076年,宋朝官府在京都汴梁(今河南开封)创办了最早的国家药店"官药局"。官办药局防止了药商投机控制医药市场,也实现了惠民防疫,促进了医药的昌盛。明朝开始,出现了"陈李济""叶开泰"等创办至今有数百年的一些老字号药店。这些老字号药店在经营过程中,逐渐形成了一系列值得借鉴的医药道德规范。宋、明时期我国传统食药道德实现了进一步发展。

综上所述,中华民族历来强调德与才的统一,传统食药道德思想中也包含了德才统一的思想。清朝医学家吴瑭说:"天下万事,莫不成于才,莫不统于德。无才固不足以成德,无德以统才,则才为跋扈之才,实足以败,断无可成。"我国古代的食药道德建设,深受以儒家为主导的传统道德文化的滋养,在食品药品生产经营中,儒家的义利观、公私观、仁爱观等道德思想对食药行业从业者产生了重要的影响,逐渐形成了以义生利、诚实守信、市不豫贾、礼义相待、敬畏生命、仁爱济世等优良的食药道德思想。这些都是我们宝贵的食药道德财富。

(二)国内近现代食药道德的发展

近现代时期,我国食药道德建设经历了民国时期的曲折发展、新中国成立后的大发展两大阶段,继承了中华民族优秀的传统道德,借鉴了国外食药道德的有益成分,经历了社会主义革命和建设时期的实践历练,初步形成了以马克思主义理论为指导,具有中国特色的、进步的、科学的食药道德体系。

1.新中国成立前食药道德的发展

辛亥革命胜利后,孙中山先生注意到了当时中国糟糕的卫生环境,因而相当重视公共卫生,这为食品安全监管创造了良好的政治环境。民国时期,设立了食品卫生机构卫生局,进一步规定了食品安全监管的职位设置和职责范围。在医药行业,受西医的影响、渗透、冲击,许多人对中医的科学性产生了怀疑乃至动摇,这使中医药事业受到严重打击。这一时期医药界的一些有识之士胸怀报国之心,克服重重困难,既继承了传统食药道德的宝贵遗产,也汲取了国外食药道德思想中的优秀成果,开展了对食药道德的一系列研究,形成了《药师信条》等理论成果,为新中国的食药道德建设奠定了基础。

【知识链接】

1935年,中国药学会颁行了《药师信条》,这是我国最早的一份专门阐述和规范医药道德的文件。《药师信条》不仅继承了古代医药伦理道德思想的优良传统,还增加了一些反映时代特征的新内容,例如"依照药典"制药,"恃药律以保民生"等,强化了从业者的道德意识,规范了从业者行为。

药师信条

中国药学会,1935年

技术须迅速而精密,以利业务的发展

动作须活泼而谨慎,以免忙中的错误

施行仁术,以尽慈善之义务

依照药典,以重病民之生命

制造调配确实,以增新医之声誉

清洁整齐弗怠,以释外人之疑虑

不许冒充医师,以清职业之界限

不许诽谤他人,以丧自己之人格

非礼之心勿存,养成规矩的态度

非义之利勿取,养成正当的行为

勿卖假药,须清白的辨别

勿买仇货,须切实的觉悟("仇货"指当时的日货)

弗配害人之处方,本良心而尽天职

弗售毒杀之药品,恃药律以保民生

遵守旧道德,以除一切之不正

遵守新生活,以除一切之恶习

疑事切弗自专，以减过失

余暇多看书报，以广知识

凡事须亲自操作，以免隔阂之弊

每日须摘记要，以免穷思之苦

——摘自 1935 年 6 月《广济医刊》第 12 卷

2.新中国成立后食药道德的发展

新中国成立后，党和政府对医药卫生行业进行了整顿，结合爱国主义教育和全心全意为人民服务的理念对食药行业从业者加强了食药道德教育，使广大从业者的食药道德水平有了显著提高。食品药品企业制定了食药道德守则和公约，部分从业者也主动开展了食药道德的研究，食药道德理论得到进一步发展。20 世纪七八十年代，西方生命伦理学传入我国，丰富了我国当代食药道德的内容。20 世纪 80 年代后期，我国学者开始展开对食药道德的理论研究，为我国食药道德的发展奠定了基础。之后，《关于当前加强高等医药院校德育工作的意见》《高等医药院校教师职业道德规范（试行）》《高等医药院校学生行为规范（试行）》《医学生誓言（试行）》等文件相继颁布，强调在落实把德育放在首位的过程中，必须把德育工作渗透到教育教学的全过程，这进一步完善了食药道德理论。

进入 21 世纪，我国经济实力进一步增强，食药行业发生了翻天覆地的变化，食药道德要求也不断提高。从 2010 年 2 月食品安全委员会办公室成立到食品药品"四个最严"要求的确立，从 2015 年 10 月《中华人民共和国食品安全法》实施到 2019 年 12 月《中华人民共和国药品管理法》实施，从健康中国战略提出到全面推进健康中国建设，我国政府逐渐构建了社会共治的食品药品安全治理体系，并将食品药品安全和卫生健康上升到公共安全和国家战略的政治高度。伴随着国家一系列强而有力措施的实施，食药道德建设呈现出新的发展趋势，敬畏生命、诚实守信、以义生利、义在利先、兼济天下等道德规范的内涵得到进一步丰富，作用得到进一步发挥，为凝练新时代食药道德规范，构建新时代食药道德理论和实践体系打下扎实的基础。

二、国外食药道德溯源与发展

（一）国外食药道德溯源

国外食药道德主要起源于古埃及、古希腊和古罗马关于饮食和医药的相关伦理思想。古埃及是饮食和医药学发源地之一，古埃及教谕文学著作《对卡吉姆尼之教谕》写到了对待食物要适度，"当你与同伴就座时，要规避你所喜爱的食物，克制只需一时之努力"。西方迄今为止最早的医药学著作《埃伯斯纸草书》也是在埃及发现的。古埃及时期，已经对处方的调配方法、剂型、功效以及药物的剂量做出了明确的规定和说明。"配药司监督"的出现,保障了制药质量和安全用药,说明古代医药道德在古埃及已经得到发展并取得了一定的成就。

【知识链接】

大约在公元前 3000 年,古埃及人开始使用莎[suō]草纸。《埃伯斯纸草书》是古埃及最古老、最重要的医学莎草纸,被认为是世界上最古老的医学文献之一,内容包含大约 700 种神奇配方和草药。

古希腊是西方精神文明之源,诞生了荷马(Homer,约前 9—前 8 世纪)、毕达哥拉斯(Pythagoras,约前 580—约前 500)、亚里士多德(Aristotle,前 384—前 322)、希波克拉底(Hippocrate,前 460—前 370)等著名学者。《荷马史诗》为希腊人的饮食奠定了基础,吃什么、怎么吃、为什么吃等基本问题都能在史诗中寻找到答案。随着食品素材的丰富,健康、节制等饮食观念的发展,史诗为希腊人确立了人与人之间的规范。毕达哥拉斯、亚里士多德都重视饮食之善,提倡素食、崇尚节俭不奢,把节制视为人的灵魂获得幸福的大门。希波克拉底作为西方医学的代表人物,对食药道德方面颇有研究,《希波克拉底文集》中《关于饮食》篇阐述了饮食规范与维持健康的思想,体现了他的饮食思想。希波克拉底在文集中很多地方也谈到医药道德问题,并指出:"不论至于何处,遇男或女,贵人及奴婢,我之唯一目的,为病家谋幸福。"著名的《希波克拉底誓言》反映了奴隶社会时期医药人员与患者之间,以及医药人员彼此之间的关系,是古希腊医药伦理思想的代表文献。

古罗马时期是西方文明显著进步的时期,食药道德建设也得到快速发展。古罗马人质朴务实,继承了古希腊人对食物节俭的传统。古罗马人在制药过程中严格遵循程序,以保证药物的治疗效用,并已经开始有意识地避免药物副作用可能对人体产生的危害。古罗马人经常吃街边商店里的食物,街边商店的食物虽然比不上贵族的家宴丰盛营养,但能保证新鲜。公元 2 世纪,古罗马著名医药学家盖仑(Galenus,130—200)对西方食药道德发展做出了重要贡献。盖仑极力反对当时盛行的"驱魔",强调发挥药物的药效,并且重视科学用药,体现了实事求是、追求真理的精神。盖仑还强调医药人员要有对医药事业的热爱和无私奉献的精神。

西方进入中世纪以后,宗教神学统治了社会生活的所有领域,严重阻碍了食药道德的发展。从 13 世纪开始,文艺复兴运动从意大利兴起,在运动中逐步形成的关心人、尊重人的思潮,给食药道德的发展带来了直接的、积极的影响。意大利以及一些欧洲国家开始设立了管理食品安全市场的人员,叫市力。

文艺复兴时期,意大利的一些城市也订立了以道德为主要内容的药剂师规章,规定了药品的合理价格,制定了配制复杂药剂的质量保障措施,凡从事医药技术工作的人员都要求进行宣誓,服从管理。这一阶段,药物的安全性问题、医药人员与患者的关系问题受到高度重视,实验科学亦在这个时期兴起。

经典赏析

希波克拉底誓言

（公元前 4 世纪,希腊）

医神阿波罗,阿斯克勒庇俄斯及天地诸神为证,鄙人敬谨直誓,愿以自身能力及判断力所及,遵守此约。凡授我艺者,敬之如父母,作为终身同世伴侣,彼有急需,我接济之。视彼儿女,犹我兄弟,如欲受业,当免费并无条件传授之。凡我所知,无论口授书传,俱传之吾与吾师之子及发誓遵守此约之生徒,此外不传与他人。

我愿尽余之能力与判断力所及,遵守为病家谋利益之信条,并检束一切堕落及害人行为,我不得将危害药品给予他人,并不做此项之指导,虽然人请求亦必不与之。尤不为妇人施堕胎手术。我愿以此纯洁与神圣之精神,终身执行我职务。凡患结石者,我不施手术,此则有待于专家为之。

无论至于何处,遇男或女,贵人及奴婢,我之唯一目的,为病家谋幸福,并检点吾身,不做各种害人及恶劣行为,尤不做诱奸之事。凡我所见所闻,无论有无业务关系,我认为应守秘密者,我愿保守秘密。倘使我严守上述誓言时,请求神祇让我生命与医术能得无上光荣,我苟违誓,天地鬼神实共殛之。

（二）国外近现代食药道德的发展

近代以来,国外食药道德继续发展。这一时期的代表人物有瑞士的帕拉塞尔萨斯(Paracelsus,1493—1541)、意大利的拉马齐尼(Ramazzini,1639—1714)和英国的托马斯·帕茨瓦尔(Thomas Percival,1740—1804)等。帕拉塞尔萨斯在医药实践中坚持为普通人着想,简单、便宜用药,不图虚荣和享受,全身心投入医药事业中,体现了仁爱济世的大德精神;拉马齐尼关心多种职业工人的健康和身体状况,撰写描述职业疾病的著作《论手工业者的疾病》,体现了医药工作者心系他人和社会的情怀;托马斯·帕茨瓦尔所著的《医学伦理学》,以道德箴言的形式阐述了医药行业从业人员应当遵守的道德行为规范,希望避免医药行业从业人员之间的恶性竞争,以防损害患者的利益。

19 世纪,法国微生物学家路易斯·巴斯德(Louis Pasteur,1822—1895)提出了食物性腐败变质是由微生物引起的,并创造了巴氏消毒法。此外,巴斯德也开展了疫苗研究,在战胜狂犬病、鸡霍乱、炭疽病、蚕病等方面都取得了一些成果。由于巴斯德的贡献,食品药品安全和食药道德在西方进一步发展起来。针对当时欧洲市场上食品掺假、伪造等现象,一些欧洲国家开始进行立法。英国于 1860 年出台了《防止饮食品掺假法》。法国于 1861 年出台了《取缔食品伪造法》。德国也于 1879 年颁布了《食品法》,其中所列的款项多达几十万条,贯穿了食品生产和流通各环节。1906 年,美国出台了《纯净食品与药品法》,并成立了监管部门化学局,1930 年更名为食品与药品管理局(Food and Drug Administration,FDA),成为美国食品药品安全史上的里程碑。

随着西方食品药品工业的高速发展,新的食品和药品大量涌现,也使得人们对食药道德方面问题的关注度不断提高。第二次世界大战后,人们开始制定国际性的条例、公约、宣言以加强食药道德的建设。1946 年,鉴于纳粹的暴行,《纽伦堡法典》诞生,对人体试验确立了受试者知情同意原则、维护受试者利益原则、先经动物实验原则等基本的准则。之后,医学伦理学宣言《日内瓦宣言》《赫尔辛基宣言》先后诞生,为医药人体试验规定了更具体、更详细的道德规范。世界卫生组织于 1969 年公布了"药品生产质量管理规范",并建立了药物不良反应国际联合监察中心等组织,对药物的生产、销售、使用等做了一系列规定。1971 年,在美国国家食品保护会议上首次提出危害分析与关键控制点(Hazard Analysis Critical Control Point,HACCP)概念,并广泛应用于食品领域。此后,越来越多的国家开始重视食品药品安全和食药道德教育,许多有关食品药品研制、生产、经营、使用等方面的规范不断出台。2010 年,《国际食品贸易含互惠和食品援助贸易伦理道德规范》修订版发布,标志着食品药品领域职业道德的进一步发展。

虽然国内外在地域文化、社会制度、经济水平等方面存在较大的差异,但是国外食药行业的发展以及食药道德建设依然有众多相关研究成果值得我们学习和借鉴。通过对国外食药道德发展历程的学习,我们不难发现,国外实用主义和尊重科学的文化在食药道德发展过程中形成重视食品药品安全、健康,重视实事求是、追求真理,提倡兼爱等理念,这些与我国食药道德发展过程中形成的敬畏生命、诚实守信、兼济天下等理念有很多相同之处,也有不同的可供借鉴之处,值得我们总结、思考和学习。

任务二　国内外食药道德建设的启发

古代中国食药道德思想中的诚实守信、市不豫贾、广济众生、普同一等都是当代食药道德规范的基础,对于我们研究新发展阶段食药道德的建设有重要的启迪意义。国外同国内一样,较早就注重饮食之善、追求健康之真和提倡有限消费,也发展产生了实事求是、尊重科学等食药道德思想精华,这些都能为我们在新时代开展食药道德建设提供重要的借鉴价值。

一、尊重源头

食药道德是食药行业从业者修身立业之魂，只有强化食药道德建设，才能从整体上提高食药行业从业者的道德水平。食药道德建设如果不得其法，无论花多大力气，都难以见效。新时代食药道德建设必须尊重源头，从我国传统食药道德和古埃及、古希腊、古罗马等食药道德的思想源头上汲取营养。

文化传统存在于人们的生产和生活实践之中，总是作为一种潜在的力量影响人们的生活。新发展阶段食药道德建设既要弘扬中华民族的传统美德，又要汲取不同文化的优秀成果。中国传统道德虽然遭到了市场经济和西方医药思想的冲击，但依然是大部分食药行业进行实践的评价标准，是我们开展新时代食药道德建设的基础。因此，要加强食药道德建设，首先要尊重食药道德源头。

（一）尊重中华优秀传统食药道德

中华传统文化中儒家文化占据主导地位，孔子成为中国人心目中的圣人、万世师表，仁者爱人成为中国人用于拯救自己的道德信念。孔子曰："仁者，人也。"《说文解字》曰："仁，亲也。"孟子曰："仁者，爱人。"仁，就是人与人之间相互友爱。没有仁，何以为人？不是人，哪来的人道？所谓人道，就是以人为本的人本主义思想观念。儒家文化就是人学文化。人学文化是以人为本的人本主义思想观念，其一是国以人为本的人本思想，是国之所以为国的本质要求，这是农耕文明时代封建社会难得的民主思想萌芽；其二是人以德为本的贵德思想，是人之所以为人的本质要求，这是中华文化经久不衰的原因之一；其三是德以孝为本的重孝思想，是子之所以为子的本质要求，这是中华文化历久弥新的根本原因。在漫长的农耕文明中，封建社会的儒家文化是一种全能文化，既是家庭层面修身齐家的"灵丹妙药"，也是国家层面治国安邦的指导思想。中国人向着"修身、齐家、治国、平天下"的人生目标努力奋斗。绝大多数人成为具有仁义礼智信的人，成为孝敬父母的贤孝之人，成为推己及人泛爱他人的善人、君子。少数人成为忠君爱国的忠臣、廉洁奉公的廉臣、治国安邦的功臣。同时，"仁者寿"的道德健康理念、"市不豫贾"的诚信观、"大医精诚"的职业追求等道德理念对食药行业产生深远的影响，且被广为接受。以人为本、仁者爱人、廉洁奉公等都是中华传统食药道德思想中的精华，尊重中华优秀传统食药道德是新发展阶段开展食药道德建设的必由之路。

当前，加强食药道德建设必须以中华传统食药道德为基础，把那些符合新时代要求、有助于经济社会协调发展的内容承接下来，全面推广。在健康中国战略推动下，食药道德在当今社会的道德结构中处于更加重要的地位，尊崇食药道德建设的发展趋势越来越显著。承接中华优秀传统食药道德，将促进和保障中华民族食品药品事业的发展，推动中华儿女的文化自信和道德自信，能够为建设中华民族共有精神家园提供有力支撑，也有利于促进中华文化繁荣昌盛。

（二）凝练食药道德规范

当代食药道德植根于民族文化的沃土，是传统食药道德的延续和升华。中华传统食药道德体现了至善、至真、诚信、平等、济世、仁爱等重要思想，对于指导和规范新时代食药行业从业者研制、生产、经营、使用、监管的行为具有重要意义。传统食药道德的思想体现了对生命价值、终极关怀的深刻认识，是对优秀传统食药文化的总结诠释。凝练食药道德规范是深刻理解传统食药道德的最好方式，是开展食药道德建设的根脉，也是尊重源头的最好体现，符合新发展阶段全面推进健康中国建设的要求。

二、注重传承

国内传统食药道德的传承伴随着食药文化的传承，经历了一波三折的过程。中国古代文化在先秦时期历经了秦始皇焚书坑儒、项羽火烧阿房宫等浩劫，遭受了一定的挫折。在汉武帝"罢黜百家，独尊儒术"后，方术（医药学）文化在传承中一度遇到挫折，但在医药人的努力下，主体的优秀传统医药文化最终还是传承了下来。相比而言，食品道德的发展要相对顺利一些。中华优秀传统食药道德以儒家文化为基础，蕴藏在饮食文化中。在古代，民食是统治者安邦立国之本，因此，历朝历代统治者都注重民食问题，食品文化与道德也经历了不断的传承与发展。

中华传统文化与西方文化各有特点，这种特点也体现在传统食药道德与西方食药道德思想的不同上。西方食药道德以营养、科学、健康精神为支撑，注重科学事实，而很少从整体上来研究食品和药品需求者本身。在这种理念的指导下，西方早期的食药道德更凸显科学探究精神；中华传统食药道德则注重整体，较西方而言更凸显人文关怀。

因此，食药道德必须坚持继承性与时代性、普遍性与先进性、科学性与进取性的统一。在继承弘扬中国传统食药道德的基础上，加强西方科学精神与中国人文精神的有效结合，赋予食药道德新的时代特色和内涵。

新发展阶段食药道德的传承应注意以下几点。

（一）加强宣传，营造氛围

传统食药道德作为中华民族文化的一部分，先前的传承未形成氛围，造成食药道德的传承没有形成体系，很多要素在传承中缺失。当前食药道德建设主要有以下几种：一是学习和宣传食药道德先进典型。先进典型产生于现实生活中，来源于人民群众，学习先进典型，也必须把他们的品质和精神融入日常工作、生活的方方面面。二是把食药道德建设同社会主义核心价值观建设结合起来，把学习食药道德先进典型活动纳入社会道德建设领域，融入城市、行业、单位、社区等各项大众文明创建活动中，引领社会新风尚。三是以公益宣传、社区宣传、校园宣传等形式，以食药行业从业者为中心进行辐射，使食药道德传承变成全民行动，营造新时代政府机构、学校、企业及社会都重视食药道德、传承食药道德、发展食药道德的良好氛围。四是广泛开展食药道德教育,高校食品药品类专业或继续教育机构应设置食药道德教育课程,加强食药道德教育。食药行业机构和企业也应设置食药道德教育定期培训课程,强化对从业人员的食药道德理论和实践教育。

(二)思想认同,多方传承

食药道德建设本质上是道德建设的一部分,属于思想层面的建设。我国传统食药道德的很多内容通过古籍、古方、中华老字号品牌、古代器具等传承了下来。老字号品牌商铺或药铺的经营办法中包含众多食药道德内容,如始终做到"货真""价实""精工细作"、告诫继承者"利以义制,名以清修,天之鉴也"、为五岁以下小儿专制药丸、初一或十五半价赠药、每逢朔望两日奉送药丹、订货只取工本、尊称先入行者为"先生"或"某师"等,这些都体现了正确的义利观以及注重产品质量、开展优质服务、提高业务素质、严格内部管理等规范的做法。因此,老字号品牌商铺或药铺是食药道德和文化承载的较好平台。对于食药道德传承而言,食药行业从业者不仅要从思想上认同食药道德,更要从行动上传承,通过多种手段进行自我调节,提升自身的综合素质以及道德选择能力。

【知识链接】

从明嘉靖年间开始,陈李济、叶开泰、同仁堂、胡庆余堂、方回春堂、九芝堂、天津达仁堂、同济堂相继开业并延续至今。老字号药店在道德方面有严苛的要求,如,同仁堂的"炮制虽繁必不敢省人工,品味虽贵必不敢减物力";胡庆余堂的"戒欺";方回春堂的"许可赚钱、不许卖假";九芝堂的"九州共济,芝兰同芳""药者当付全力,医者当问良心";天津达仁堂的"只求药物真实,不惜重资,炮制之术必求其精""达则兼善世多寿,仁者爱人春可回";同济堂的"购药须出地道,制作必须精细,配售必依法度"。

(三)保护传统,交流创新

党和国家领导人都十分重视中华优秀传统文化的发展,结合中国发展实际,对中华优秀传统文化中民为邦本、传统吏治、协和万邦、天人合一的内容进行创造性转化和创新性发展,转变为以人民为中心、全面从严治党、构建人类命运共同体、建设美丽中国的理念。2017 年 1 月,中共中央办公厅、国务院办公厅印发了《关于实施中华优秀传统文化传承发展工程的意见》,明确提出"到 2025 年,中华优秀传统文化传承发展体系基本形成"。[①] 新发展阶段,中国已经开启了全面建设社会主义现代化的新征

---

① 中共中央办公厅 国务院办公厅印发《关于实施中华优秀传统文化传承发展工程的意见》[EB/OL].(2017-01-25)[2022-11-30].http://www.gov.cn/xinwen/2017-01/25/content_5163472.htm.

程,有效保护、交流创新优秀传统食药道德可以从以下几个方面入手:一是加强保护优秀传统食药道德,将其列入非物质文化遗产的保护范畴,强化对优秀传统食药道德的普及教育,提高人民群众对传统食药道德的认识、接受和重视程度。二是建立传统食药道德的研究和学术机构,积极开展学术交流。要在保护传统的基础上加强与外界的交流,在不断丰富、充实和完善中,实现新的突破,并保持永恒的生命力。三是在中西文化交流中提升道德自信。现代食药行业从业者应在"一带一路"倡议、文化强国等实施过程中积极利用交流合作论坛、互联网等有效形式,实现文化与道德的交流互鉴,更好地突破差异障碍,宣扬中华优秀传统文化和道德的精粹,从而在交流中实现创新,不断提升中华优秀传统食药道德的软实力与国际影响力。

三、慎重扬弃

传统食药道德受时代的限制,其中也掺杂着封建伦理观念和迷信思想。国外食药道德受宗教神学思想以及资本主义思想局限的影响,不可避免存在很多糟粕,需要慎重鉴别,合理扬弃。

(一)传统食药道德的合理扬弃

《论语》有云:"见贤思齐焉,见不贤而内自省也。"传统食药道德发展的过程中涌现了许多先进人物,且具有社会影响力,他们是后人学习的榜样,应大力宣传他们展现高尚食药道德的先进事迹,让当代更多的人"见贤思齐"。对于古籍、古方、老字号商铺或药铺、古代器具等载体中传承下来的传统食药道德的精华部分应积极总结发扬,把它们融入新时代食药道德的内容中,促进新时代食药道德的发展。

历史上有许多医药行业从业者行医施药,一方面是出于恻隐之心,为了解除患者的疾苦;另一方面也是为了"顺天命""积阴功""行阳德",其目的在于"图善报"。在"身体发肤,受之父母,不敢毁伤"和"死,葬之以礼,祭之以礼"的封建思想束缚下,我国古代许多医药行业从业者对于人体解剖和外科学不敢问津,严重阻碍了我国医药学科的发展。我国食品行业发展中,历朝不少封建统治者过于追求饮食上的满足和享乐,导致食品道德发展偏离了轨道。因此,这些不符合新发展阶段食药行业发展和食药道德建设的思想,应果断弃除。

(二)国外食药道德的批判选择

一个国家或民族的文化发展和道德进步,除了继承、弘扬本国或本民族文化和道德的优秀成果外,还必须积极吸收其他民族文化和道德的优秀成果。不同道德的相互学习和借鉴,是道德发展的基本前提和必要条件。吸收借鉴国外优秀道德成果,能够使中国特色社会主义道德建设不仅能深深根植于中华民族优秀传统道德的沃土,深深立足于社会主义现代化建设的实践,而且能自觉顺应道德、文化乃至人类文明发展的潮流。吸收国外食药道德成果,要运用马克思主义的立场、观点和方法,对国外食药道德成果进行具体分析,科学鉴别,择善而从。凡有益于我国食药道德建设的应认真吸收、积极借鉴,凡有害于我国食药道德建设的应坚决抵制、严加防范。

自古埃及文明以来,西方食药道德中刻苦探索与追求的精神、保证安全饮食和用药的要求、精诚服务的思想、健康节俭的理念都是当代食品药品企业可以继承并发展的食药道德。西方强调食药道德规范对从业者行为的制约和监督作用,试图通过道德规范约束从业主体的行为达到服务于对象的目的。但西方食药道德思想受西方狭隘的民主思想和实用主义思想影响,认为所有的一切都要基于个人来展开,家国责任意识较弱,缺乏"天人合一"的整体道德观。受到资本主义私有制和剥削制度等的制约,政府制定的部分规范对食品药品企业和个人食药道德发展的促进作用也不明显,相反有些还制约了整个社会食药道德的发展。此外,长期阻碍食药行业和食药道德发展的宗教神学思想也应该被弃除。相比于中国传统的食药道德注重从业者自省和自律,强调"仁心仁术""天人合一""济世""以义取利""诚实守信"等理念,西方食药道德思想更注重个体,显然不利于食药道德的长远发展和进步。

综上所述,古今中外食药道德皆有可取之处和不足之处。我们既不能妄自尊大,认为国内的食药道德思想能够指引新时代食药道德发展的全部,也不能妄自菲薄,只尊崇国外的食药道德思想。同时,我们也应看到,一些食药道德思想在古代可能发挥过重大作用,但放到今日已经不符合时代要求。我们应该结合国情,用历史唯物主义的观点进行分析,取其精华,去其糟粕,有效借鉴国内外先进经验,深入研究和丰富新时代中国特色社会主义食药道德,促进国家食品药品事业的可持续发展。

四、聚焦时代

随着改革开放的不断深入和市场经济的不断完善,我国食药行业也随之发生了广泛而深刻的历史性变革。经济环境、政治环境、社会环境、文化环境都在发生着日新月异的变化。习近平总书记在全国卫生与健康大会上强调:"要把人民健康放在优先发展的战略地位。"[①]任何道德观念和道德规范总是随时代的发展而变化的,食药道德建设必须聚焦时代要求。

(一)新时代食药行业教育需要食药道德提供内容支持

新时代食药行业从业者所处的社会环境发生了变化,一方面立德树人的根本任务对高校提出了强化德育的要求;另一方面食药行业践行食药道德和食药道德缺失的正反两面事件对从业者产生了积极和消极两方面的影响。为了提高从业者食药道德素养,改变不良职业行为,需要强化对从业者的食药道德教育。食药道德教育也是高校食品药品类专业落实立德树人根本任务的重要途径。党的十九届五中全会提

---

① 中共中央文献研究室.习近平关于社会主义文化建设论述摘编[M].北京:中央文献出版社,2017:101.

出,"全面推进健康中国建设",满足人民群众对生命安全和健康的需求。加强食药道德建设,强化食药道德教育有利于更好地引导从业者树立正确的道德观念、坚定信念、内化食药道德规范。

新时代的食药道德教育可从以下几方面着手。其一,要将食药道德教育与爱国主义教育相结合。优秀传统食药道德是我国历代先辈留下的宝贵财富,从中挖掘爱国主义元素,能够激发从业者的爱国情怀和报国之志。其二,在中华民族传统食药道德中,重视至善、济世、仁爱、诚信、平等等思想,其中体现的是守望相助、宽容乐群、真诚友善的人际相处原则,能让食药行业从业者在社会共同体建设中正确处理个人利益与集体利益、国家利益之间的关系,增强社会责任感,促进社会群体的和谐幸福。其三,食药道德教育要与人生修养教育相结合。现实生活中,个体的修养和境界影响着一个国家和社会的道德精神风貌。中华传统食药道德发展过程中,不同时代的先辈在食品药品生产实践中,都注重个人优秀食药道德的养成,如茶圣陆羽在亲自调查和实践的基础上,认真总结、悉心研究了前人和当时茶叶的生产经验,撰写了我国乃至世界现存最早、最完整、最全面介绍茶的专著《茶经》,这体现了他博识、精勤的品质;药王孙思邈在治病救人和编纂《备急千金要方》的过程中,体现了仁爱、精勤、诚信等品德;李时珍在撰写医药巨著《本草纲目》中,体现了实事求是、坚持不懈、精勤不倦等品格。在传承食药道德的过程中,感悟这些先辈个人品德修养的形成过程,能够较好地提升个人修养与食药道德素养。

(二)新时代食药行业改革需要食药道德提供智慧支持

中国正处于全面建设社会主义现代化国家的新发展阶段。新的发展阶段对食药道德的影响主要有两点:其一,科学技术是影响当今社会发展的最重要因素之一。当代食药道德在一定意义上具有科技道德的特点。科学技术引起了很多关于食品药品道德伦理困境的争论,对新时代食药道德建设提出了挑战。其二,市场化大潮对当代食药道德产生了重大影响。食药行业如何继承传统食药道德的"以义生利,礼义相待",正确处理获利与人道、经济效益与社会效益等关系,成为食药行业道德建设的重要内容。

面对这些影响带来的问题,除了政府支持和制度建设之外,更重要的是要通过食药道德建设提供智慧支持。首先,食药行业从业者本身所具有的素质和道德品质,在一定程度上影响了科技创新和改革活动的开展。食药道德能促进从业者将科学技术合理合规地转化为现实产品。其次,食药道德为解决食品药品行业改革发展中不断涌现的新的伦理道德问题提供了方案。最后,食药行业从业者在面临改革项目资金分配和研发成果分享时也会遇到许多道德问题。食药道德应为协调解决这些道德问题提供智慧方案。

（三）全面推进健康中国建设需要食药道德提供精神支持

习近平总书记在党的十九大报告中指出："人民健康是民族昌盛和国家富强的重要标志，要完善国民健康政策，为人民群众提供全方位全周期健康服务。"[①]《中华人民共和国国民经济和社会发展第十四个五年规划和 2035 年远景目标纲要》中又明确提出，全面推进健康中国建设。全面推进健康中国建设，需要有高尚的食药道德人才的支撑。食药道德教育对于培养食药行业人才的食药道德品质至关重要，因此，健康中国建设需要食药道德提供精神支持。

在全面建设社会主义现代化国家的新发展阶段，食药道德体现在对人民群众的全方位全周期的健康服务中。在食品药品研制、生产、经营、使用、监管等各环节都必须要具备敬畏生命、厚德博识、诚实守信、质量至上、精进创新、清廉守道、仁爱奉献的食药道德规范。

当前，世界正处于大发展大变革时期，经济全球化、文化多样化发展。一些腐朽思想文化特别是错误的价值观渗入，会导致某些食药行业从业者信念困惑、意志动摇，阻碍食药行业的健康发展。在这种形势下，务必要把"以人民为中心，以健康为根本"这一理念在全行业范围内贯彻执行。可见，加强食药道德建设具有时代紧迫性，是推进我国食品药品事业发展的重要课题。每一位矢志于食药行业的从业者都应当以实际行动为加速推进食药道德建设做出贡献。

👤 梳理与总结

国内外食药道德有其源头和悠久的发展历程，经过数千年的沿革，形成了一系列有益的理念和做法，这是祖先留给我们的宝贵财富，对我们当前开展食药道德建设具有良好的启发作用。

当前，我们开展食药道德建设首先应尊重食药道德的历史源头，除了从中华优秀传统食药道德的源头汲取营养外，也要发掘国外食药道德建设的有益元素；其次，要注重传承，通过加强宣传、营造氛围、保护传统、多方传承、强化对外交流等传承国内外优秀的食药道德思想和良好的食药道德建设做法；再次，在传承国内外食药道德的过程中，要注重辨析，剔除糟粕，传承精华；最后，在新时代开展食药道德建设时，要紧扣时代发展主题和人民的需求，紧扣行业和社会的需求，紧扣全面推进健康中国的需求，为我国健康事业的发展和第二个百年奋斗目标的实现贡献力量。

本项目知识脉络如图 1-2 所示。

[①]　习近平.决胜全面建成小康社会　夺取新时代中国特色社会主义伟大胜利：在中国共产党第十九次全国代表大会上的报告[M].北京：人民出版社，2017：48.

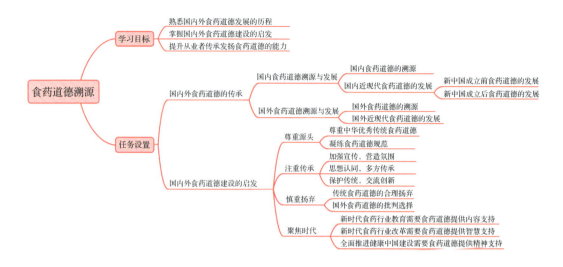

图 1-2 知识脉络

思考与练习

思考与练习
参考答案

一、单选题

1.( )朝创办了最早的国家药店"官药局"。

A.唐　　　　　　B.宋　　　　　　C.元　　　　　　D.明

2.中国药学会于 1935 年颁布了( )。

A.《药师信条》　　B.《药师准则》　　C.《药师规范》　　D.《药师条例》

3.( )反映了奴隶社会时期医药人员与患者之间，以及医药人员彼此之间的关系。

A.《埃伯斯纸草书》　　　　　　　　　B.《荷马史诗》

C.《医学伦理学》　　　　　　　　　　D.《希波克拉底誓言》

二、多选题

1.国外食药道德的发源地是( )。

A.古埃及　　　　　B.古希腊　　　　　C.古罗马　　　　　D.英国

2.国内外食药道德建设给我们的启发是( )。

A.尊重源头　　　　B.注重传承　　　　C.慎重扬弃　　　　D.聚焦时代

三、思考题

1.谈一谈对《药师信条》的认识。

2.结合所学内容，谈一谈食药行业从业者应如何继承和发展食药道德。

项目三 · 食药道德应用

项目三 PPT

学习目标

1. 掌握食药道德的主要功能。
2. 理解食品药品行业健康发展的要求。
3. 增强从业者应用食药道德的能力。

任务设置

我国食品药品行业在不断发展的过程中形成了各自的行业要求,这些要求对确保行业长期健康发展至关重要。在熟悉理解食药行业健康发展要求的基础上,分析食药行业中的利益关系,揭示食药道德的主要功能,从而加强食药道德在学习、工作、生活中的应用。

任务一　食品行业健康发展的要求

食品行业职业道德是食品企业能长期有效保障食品安全和健康,促使企业健康成长发展的密钥。例如,益海嘉里金龙鱼粮油食品股份有限公司的"健康安全"的核心价值观,农夫山泉股份有限公司的"天然、健康"的品牌理念,立高食品股份有限公司的"缔造健康生活"的企业使命,光明乳业股份有限公司(以下简称光明乳业)的"共享健康"的企业价值观,都体现了食品企业对产品生产的"安全与健康"的目标;五粮液集团有限公司(以下简称五粮液集团)的"美美与共"的企业文化核心理念,牧原食品股份有限公司(以下简称牧原食品)的"奉献社会"的价值理念,李锦记(中国)销售有限公司(以下简称李锦记)的"造福社会"的品牌理念,山东鲁花集团有限公司的"先爱天下"的核心价值观,梅花生物科技集团股份有限公司的"兼济天下"的企业责任观等都体现了食品企业社会价值高于企业和个人价值的理念。这些目标理念既是食药道德的生动体现,又是食品行业健康发展的要求。

一、质量与安全

食品安全是社会大众的基本诉求，也是食品行业的首要保障目标。没有安全，健康便无从谈起，营养和美味也没有任何意义。要保障安全，就要保障食品质量，食品企业所追求的"质量与安全"是紧密联系在一起的。食品不是普通的产品，食品行业对质量的保障应当一般行业做得更好。例如，五粮液集团秉持"质量是企业的生命，匠心酿好每一滴酒"的质量理念和"集五粮精华，守百年匠心，唯求完美酿造，永树品质标杆"的质量方针，建立并实施严于国家标准的企业标准，构建"从一粒粮食到一滴美酒"的产品全生命周期质量管理体系，以对产品品质的坚守满足消费者对高品质生活的向往。又如李锦记的"100－1＝0"的(零缺陷)品质无瑕管理理念，以百分百坚持，为食品质量严格把关。只有筑牢全过程的防线，强化食品安全风险管控，保证食品安全，才能保障人民群众的身体健康和生命安全。

二、营养与健康

食物是人类赖以生存的物质基础，我们需要食物来提供能量和营养素，用以维持生理和生活的需要，保证我们的健康。传统的健康观是"无病即健康"，而现代人的健康观则是整体健康。整体健康需要注重食品营养。食品营养是人类维持生命、生长发育和健康的重要物质基础。食品营养事关国民素质提高和经济社会发展。《国民营养健康计划(2017—2030年)》发布后，食品行业对产品的营养与健康更加重视。例如，内蒙古蒙牛乳业(集团)股份有限公司(以下简称蒙牛集团)作为全球知名的营养健康食品公司，坚持"点滴营养，绽放每个生命"的理念，生产低糖、营养的产品。蒙牛集团致力于可持续发展的经营策略，产品已经覆盖中国及东南亚等区域市场。又如，佛山市海天调味食品股份有限公司(以下简称海天味业)的品牌理念是"传扬美味、酿造美满"，海天味业专注做美味营养的调味品，改革产品工艺，精选营养丰富的非转基因优质大豆，采用连续蒸煮方式，使黄豆中的蛋白质和多糖经微生物发酵分解为更营养的物质。只有保障食品的营养和安全，才能不断地提高人民群众的健康水平，为健康中国奠定基础。

三、服务与责任

食品企业的服务与责任主要体现在服务他人、奉献社会等方面。以往食品行业的服务特性主要集中在餐饮业。随着健康中国战略的实施，食品行业中的餐饮、粮油、调味、休闲食品等各个领域都越来越重视主动服务大众和履行社会责任。例如，牧原食品的核心价值观是"创造价值，服务社会；内方外正，推进社会进步"，公司以"为大众生产安全健康的猪肉食品"为使命，以"让人们吃上放心猪肉，享受丰盛人生"为愿景，积极出资支援地区法治建设，开展扶贫工作，积极履行社会责任，曾荣获"河南省十佳最具社会责任感民营企业"称号。又如，调味品领军企业李锦记积极向社会公布企业社会责任报告，多面呈现了它"思利及人"的核心价值观，树立了良好的公众形象。一个食品企业只有抱有全心全意为人民服务的宗旨,具备强烈的责任担当,树立良好的社会形象,才能赢得消费者的信赖,才能走上可持续发展的道路。

四、创新与发展

食品企业的创新与发展更多地体现在变革管理方式、研发生产工艺上,从而提升食品的营养和优化食品的口味,以满足人民群众日益多样化的饮食需求。健康中国战略目标的实现依赖于食品企业的创新发展。例如,内蒙古伊利实业集团股份有限公司(以下简称伊利集团)核心价值观中的"创新"释义为"开放心态,持续学习以提高创新能力;敢于尝试,持续改善组织效能和效益;积极探索,以更敏捷的方式实现创新",这种理念最终锻造了伊利集团持续卓越发展的内在动力与核心竞争力。又如,杭州娃哈哈集团有限公司(以下简称娃哈哈集团)作为"新老字号",在数字化时代注重创新,不断转型突围。娃哈哈集团的驰名产品 AD 钙奶和营养快线,相继推出新口味,针对不同消费群体,研发个性化保健产品,不断推陈出新。娃哈哈集团的创新既延长了老产品的生命周期,也丰富了产品种类,优化了产品结构,提升了产品技术含量和附加值,使娃哈哈集团呈现出强劲的发展势头,不断焕发新活力。创新是第一生产力,也是食品企业健康发展的不竭动力。

任务二　药品行业健康发展的要求

药品行业健康发展不能缺失医药职业道德。中国北京同仁堂(集团)有限公司(以下简称同仁堂)的"同修仁德,济世养生"的文化理念,广州白云山陈李济药厂有限公司(以下简称陈李济)的"同心济世,救世扶危"的文化理念;哈药集团股份有限公司(以下简称哈药集团)的"以人类的健康为己任,努力为客户、股东、员工和社会创造价值"的企业价值观;美国强生公司(以下简称强生)的"我们要对我们所生活和工作的社会,对整个世界负责"的企业信条等体现了药品企业强调社会价值、客户价值高于利润目标。这些价值理念都是药品企业文化的灵魂,既是食药道德的生动体现,又是药品行业健康发展的要求。

一、质量与安全

药品安全是使用者最基本的诉求。用药如用刑,一误便隔生死,药品企业应开展源头严防、过程严控、风险严控的药品全生命周期管理。例如,重庆太极实业(集团)股份有限公司(以下简称太极集团)的质量管理体系在全面质量管理、《药品生产质量管理规范》(Good Manufacturing Practice,GMP)、《药品经营质量管理规范》(Good Supply Practice,GSP)等基础上,伴随企业的发展壮大而不断完善,使太极集团的质量管理体系更加科学严密。从"基层员工"至"最高领导",各级人员及相关部门的质量职责用制度进行明确,做到人人有责,责任到人。坚持"一把手"负责制,集团董事长亲自分管质量工作,下属各单位负责人是质量第一责任人,质量职责是其首要职责。从员工个人、班组、工段、车间、公司等各个环节严格管控,以班组为核心,实行内部市场化、规范化、标准化的质量管理。以合法合规为底线,严格按照生产工艺进行生产,确保生产过程质量可控,为消费者制好药。又如,修正药业集团股份有限公司在从生产到销售的过程当中,每个环节都严把质量关,坚持产品不合格坚决不出厂,疗效不确切坚决不生产,保证了患者服用的每一粒药都是良心人做出的放心药、管用药。这一行为带给患者的是光明与希望、安全与信任。只有保障药品的质量与安全,才能保障人民群众的身体健康和生命安全。

二、有效与可及

药品有效与药品安全均是药品的基本属性。保障药品安全有效是所有药品企业的生存之本。例如,强生的使命是"推动世界的健康事业前进,并带给所有消费者最为安全、有效的医药产品"。与此同时,药品可及对于维护和发展公共卫生和国民健康公平的实现具有重大意义。2021 年 12 月,国家医疗保障局正式公布 2021 版国家医保目录,117 种药品被纳入谈判范围,最

拓展阅读
关于建立完善国家医保
谈判药品"双通道"管理
机制的指导意见

终 94 种药品(目录外 67 种,目录内 27 种)谈判成功。其中,目录外的 67 种药品平均降价 61.7%,特别是将一批罕见病用药纳入国家医保药品目录的举措极大地缓解了患者的经济负担,大大提高了罕见病药品的可及性。保障药品有效与可及是"以人民群众健康为中心"理念的集中体现,是切实增强人民群众获得感、幸福感、安全感的重要举措,也是药品行业健康发展的必然要求。

三、服务与责任

药品是特殊的商品,关系着人民群众的身体健康和生命安全。药品行业企业必须以服务于人民群众的健康需求为出发点和落脚点,担负起为人类健康服务的社会责任。随着药品行业的竞争日益激烈以及国家相关政策的实施,药品行业各领域都越来越重视主动服务群众和履行社会责任。例如,同仁堂以"全心全意为人民健康服务"为宗旨,自觉履责担当,不断提升服务品质、扩大服务群体。顾客、患者是同仁堂的服务对象,也是同仁堂的衣食父母,同仁堂认为,善待顾客、患者就是善待社会,这是同仁堂义不容辞的责任,更是同仁堂永续经营的广阔市场。作为首批中华老字号企业,同仁堂坚持走经济实体与文化载体协同发展之路,认真履行国有企业经济责任、政治责任、社会责任和文化传承责任。秉持全心全意为人民健康服务的宗旨,积极落实责任担当,是同仁堂金字招牌长盛不衰的重要因素。药品企业只有肩负起为

人民健康服务的使命和责任，才能获得人民群众的信任，才能赢得良好的声誉，助力药品行业健康可持续发展。

四、创新与发展

创新与发展是所有药品企业发展的重要驱动力，体现在药品企业中更多的是致力于研发创新药，攻克人类疑难杂症，帮助人类应对健康方面的重大挑战。例如，江苏恒瑞医药股份有限公司（以下简称恒瑞医药）是一家从事高品质药品研发、生产及推广的民族制药企业。自企业成立以来，恒瑞医药始终将创新视为自身发展的核心竞争力，将科技创新作为第一发展战略，致力于提升创新药物的能力，助力中国制造药品走向全世界。又如，德国拜耳集团秉持"科技创造美好生活"的理念，始终以科技引领医药保健领域创新发展，致力于提高人们的生活质量。

综上所述，食品行业与药品行业健康发展的"质量与安全""创新与发展"以及"服务与责任"等要求具有内在共通性，"营养与健康"和"有效与可及"的要求则体现了食品和药品不同的行业特色，从本质上看，虽表述不同，但对生命健康和生活质量提升的要求是一致的。总而言之，这些要求中蕴含着食药道德的理念，有利于从中凝练出具有时代特色和行业特色的食药道德规范。

任务三　食药行业中道德规范的应用

2013年12月，习近平总书记在中央农村工作会议上就食品安全方面提出，"最严谨的标准、最严格的监管、最严厉的处罚、最严肃的问责"。[①] 2015年5月，习近平总书记在主持中央政治局第23次集体学习时，再次强调"四个最严"要求，并扩展到食品安全和药品安全两个方面。[②] 当前，坚守"四个最严"，守牢食品药品安全底线，已成为食药行业从业者的共识。每一位从业者都要以捍卫人民群众生命健康为己任，自觉学习和运用食药道德，善于将食药安全纳入食药道德规范视域去思考，正确协调行业内外各方面的利益关系，始终坚持"四个最严"要求，引领人民群众合作、参与食药道德构建，全面推进健康中国建设。

一、食药行业中的利益关系

马克思曾经深刻地指出，人们奋斗所争取的一切都同他们的利益有关。人们获得自身利益包括经济利益、政治利益、思想文化利益的过程必然涉及社会和他人各个

---

① 中央农村工作会议在北京举行[EB/OL].(2013-12-25)[2022-11-30].https://news.12371.cn/2013/12/25/ARTI1387911416091828.shtml.

② 中共中央宣传部.习近平总书记系列重要讲话读本(2016年版)[M].北京:人民出版社,2016:228

方面的利益关系,手段上有正当与不正当之分,在职业活动中获得的利益也是如此,需要运用职业道德作为调整利益关系的重要手段之一。

食药行业所涉及的各种利益关系主要有以下几方面内容。

第一,食药行业与所服务对象之间的利益关系。食药行业有自己特定的服务对象、服务的范围与内容,以一定的服务方式直接或间接地对服务对象进行服务,其服务质量、服务态度与价格等,均涉及该行业与服务对象之间的利益关系。

第二,食药行业与社会之间的利益关系。其主要包括与政府、与社区、与新闻媒体之间的关系。

第三,食药行业内部的各种利益关系。食品行业内部的各种利益关系十分复杂,它既包括食品药品企业之间、从业人员之间、从业人员与行业内部的部门之间的利益关系,也包括部门与部门之间的利益关系。其中,竞争作为一种职业行为是企业或者个人获得物质需要与精神追求的一种方式。正当竞争的结果是优胜劣汰,通过正当的竞争行为可以鼓舞先进、刺激落后,激发积极向上、奋斗进取的精神,促进其产品质量或服务水平的提高和发展,因此,各种正当的竞争行为是职业活动的重要内容之一。无论是正当竞争还是不正当竞争,都会产生利益关系的变动,形成相互之间一种重要的利益关系。上述的利益关系往往是相互关联和相互渗透的。

在处理行业自身与服务对象之间的关系时,也会涉及行业自身与社会的利益关系,譬如食药行业通过自己的优质服务,不仅维护了服务对象的利益,同时也对社会的稳定和健康发展做出了贡献。在处理行业内部的利益关系时,也会涉及与服务对象的利益关系甚至是与社会的利益关系。譬如,在处理行业内部的竞争行为时,采用不正当的竞争手段,不仅会损害行业内部竞争对手的正当利益,也会造成行业内部的混乱,阻碍行业服务水平的提高,从而造成对服务对象自身利益的损害。相反,在处理行业内部的竞争行为时,不仅要积极参与竞争,而且要遵循诚信、尊重、公正、互助等行业道德要求,坚持竞争手段的正当性。这样不仅能够维护竞争对手的正当利益,而且能够通过提高行业服务质量,维护服务对象的利益,还能促进社会稳定从而维护社会利益。所以,如何处理行业内部的利益关系,不单涉及行业内部的利益,还涉及整个社会的利益。

食药行业内外的各方利益关系错综复杂,形成了一些利益网络。在确保各方合法平等利益的前提下,食药道德可以发挥其在行业中的功能,实现其对各方利益关系的调节作用。

二、食药道德的主要功能

食药道德作为职业道德,它在食药行业有特定的功能。食药道德对从业者、食药行业乃至整个社会作用的体现依赖于食药道德功能的全面发挥。食药道德具有认识、调节、教育和评价等四种功能。

（一）认识功能

食药道德能够使食药行业从业者明辨食品药品领域的是与非,解决该与不该的问题,使从业者能深刻认识并理解行业现象,保持积极的态度并做出正确的行为决策。它引导从业者追求至善,全面认识自己在职业活动中的责任和义务,使从业者对食药道德有正确的理解,能采取正确得当的职业行为。

（二）调节功能

食药道德是食品药品职业领域矛盾的调节器。食药行业从业者在职业行为中,很多时候会与自己的同行、服务对象等不可避免地产生各种矛盾,这就需要食药道德去调节从业者的行为,指导有益的行为并纠正有害的行为,使从业者与他人之间、从业者与社会之间的关系臻于完善与和谐,促进从业者更好地开展职业活动。食药道德的调节功能与法律法规调节、经济调节互为补充,能更有效地调节食药行业的个体和群体行为。食药道德的调节功能相比于经济和法律的调节,具有范围更广泛、效益更长久的特点。如果说经济和法律调节是外在力量,那么食药道德就是调节食药行业利益关系的内在驱动力,它促使食药行业从业者自发地按照食药道德要求调整自己的行为。

（三）教育功能

食药道德的教育功能涉及面广,贯穿于食品药品的研制、生产、经营、使用、监管等各个环节。食药道德的教育功能体现在:食药行业从业者深刻理解食药道德的内涵、全面掌握食药道德的发展;通过评价、命令、指导、示范等方式和途径,树立道德榜样,营造正确的社会舆论氛围,形成优良的社会风气,培养良好的食药道德意识、情感和行为,提高道德修养境界。

（四）评价功能

食药道德评价是一种巨大的行业力量、社会力量和食药行业从业者内在的伦理力量,是把握食药行业现实的一种方式。食药道德评价是通过对与食品药品相关的所有社会现象的判断来实现的。从业者通过食药道德的评价功能对自己的职业行为做出正确的价值判断,合理地运用食药道德评价功能,有助于从业者增强食药道德行为的辨析能力,不断提高食药道德素养,树立食药道德信念。

食药道德是影响食药行业发展的一种重要的精神力量。它通过认识、调节、教育和评价等四种功能,一方面作用于食药道德的内在理性重建,另一方面作用于社会公共道德重建,不断提高从业者的精神境界、促进从业者的自我完善、推动从业者的全面发展,同时不断调整食药行业从业者与服务对象、与社会、与从业者之间的关系,维护社会秩序稳定。当前,世界面临的各种风险挑战和不确定因素显著增多。食药行业需要应对市场环境的变化,紧跟潮流,于危机中育先机、于变局中开新局。食药行业从业者要在强化食药道德认知、理解食药道德发展历程的基础上,积极投入新时代食药道德建设中,全面发挥食药道德功能,进一步凝练食药道德规范,助推食药行业在新的历史阶段实现高质量发展。

梳理与总结

当前,食品行业健康发展的要求主要体现在质量与安全、营养与健康、服务与责任、创新与发展四个方面;而药品行业健康发展的要求则主要体现在质量与安全、有效与可及、服务与责任、创新与发展四个方面。从本质上看,两者对生命健康和生活质量提升的要求是一致的,充分体现了食药道德的理念。全面发挥食药道德的认识功能、调节功能、教育功能、评价功能,能够促进人的内在理性和社会公共道德的重建。调整食药行业中各方面的利益关系,有利于食药行业乃至整个社会的健康发展。

本项目知识脉络如图 1-3 所示。

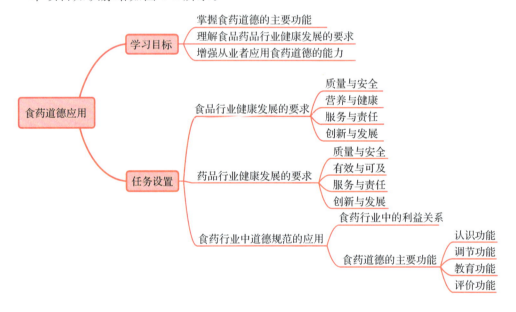

图 1-3　知识脉络

思考与练习

思考与练习
参考答案

一、单选题

1.下列(　　)不是食品行业健康发展的要求。

A. 质量与安全　　　　　　　　　B. 营养与健康

C. 有效与可及　　　　　　　　　D. 创新与发展

2.2021 年 12 月,国家医保局正式公布 2021 版国家医保目录,将一批罕见病用药纳入国家医保药品目录,这极大地缓解了患者的经济负担,体现了药品行业健康发展的(　　)要求。

A.质量与安全　　　B.有效与可及　　　C.服务与责任　　　D.创新与发展

3."娃哈哈集团的驰名产品 AD 钙奶和营养快线,相继推出新口味;针对不同消费群体,研发个性化保健产品,不断推陈出新。"这主要体现了食品行业健康发展的(　　)要求。

A.质量与安全　　　B.有效与可及　　　C.服务与责任　　　D.创新与发展

二、多选题

1.食药道德具有(　　)功能。

A.认识　　　　　B.调节　　　　　C.教育　　　　　D.评价

2.药品行业健康发展的要求包含(　　)。

A.质量与安全　　　B.有效与可及　　　C.创新与发展　　　D.服务与责任

3.食药行业中的主要利益关系有(　　)。

A.行业与服务对象的利益关系

B.行业与政府、社区、新闻媒体等之间的利益关系

C.行业内部的利益关系

D.与其他行业之间的利益关系

三、思考题

1.请举例说明食药企业重视质量与安全的做法。

2.请谈一谈对食药道德功能的理解。

食药道德养成实践

【模块导航】

食药道德能充分体现食药行业的职业道德要求。食药道德教育对养成食药道德规范、培养高素质食药人才、推动食药行业持续健康发展具有重要的现实意义。本模块以社会主义核心价值观为指导，通过深入剖析食药道德内涵，追溯中华传统食药文化和伦理道德，结合现代食药行业发展和社会发展的需要，提炼出敬畏生命、厚德博识、质量至上、诚实守信、精进创新、清廉守道、仁爱奉献七大食药道德规范。这七大食药道德规范能广泛应用于食药行业研制、生产、经营、使用、监管等各个实践领域，是食药行业从业者必须具备的食药道德规范。

本模块设置了规范解读、案例分析、养成训导三个任务。通过经典释义、经典赏析，让食药行业从业者能够赏析我国博大精深的优秀传统食药道德文化；通过食药道德规范要义阐述，让食药行业从业者掌握食药道德规范内涵，切实提升食药道德意识；通过案例分析、养成训导，使食药行业从业者具备分析鉴别食药道德规范的能力，主动践行食药道德规范，不断提升食药道德素养。

项目一·敬畏生命的养成

项目一PPT

🎯 学习目标

1. 掌握敬畏生命规范的解读,熟悉敬畏生命的经典释义。
2. 通过案例分析和养成训导,具备分析、鉴别敬畏生命规范的能力。
3. 主动践行敬畏生命食药道德规范。

📖 任务设置

　　人的生命是无价的,生命凌驾于万物之上。2020年初,习近平总书记在统筹推进新冠肺炎疫情防控和经济社会发展工作部署会议上强调,新冠肺炎疫情发生后,党中央高度重视,迅速作出部署,全面加强对疫情防控的集中统一领导,要求各级党委和政府及有关部门把人民群众生命安全和身体健康放在第一位,采取切实有效措施,坚决遏制疫情蔓延势头。① 这充分体现了党和国家始终坚持人民至上的情怀与担当。全国人民上下一心、齐心抗疫的经历,也让人民群众增强了敬畏生命的意识,深刻认识到生命重于泰山。食药行业从业者从事的是与人民生命健康密切相关的职业,更应该具备敬畏生命的食药道德规范。

任务一　规范解读

经典语录

　　"天覆地载,万物悉备,莫贵于人。"

——《黄帝内经·素问》

　　"王者以民人为天,而民人以食为天。"

——司马迁《史记·郦生陆贾列传》

---

① 习近平在统筹推进新冠肺炎疫情防控和经济社会发展工作部署会议上的讲话[N].人民日报,2020-02-24(2).

"人命至重,有贵千金,一方济之,德逾于此。"

——孙思邈《备急千金要方·序》

一、经典释义

"天覆地载,万物悉备,莫贵于人。"语出《黄帝内经·素问》,意思是上天能覆盖到的、地上所承载的万事万物,再贵重又如何,都没有人的性命重要。

"王者以民人为天,而民人以食为天。"语出《史记·郦生陆贾列传》,意思是国家以百姓的生命为本,百姓的生命是最重要的,而食物是百姓生存、生命得以延续之本。

"人命至重,有贵千金,一方济之,德逾于此。"语出《备急千金要方·序》,意思是生命的价值是最贵重的,比千两黄金还要重要。如果一个药方就能救人于危难,价值是胜过千金的。

【知识链接】

《黄帝内经》是在西周之后,秦汉之前,经过许多医学家共同努力创作出来的,是我国现存成书最早的一部医学典籍。《黄帝内经》的内容包括《素问》《灵枢》两部,它以朴素的唯物主义观点和辩证思想,阐述人与自然以及生理、解剖、病理、诊断和养生、防病、治病方面的原则问题。《黄帝内经》总结了我国西汉以前的医学道德思想和实践经验,开医学道德研究之先河。它植根于中国传统文化沃土,以传统伦理道德规范医生人格和医德修养,标志着我国古代传统医学伦理道德思想的初步形成。它所包含的丰富的医学道德思想,为后人留下了宝贵的精神财富,直至今日,其思想对食药道德的发展都有深远的影响。

《备急千金要方》又称《千金要方》,是中国古代中医药学经典著作之一,著者孙思邈是中国历史上最伟大的医药学家之一,后世尊之为"药王"。孙思邈认为,生命的价值是最贵重的,比千两黄金还重要。如果一个药方就能救人于危难,价值是胜过千金的,因此用《备急千金要方》作为书名。孙思邈继承了中华医药道德之精华,孜孜以求其最高境界。他不仅是我国古代医学伦理学的重要开拓者,也是中医人文精神的倡导者和践行者。在中国伦理学史上,孙思邈的道德思想形成了一套完整的医学道德思想,具有划时代意义。它不仅体现了中华民族的传统美德,而且对后世食药道德的发展具有深刻的指导意义,为食药行业从业者所推崇。

经典赏析

《黄帝内经·素问》节选

黄帝问曰:天覆地载,万物悉备,莫贵于人。人以天地之气生,四时之法成,君王众庶,尽欲全形,形之疾病,莫知其情,留淫日深,著于骨髓。心私虑之,余欲针除其疾病,为之奈何?

岐伯对曰:夫盐之味咸者,其气令器津泄;弦绝者,其音嘶败;木敷者,其叶发;病深者,其声哕。人有此三者,是谓坏腑,毒药无治,短针无取,此皆绝皮伤肉,血气争矣。

【译文】

黄帝问道:上天能覆盖到的、地上所承载的万事万物,再贵重又如何,都没有人的生命重要。人的生存,依赖天地之间的空气和水源的精华,并随着四季生长的规律而生长。上到君主帝王,下至平民百姓,所有人都想身体健康,但往往当身体开始出现问题时,却因病情较轻很难被察觉,因而让病邪滞留在身体里逐渐恶化,日益严重,以致发展到深入骨髓。我为这样的疾病感到忧虑,我要想解除病患的痛苦,应该怎样做才行呢?

岐伯回答说:例如盐的味道是咸的,盐储藏在器具中,当看到有水渗出来,可以知道盐气外泄了;在琴弦要断的时候,就会发出嘶败的声音;如果树木内部溃烂了,虽然枝叶看起来好像很茂盛,但实际上外盛中空,很容易枯萎;而人在疾病深重的时候,就会产生呃逆。人要是出现这样的现象,说明内脏已有严重损坏,使用药物和针灸都不会有治疗效果,一旦皮肤肌肉受伤败坏,血气枯槁,就很难挽回了。

二、要义阐述

敬畏生命是指人们敬畏一切存在的生命形式,特别是对人类生命的尊重、敬仰、关爱与维护。诺贝尔和平奖获得者阿尔贝特·施韦泽(Albert Schweitzer,1875—1965)最早对"敬畏生命"进行定义。他认为,有思想的人会像敬畏自己的生命意志一样敬畏所有的生命意志,善是珍重生命、保全生命、促

拓展阅读
《敬畏生命——五十年来的基本论述》译著序(节选)

进生命、敬畏生命,使可发展的生命实现其最高价值;恶是毁灭生命、伤害生命、压制生命的发展。这是对敬畏生命定义的经典阐述。

生命高于一切,任何时候都应该把生命放在首位。阿尔贝特·施韦泽对于敬畏生命的理解与我国对生命的尊重、以人为本的理念不谋而合。基于食药行业的特殊性,从业者必须具备敬畏生命的食药道德规范,树立生命至上理念,始终把人的生命安全放在首位,认知生命、尊重生命、守护生命,在食药行业实践中实现生命的价值。

(一)认知生命

生命之所以具有神圣性,是因为生命不可替代、不可再生。食药行业从业者要做到敬畏生命,首先要认知生命,这是敬畏生命的基础。只有正确理解生命的内涵和价

值,才能做到对生命负责,将人民群众的身体健康和生命安全放在首位。

1.认知生命的内涵

关于生命内涵的问题,是众多学科面临的难题。由于生命的复杂性,使得生命没有一个准确的定义,只能抓住生命本质的复杂性去定义生命。恩格斯对生命的定义:生命是蛋白体的存在方式,这个存在方式的基本因素在于和它周围的外部自然界的不断的新陈代谢,这种新陈代谢一旦停止,生命就会随之停止,结果便是蛋白质的分解。恩格斯把"不断的新陈代谢"作为生命的本质属性。从生物学上理解,生命是由核酸和蛋白质等物质组成的分子体系,是生长变化的物质系统。在地球上,生命无处不在。生命具有稳定的物质和能量代谢现象,包括动物、植物、微生物等。每种生命都有其存在的意义与价值,世界因生命的存在而变得生动精彩,我们没有办法想象没有生命的世界会是多么寂寥。

自然界所有生命中最特殊的就是人的生命。人具有意识,有意识的生命活动把人与其他有机生命直接区别开来。这里探讨的生命指的是人的生命。对于人类而言,生命是人类生存与发展的基本前提。只有拥有生命,我们才可以充分发展自己、实现自己,从而推动人类社会不断向前发展。

2.理解生命的价值

对于生命,不同的人有不同的理解,有什么样的生命理解,就会有什么样的生命态度,也就会有相应的生命选择,随之也会产生相应的生命价值。敬畏生命是生命价值观的原点,我们只有真正理解生命的价值,才能懂得敬畏生命的意义。

生命价值是内在价值与外在价值的统一。生命的内在价值是不需要依赖任何其他事物就具有的价值。从一般意义上看,生命价值是人的生命以满足人的需要为尺度而建立起来的一种意义关系,是人的生命对于自身来说的"有用性",这种"有用性"满足了人对意义的寻求。生命的外在价值是除了满足自身需求之外的价值。人总是处在一定的社会关系中,人的生命体现为对于他人、群体或社会的有用性,以及对他人、群体或社会的贡献,这是生命价值的目的和归宿。对于食药行业从业者而言,生命的内在价值就是珍惜、爱护自己的生命,生命的外在价值就是维护保障人民群众的生命健康,促进食药行业的发展。

(二)尊重生命

生命的价值要求尊重生命,爱护生命。尊重生命是实现生命价值的基础,不仅要尊重自己的生命,同时也要尊重他人的生命,即满足生命需要的同时还意味着一种自我责任,在享受权利的同时伴随着义务。

1.尊重自己的生命

尊重自己的生命就是要珍惜自己的生命。食药行业从业者只有尊重自己的生命,才能更好地服务人民。所有生命皆追求生存,实现这种目的,就是它的内在价值。

人的目的性体现为珍惜自己的生命,生命的存在是实现自我价值的前提。生命的自我价值就是人的自我满足、自我实现和自我发展。马克思指出:"全部人类历史的第一个前提无疑是有生命的个人的存在。"没有了人的生命就无所谓人的发展,无所谓社会的发展。因此,一切价值的实现都必须以生命的存在为前提,生命是人们享受一切权利、创造有意义人生的基础。没有生命,一切都是空谈,任何思想、成就都不会存在。

所有的人都应该尊重自己的生命、珍惜爱护自己的生命,不应该得过且过,草率放弃。人的生命是短暂的,是不可重来的,人们应该在有限的时间里好好地生活,实现自己生命的价值。生命价值的实现,不在于长短,而在于内涵,因而要珍爱生命,让有限的生命焕发光彩。

2.尊重他人的生命

尊重他人的生命就是要珍爱社会大众的生命。马克思主义的生命观是"为人民服务的人生观"。马克思主义生命观强调,要关怀自己和他人的生命,热爱生命,要做乐观、奋斗的人,实现生命的超越,倡导"主要看奉献"的人生价值标准,倡导积极进取的人生态度。他指出,人的生命价值表现为奉献社会和完善自我的有机统一,人作为社会存在物,只有在与他人、与社会的交往中才能体现人的价值。食药行业从业者实现生命的外在价值就在于,要尊重他人的生命,为保障人民群众的身体健康而努力奋斗。

身体健康是促进人全面发展的必然要求,是经济社会发展的基础条件,是民族昌盛和国家富强的重要标志,也是广大人民群众的共同追求。在新时代,党和国家对人民健康高度关注,为推进健康中国建设,提高人民健康水平,中共中央、国务院印发的《"健康中国2030"规划纲要》提出,"保障食品药品安全,预防和减少伤害"。食药行业从业者要保障食品药品安全,积极践行健康中国战略,加强健康知识宣传力度,倡导健康文明的生活方式。保障食品药品安全是食药行业从业者尊重他人生命、实现生命外在价值的重要体现。

【案例链接】

郭春园是我国传统正骨四大流派之一"平乐郭氏正骨"的第五代传人之一,被国内同行誉为"中华骨魂",是广大患者心目中的"神医"。作为一名共产党员,郭春园从医60多年来,始终坚守着"生命无价,患者利益高于一切"的原则,看病只看病情,不看背景,对患者不论贫富贵贱"皆如至亲之想"。他用精湛的医术,创造了一个又一个起死回生的奇迹,用博大的爱心赢得了许多患者的信任和赞誉。为了满足更多患者的需求,他总是提前一小时开诊,到晚上八九点才结束。一次，一位小伙子因车祸左腿粉碎性骨折，辗转了好几家医院，都建议他截肢。最后，小伙子来到平乐医院，郭春园亲自接诊治疗，先为他敷上祖传的三七散活血消肿，再进行断骨手术复位，终于保住了患者的左腿。郭春园在古稀之年，为了能治愈更多的患者，他又无偿献出 13 个家传秘方。作为一名医者，他生动地诠释了对生命的尊重，实现了生命的外在价值。

（三）守护生命

守护生命就是要把人民的生命健康放在首位，坚持生命至上，树立以人民为中心的价值追求；守护生命就是要提升捍卫人民健康的能力，通过不断强化业务能力，提升产品和服务质量，全力满足人民群众的健康需求，维护人民群众的身体健康。

1.把人民生命健康放在首位

守护生命就是要始终将人民生命健康放在首位。食药行业关系到亿万人民生命健康，食品药品安全是人民群众安居乐业、经济社会平稳发展的基础保障和头等大事。习近平总书记作出"始终把人民生命安全放在首位""食品安全是民生，民生与安全联系在一起就是最大的政治""药品安全关系人身健康和生命安全，容不得含糊"等一系列重要论述，充分体现了以习近平同志为核心的党中央对食药工作的高度重视。

食药行业从业者要将人民群众的生命健康放在首位，对人民群众的生命安全和健康负责。一方面，食药行业从业者要牢固树立"将人民生命健康放在首位"的理念，明确食药行业的特殊性，食品药品安全工作的责任重于泰山，坚决把食品药品安全作为食药企业义不容辞之责。另一方面，食药行业从业者要能将理念转化为实际行动。从农田到餐桌，从实验室到医院、药店的每一个工作流程，都要认真严谨，严把质量关，要把自己看成食品药品安全的第一责任人，不折不扣落实食品药品安全责任，坚守食品药品安全底线，坚决保障人民群众的生命健康。

【案例链接】

2021 年，深圳"5·12"疫情暴发以来，1000 余名志愿者不惧风雨、冲锋在前，将"人民至上、生命至上"作为使命担当，始终将人民生命健康放在首位，迅速开展重点场所防疫"双防守城"志愿服务行动。志愿者在 40 多天里不断抓牢、抓细、抓紧疫情防控和食品安全工作，他们使命必达，没有丝毫懈怠。在行动中涌现了一批优秀志愿者，他们始终坚守岗位、不辞劳苦，舍小家为大家，用实际行动印证了"疫情不退，志愿者不退""民有所呼我有所应，民有所需我有所供，民有所期我有所干"不只是口号，是志愿者守卫生命的决心与毅力。

2.提升捍卫人民健康的能力

守护生命就是要全面提升捍卫人民健康的能力。人民健康是社会文明进步的基础,是民族昌盛和国家富强的重要标志,也是广大人民群众的共同追求。随着生活水平的提高与健康观念的增强,人民群众对于产品、服务的需求持续增长,并呈现出多元化、个性化的特征。为满足人民群众的健康需求,食药行业需要更多有理想、有本领、有担当的高素质专业人才的加入。

食药行业从业者要全面提升捍卫人民健康的能力。一方面,食药行业从业者要将维护人民健康作为初心使命,树立正确的世界观、人生观、价值观,做有理想信念、有道德情操、有扎实技能、有创新思维的食药人。另一方面,食药行业从业者要专注自身能力的提升,要注重理论与实践结合,牢固专业知识,时刻关注食药行业发展趋势和市场需求的变化,与时俱进,及时了解和掌握食药行业不断出现的新技术、新手段、新方法,聚焦人民的健康需求和关乎人民健康亟待攻克的重大科学问题、重大技术难题,勇于探索研究,提升捍卫人民健康的能力,成为高素质的食药人才。

任务二 案例分析

对于食药行业从业者而言,敬畏生命就是第一位的。例如,武汉战"疫"英雄对重症患者的救治工作就真正体现了敬畏生命的食药道德规范;震惊中外的"反应停"事件也正是因为弗朗西斯・凯尔西(Frances Kelsey,1914—2015)心怀对生命的敬畏,拒绝"反应停"在美上市,才避免了悲剧的发生;也正是对敬畏生命的坚守,中粮集团有限公司(以下简称中粮集团)才能不断前行,实现企业的可持续发展。

一、敬畏生命——武汉战"疫"重症患者救治工作纪实

1.案例简介

2020年4月14日,武汉雷神山医院最后4名重症患者完成转院。4月15日,武汉雷神山医院休舱。雷神山医院建成投入使用以来,累计收治患者2011人,其中重症和危重症患者千余人,康复出院1900余人。随着雷神山等最后一批重症救治应急医院休舱,武汉已转入正常医疗救治阶段,武汉疫情防控取得了重要阶段性成效。

在疫情防控的关键阶段,医护人员始终将救治重症患者放在首位,竭尽全力与病毒抗争,武汉疫情中重症患者转归为治愈者的超过89%。在重症患者救治过程中,无关性别、年龄,只要有一丝希望,医护人员就不惜代价、绝不放弃,上至100多岁的老人,下至出生仅30个小时的婴儿,总体治愈率达到94%。在救治湖北重症、危重症患者中的高龄老人时,医护人员迎难而上、携手攻克难关,成功治愈年龄在80岁以上的新型冠状病毒感染者3600余名,其中武汉市80岁高龄老人救治成功率近70%。患

者人数从 2 月中旬最高峰时的近 1 万例,到 2020 年 4 月 26 日清零。在院重症患者从最高峰时近万例至清零,武汉重症病例画出一条令人欣慰的下行曲线,这是中国在这场抗疫斗争中敬畏生命的生动写照。

2.案例解读

新型冠状病毒感染疫情发生后,中共中央政治局常务委员会紧急召开会议,专门研究新型冠状病毒感染的肺炎疫情防控工作,习近平总书记主持会议并发表重要讲话,要求各级党委和政府必须"把人民群众生命安全和身体健康放在第一位"[①]。把生命放在首位,就是要坚持以人为本、生命至上,不计一切后果地抢救一切能挽救的生命,不到最后一刻,决不放弃。在这场疫情阻击战中,我国应治尽治的措施是敬畏生命的真实写照,也是把人民的生命安全看得高于一切的生动体现。

二、拒绝"反应停"在美上市的女杰——弗朗西斯·凯尔西

1.案例简介

在医药史上,"反应停"事件是最常被提及的影响力巨大的药害事件。1953 年,瑞士汽巴精细化工有限公司首次合成了一种名为沙利度胺的药物,后来一家叫格兰泰的联邦德国公司对它进行了进一步的研究,发现这种药物不仅有镇静催眠作用,而且能明显抑制孕妇的妊娠反应——这也是"反应停"这一名称的由来。1957 年,反应停仅靠几份实验报告和证词就获得了德国、英国等国家的上市批准,并迅速在 20 多个国家上市售卖。反应停成为"孕妇的理想选择"(当时的广告用语),作为妊娠呕吐的特效药,在那个年代简直创造了奇迹。生过孩子的母亲都知道妊娠反应是多么痛苦,因此,反应停在世界各地被医生大量开处方配给孕妇以治疗呕吐。到 1959 年,反应停的每月销量达到了 1 吨。

然而,反应停的"阴暗"面却逐渐暴露。德国、英国、加拿大、日本等国家和地区纷纷发现服用该药的孕妇诞下的新生儿有各种畸形症状,包括肢体畸形,心脏、消化道和泌尿道变形等,受害人数超过 15000 人。受药物影响的一些孕妇生出的婴儿没有手臂和腿,手直接连在躯干上,形似海豹,被称为"海豹胎",这样的畸形婴儿死亡率达50%以上。但是,孕妇服用反应停造成畸形胎儿的病例数在美国却出现得很少,其中最大的功臣就是美国 FDA 当时负责反应停注册工作的官员弗朗西斯·凯尔西。凯尔西是毕业于芝加哥大学的药学博士,担任美国食品药品监管局的药物审查员。她在接到反应停在美销售的申请后,不理会该药物已经得到了多国批准上市的现实,本着敬畏生命的态度,坚持制药公司必须提供更多实验报告,尤其必须出示反应停对神经系统是否有副作用的实验数据。凯尔西顶着药商的巨大压力,在得到更多有关反

---

① 把人民群众生命安全和身体健康放在第一位[EB/OL].(2020-01-28)[2022-11-30]. http://www.xinhuanet. com/politics/2020-01/28/c_1125507344. htm.

应停的副作用资料前,坚决不批准该药上市销售。正是由于凯尔西的坚持,美国才避免了大批畸形新生儿的出现,从而挽救了成千上万婴幼儿的生命与健康。

由于处理反应停上市申请时,凯尔西表现出的慎重、毫不妥协和勇气,让美国FDA真正地成为一块金字招牌。FDA成为政府机构中最为重要的机构之一,也成了全世界的典范。至此,安全性成为药物监管的基本原则。药物的安全性、有效性、质量的可控性才真正地开始被世人所认可。与此同时,凯尔西也成了美国人心目中的英雄,1962年,美国总统肯尼迪授予凯尔西"杰出联邦公务员总统奖",以表彰她在药品监管方面做出的杰出贡献。

2.案例解读

作为一名医药行业的监管人员,凯尔西本着敬畏生命的态度,不顾反应停风靡德国、英国、加拿大、日本等国家和地区的现实,也不畏惧来自制药企业的各种威胁手段,顶住各方面的压力,坚持自己的原则和底线,秉持敬畏生命的食药道德规范,未批准反应停在美国上市,避免了悲剧的发生,保护了成千上万美国民众的生命安全和健康。

三、中粮集团:为"舌尖上的安全"做出中粮贡献

1.案例简介

2019年,中粮集团提出以"敬畏生命、客户和自然"为核心的食品安全十项管理原则,画出六条红线,对食品安全问题实施一票否决等决策,并予以严格执行。中粮集团始终把落实生产经营者主体责任作为首要任务,将食品安全视为企业的品牌工程、生命线工程、社会责任工程和核心竞争力工程,积极探索创建具有中粮特色的食品安全管理模式和体系,发挥保障食品质量安全的引领示范作用,用行动守护"舌尖上的安全"。

中粮集团认为,保障食品安全从根本上是要建立科学完善的质量安全体系。为保障食品安全,中粮集团以打造从田间到餐桌的全产业链为依托,持续优化全产业链食品安全风险管控机制,全面构建由7个模块、17个子系统构成的横向到边、纵向到底的食品安全管理系统,实现对大米、小麦等20类主要原料、200余项风险指标的全过程动态监测、评估和预警,确保人民"舌尖上的安全"。建立产品标准化管理信息系统,将2000余项国家标准拆解为60万个指标,在保证产品合规的同时,对标国际领先水平。同时,中粮集团积极推动国家食品安全标准体系建设,广泛参与食品安全标准化工作,近年来参与国家、行业、地方标准制定、修订近400项。保障食品安全既是企业的责任,也是底线。中粮集团始终坚守"忠于国计、良于民生"的使命追求,让消费者吃得安心、吃得放心。

2.案例解读

中粮集团提出以"敬畏生命、客户和自然"为核心的食品安全十项管理原则,把食

品安全作为生命线工程,始终把消费者的生命健康放在首位,以人民群众的利益为先,坚守食品安全底线。作为国内领先的食品供应商,中粮集团始终不忘自身使命,不断创新完善食品安全保障,持续促进食品行业健康发展,为维护人民"舌尖上的安全"做出中粮贡献。

任务三 养成训导

通过养成训导,进一步加深对敬畏生命食药道德规范的理解。养成训导包括主题思考、能力拓展和养成评价三个步骤。主题思考就敬畏生命相关的问题进行分组思考讨论;能力拓展就敬畏生命设计实践互动,学习者参与体验,充分发挥组织、分析、归纳等能力,获得对敬畏生命的体验感悟;养成评价是根据项目学习主题,学习者自行设计并完成实施方案,由导师进行评价。通过层层递进的三个步骤,让学习者通过思考研讨和实践活动真正领会敬畏生命的意义,将敬畏生命应用到实际学习、生活、工作中去。

一、主题思考

食药行业与人民群众生命健康息息相关。目前,我国的食药安全形势总体稳定向好,但食品药品安全事件仍有发生。根据任务二中的武汉战"疫"重症患者救治、"反应停"事件、为"舌尖上的安全"做出中粮贡献三个案例及分析,结合敬畏生命的规范解读,针对食药行业和自身发展的情况,思考可以获得哪些启示?

二、能力拓展

为加深对敬畏生命规范的理解,并进一步将敬畏生命内化,以下训导拓展供学习者根据学习条件和实际情况选择使用和参考。

拓展一:"敬畏,让生命放光"主题演讲比赛

【拓展目标】

通过"敬畏,让生命放光"主题演讲比赛,增强学习者对敬畏生命的认知,引导学习者将敬畏生命内化为职业情感和职业素养,践行敬畏生命的食药道德规范。

【拓展设计】

1.实施步骤

(1)通过食药道德课程、多媒体信息平台等做好活动宣传工作,让学习者了解活动的主题、流程、规则、目的和意义。

(2)组织初赛。以"敬畏生命"为主题,开展60秒的演讲,选拔表现优秀者进入决赛。

（3）决赛前，主持人负责收集参赛者的开场视频，制作评说案例和初赛演讲特制视频。

（4）主题演讲决赛。决赛以"敬畏，让生命放光"为主题，围绕主题自拟内容。决赛分为开场、主题演讲、观众互动、评委点评四个环节。

（5）比赛结果宣布。

2.主要内容

以"敬畏，让生命放光"为主题，开展现场主题演讲比赛。

（1）播放开场视频，主持人介绍本次演讲比赛的背景、意义、初赛情况以及决赛流程、比赛规则、注意事项、奖项设置等。

（2）参赛者上台风采展示，以视频形式介绍基本情况与备赛情况。

（3）主题演讲。参赛者在5分钟内完成主题演讲，评委进行现场提问。

（4）观众互动。结合"敬畏，让生命放光"的主题与参赛者互动，就演讲主题阐述观点或对参赛者提问。

（5）评委点评。评委根据参赛者表现进行总体点评，并最终宣布比赛结果。

【拓展要求】

（1）演讲要求：主题鲜明，内容充实，有符合敬畏生命的自身认知和观点；脱稿演讲，发音清晰，用语规范，表达流畅，富有感染力，能激发在场观众对敬畏生命的共鸣。

（2）着装要求：着装正式，举止自然，大方得体。

（3）心得体会：结合演讲主题撰写观赛或参赛心得。

拓展二：敬畏生命，共克时艰——最美逆行者采访

【拓展目标】

采访最美逆行者，听食药行业抗疫先锋讲述最美逆行故事，由亲历者带来那段共克时艰的经历，感悟生命至上的伟大抗疫精神，旨在让学习者领悟敬畏生命的食药道德规范，更好地理解认知生命、尊重生命、守护生命。

【拓展设计】

1.实施步骤

（1）通过食药道德课程、网络信息平台等开展宣传工作，发布拓展活动主题、流程，明确活动目的、意义等。

（2）组建采访小组，通过资料收集和调研，确定采访对象。

（3）收集采访对象的背景资料和抗疫事迹，确认采访流程和纲要。

（4）实施采访，采访小组根据采访流程和纲要，对采访对象进行提问，认真聆听并记录采访对象的回答。

2.主要内容

（1）采访开始：采访者宣布开始采访，介绍本次采访的主题和目的。

（2）采访过程：由采访对象讲述自身逆行的经历，感受生命至上的伟大抗疫精神。

（3）采访者提问：采访者先对采访对象的逆行事迹做好充分的调查和分析，准备好采访问题，对采访者一一进行提问。

（4）采访结束：对被采访者的配合表示感谢。

【拓展要求】

（1）采访前做好采访部署，提前与采访对象沟通确认相关事宜，准备好采访设备、器材，确保采访能顺利完成。

（2）采访流程安排合理，采访问题应紧扣"敬畏生命"主题。

（3）采访时，注重用语规范，表达流畅，把握采访节奏。

（4）采访后撰写汇报材料。

三、养成评价

小组自行设计一个研讨交流方案，并完成表 2-1 的填写。在每组完成方案设计与实施之后，提交方案设计、方案实施过程记录和实施结果。

表 2-1　研讨方案设计

研讨参与人员			
时间		地点	
研讨主题	敬畏生命食药道德规范学习体会		
研讨目标	1.掌握敬畏生命道德规范的要领 2.理解食药行业敬畏生命道德规范的必要性 3.增强食药行业从业者敬畏生命的道德规范		
研讨方案设计			
方案研讨结论			
收获感悟			
导师评价			
导师评分	方案设计（30%）		总分：
	实施过程（40%）		
	实施效果（30%）		

梳理与总结

食品药品安全既是重大的民生问题，也是重大的政治问题，事关经济健康发展与社会和谐稳定。敬畏生命要求食药行业从业者始终秉持对生命的厚重情怀，树立高尚的职业操守，切实增强食品药品安全工作的使命感，能够做到认知生命，加强对生命内涵和价值的理解；尊重生命，尊重自己和他人的生命，实现生命的价值；守护生命，始终把人民群众的生命健康放在首位，坚决守住食品药品安全底线。武汉战"疫"

对重症患者的救治工作、震惊中外的"反应停"事件、为"舌尖上的安全"做出贡献的中粮集团三个案例，都践行了敬畏生命食药道德规范。通过案例分析和主题思考、能力拓展、养成评价，食药行业从业者应具备分析、鉴别敬畏生命食药道德规范的能力，不断提升敬畏生命食药道德修养，主动践行敬畏生命食药道德规范，做推进健康中国建设的践行者，促进食药行业的健康发展。

本项目知识脉络如图 2-1 所示。

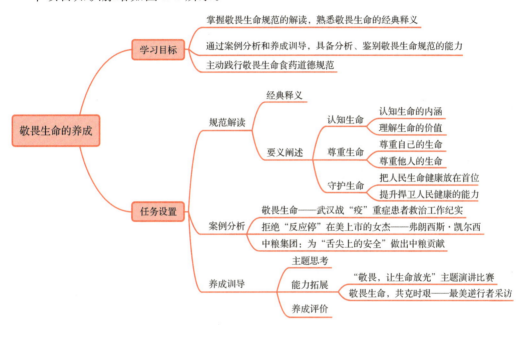

图 2-1　知识脉络

思考与练习

思考与练习
参考答案

一、单选题

1.最早提出"敬畏生命"伦理思想的是诺贝尔和平奖获得者（　　）。

A. 阿尔贝特·施韦泽　　　　　　　B. 查德威克

C. 邱仁宗　　　　　　　　　　　　D. 乌多·舒克兰

2.关于"人命至重，有贵千金"，以下说法正确的是（　　）。

A. 人的生命和千两黄金一样贵重

B. 人的生命比千两黄金更贵重

C. 人的生命很贵，但没有千两黄金贵重

D. 人的生命虽然没有千两黄金贵重，但是也很重要

3.以下选项中能够体现"敬畏生命"职业道德规范的是(   )。

A. 僵尸肉   B. 三聚氰胺奶粉事件

C. 苏丹红鸭蛋   D. 拒绝"反应停"在美上市

二、多选题

1.敬畏生命的食药道德规范,具体体现在哪些方面(   )。

A. 认知生命   B. 尊重生命   C. 守护生命   D. 破坏自然环境

2.关于敬畏生命的理解,说法正确的有(   )。

A. 新型冠状病毒感染疫情防控中,中国政府不放弃每个生命,不计成本全力救治,体现了敬畏生命的食药道德规范

B. 敬畏生命,要求我们能够珍惜生命,实现人生价值

C. 食品安全至关重要,敬畏生命要求食品企业必须保障人民群众"舌尖上的安全"

D. 敬畏生命是食药道德规范要求,对于食药行业从业者来说可有可无

三、思考题

1.中华优秀传统文化思想中包含很多敬畏生命的论述,请找一经典语录并释义。

2.敬畏生命需要提升捍卫人民健康的能力,你认为该如何提升自己的能力?

3.结合所学知识,请列举一知名食药企业,并为该企业设计一条敬畏生命警示标语。

项目二·厚德博识的养成

项目二 PPT

🎯 学习目标

1. 掌握厚德博识规范的解读，熟悉厚德博识的经典释义。
2. 通过案例分析和养成训导，具备分析、鉴别厚德博识规范的能力。
3. 主动践行厚德博识食药道德规范。

📖 任务设置

厚德博识是食药道德规范养成的前提和基础。厚德博识是食药行业从业者对专业知识积累、专业技能提升的追求，是对高尚品行、良好职业道德操守的追求。国无德不兴，人无德不立。党的十八大以来，习近平总书记高度重视社会主义精神文明建设特别是思想道德建设，要推动全社会形成崇德向善、德行天下的浓厚氛围。新时代，食药行业涉及多个高新学科，知识更新快，技术发展周期短，因此对从业者在道德和学识方面提出了更高的要求，必须具备厚德博识食药道德规范，才能更好地为人民健康服务。

任务一　规范解读

经典语录

"坤厚载物，德合无疆。"

——《周易》

"君子食无求饱，居无求安，敏于事而慎于言，就有道而正焉，可谓好学也已。"

——《论语·学而》

"夫天布五行，以运万类；人禀五常，以有五脏；经络府俞，阴阳会通；玄冥幽微，变化难极。自非才高识妙，岂能探其理致哉！"

——张仲景《伤寒杂病论》

"学者必须博极医源,精勤不倦,不得道听途说,而言医道已了,深自误哉!"

——孙思邈《备急千金要方》

一、经典释义

"坤厚载物,德合无疆"语出《周易》,意思是人的德行应该像大地一样淳厚,胸怀应该像大地一样博大宽广,能够容纳和蓄养万物,能与自然和谐相处,对待同胞要宽厚仁爱,体现的是天地之间的大德。该论述主张人应该厚德,应注重自身的道德修养。所谓"厚德"即指要有深厚的德行,做到明大德、守公德、严私德。

"君子食无求饱,居无求安,敏于事而慎于言,就有道而正焉,可谓好学也已。"语出《论语·学而》,意思是顾不上追求饮食的满足,顾不上追求生活的安逸,而对于学问之事和国家之事能够敏锐地观察和细微地思考,谨慎地发表言论,还能够向品德高尚、学识渊博的老师求教,从而不断修正和提高自己的修养,这样的人可以称得上是好学的了。

"夫天布五行,以运万类;人禀五常,以有五脏;经络府俞,阴阳会通;玄冥幽微,变化难极。自非才高识妙,岂能探其理致哉!"语出《伤寒杂病论》,意思是上天有五行之气,运转万物。人体有五行之常气,才有五脏的生理功能。经、络、府、俞,阴阳交会贯通,它的道理玄妙、隐晦、幽深、奥秘,其中的变化真是难以穷尽,假如不是才学高超、见识精妙的人,怎么能探求出其中的道理和意趣呢!

"学者必须博极医源,精勤不倦,不得道听途说,而言医道已了,深自误哉!"语出《备急千金要方》,意思是学医的人,一定要广泛地穷尽医学的本领,专心勤奋,毫不懈怠,不能听到几句没有根据的传闻,就宣称自己对医道了然于胸,深深地贻误自己。

【知识链接】

《伤寒杂病论》开创了中国传统医药学的辨证论治体系,被后世之人称作医药学发展史上第一部"理、法、方、药"都较为完善的经典医药典籍。其中《伤寒杂病论·张机序》是一篇具有很高价值的医药学伦理文献,对医药道德也做了精辟论述。序中不少关于医药伦理道德的论述,一直为历代名家所称颂。张仲景一直以来就提倡医药人应该博学多识、谦虚谨慎、持之以恒,除了要坚持自我学习,还要向同行专家学习,向经验丰富的人学习,学习他人的长处,融合百家之中好的方法,来成就自身之学。他还主张笃实勤学,博览群书,集前人之大成,揽四代之精华。

经典赏析

《伤寒杂病论·张机序》节选

余宗族素多,向余二百,建安元年以来,犹未十稔,其死亡者,三分有二,伤寒十居其七。感往昔之沦丧,伤横夭之莫救,乃勤求古训,博采众方,撰用《素问》《九卷》《八十一难》《阴阳大论》《胎胪药录》,并平脉辨证,为《伤寒杂病论》合十六卷,虽未能尽愈诸病,庶可以见病知源,若能寻余所集,思过半矣。夫天布五行,以运万类,人禀五常,以有五脏,经络府俞,阴阳会通,玄冥幽微,变化难极,自非才高识妙,岂能探其理致哉!

拓展阅读
《伤寒杂病论·张机序》

【译文】

与我同宗的人是很多的,原来有二百多口人。从建安元年(196)至今,虽然还没有十年,但是家族中就有三分之二的人死去了,其中十分之七的死因是伤寒病。先前家族已没落衰亡,我唏嘘不已,也为意外早死的人得不到救治而感伤。因此,我努力地去探究古代医家的著作,大范围地收集多种治病药方,参考《素问》《九卷》《八十一难》《阴阳大论》《胎胪药录》,再结合自身的诊脉经验,编写了《伤寒杂病论》,共十六卷。这本书中的知识虽然不能治愈所有的疾病,但是根据书里的内容应该可以看到病症就知道病源。如果能钻研学习我撰写的这部书,对于治病的要领就可以基本上掌握了。上天有五行之气,运转万物。人体有五行之常气,才有五脏的生理功能。经、络、府、俞,阴阳交会贯通,它的道理玄妙、隐晦、幽深、奥秘,其中的变化真是难以穷尽,假如不是才学高超,见识精妙的人,怎么能探求出其中的道理和意趣呢!

二、要义阐述

食药行业从业者始终肩负着保障人民生命安全健康的重任,这一特殊性要求食药行业从业者既要加强厚德博识道德规范建设,切实做到以厚德加强思想道德建设,培育正确的道德判断和道德责任,提高道德实践能力尤其是自觉践行能力;也要以博识破解食药行业发展难题,增长为人民健康服务的本领,只有德才兼备才能真正推动食药行业高质量发展。

(一)厚德修身

厚德的"厚"的直接语义是"深、重、多",延伸理解为推崇、重视,包含不断提升的过程。厚德一方面指的是广厚之德,另一方面蕴含着不断加强道德修养,成就高尚人格的含义。食药行业的厚德包含三层含义:一是重视食药道德,将食药道德与食药行业从业者的内在价值取向联系起来,将食药道德建设放在首要位置。二是崇尚食药道德,将食药道德认定为食药行业从业者的行为规范并付诸实践,提升从业者食药道德境界。三是弘扬食药道德,在践行食药道德的基础上宣扬、发展食药道德,从而形成优良的食药行业大环境。

在食药行业，厚德要求做到以下三个方面。

1. 克己

厚德首先要做到克己，不能克己，德就成了无源之水。克己一方面要做到克制私欲。随着经济水平的提高，人们对物质享受的追求也水涨船高，从某种程度上来说，这既能提高生活品质，也能带动经济发展，不是坏事；然而，凡事都要有度，过多地追求享受，容易被物欲裹挟，甚至迷失自我。王阳明讲到"克己须要扫除廓清，一毫不存方是；有一毫在，则众恶相引而来"。作为食药行业从业者，只有做到克己，才能主动磨炼意志、抵御外界的各种诱惑，始终心系人民群众，维护好人民群众的利益。克己另一方面要做到严格要求自己。食药行业关系着人民群众的身体健康和生命安全，确保食药安全是重要的民生工程、民心工程。克己是食药行业内在的道德需要，是从业者对自身职业特殊性的认识。克己要求从业者领悟食药行业的崇高使命和社会责任，不断加强自律性和自身道德修养，严把质量关、安全关，塑造"止于至善"的优秀品质。

【案例链接】

"中国肝胆外科之父"吴孟超院士，行医70余年，始终坚守克己，将克己贯穿于工作、生活的方方面面。97岁时，只要身体允许，他仍坚守在临床一线，经常每周亲自上两三台手术，按时查房、开会。吴孟超看病时，从来不开什么大处方，也从没有收过患者的红包、拿药品回扣。在做手术时，他用的麻醉药和消炎药都是最普通的，并且要求大家不要用贵的抗生素，做检查时也尽量为患者省钱。自己办公时，一张纸要用正反两面，开会不提供一次性水杯和茶叶，下班时会从头到尾关闭每一盏用不上的灯。在他的办公桌玻璃底板下，压着一张便笺纸，写着"严以修身，严以用材，严以律己"。这是吴孟超自己总结的，每天上班时都要看一遍，不断提醒自己。吴孟超院士一生始终保持克己，从不吃拿卡要，为患者精打细算，让每一分钱都能花在刀刃上，他是我们学习的榜样。

2. 利人

利人即施利于他人，是体现在人与人关系中的德行。它是中华民族传统美德的传承，也是厚德的重要体现。利人要求食药行业从业者正确处理"利人"与"利己"的关系，将人民群众的生命安全放在首要位置，在做任何事情和决定时，都能为他人着想，考虑人民群众的切身利益，牢记全心全意为人民服务的初心和宗旨。

首先，利人要求我们学会换位思考，站在对方的立场和视角上，替对方、替他人着想。它是运用唯物辩证法的一种有效的思维方式和工作方法。习近平总书记曾指出："做群众工作就要注意换位思考,设身处地为群众着想。党员干部只有将心比心,才能换取真心,才能找到解决问题、推动工作的良策。"①同理,做好食品药品安全工作,只有从全方位、多角度入手,才能真正把自己位置摆正,把工作做到位,把问题解决好。其次,我们要和别人友好相处,与人为善。妥善处理"我们"与"他们"的关系,涵养人与人之间的关系,才能更好地构建一个有善意、有温度、有正能量的社会。利人有利于形成一个良好的食药行业大环境,而这种大环境也会使其中的每一个人都受益,利人、利己最终实现双赢。

3.奉公

奉公是奉行忠诚履职、一心为公的职业精神,是厚德的具体落脚点。首先,奉公要求树立正确的是非观、义利观、权力观、事业观,要事事出于公心,在思想上与国家颁布的各项食药政策、法规文件精神相一致,在大是大非面前敢于亮剑。其次,奉公要求食药行业从业者忠诚履职担使命,以高度的责任感和忘我的热情做好工作,以实际行动践行守护生命健康的使命。不仅要秉承做事公平公正,还要在具体的工作中自觉摆正位置,不损公肥私,不假公济私,在利益面前能做到重公轻私,局部利益服从整体利益,个人利益服从集体利益。食品药品安全责任重如泰山,每一个食药行业从业者都要树立正确的价值观念,在自己的岗位上守好"责任田",一心为公,共同打造安全健康的食药行业大环境。

【案例链接】

2020年初,新型冠状病毒感染疫情在中国恣意肆虐,突如其来的疫情虽然打乱了人们的生活节奏,但是没有打乱食药行业从业者一心为公的决心和勇气。他们以高度的使命感、责任感参与疫苗的研发和临床试验工作,在研发流程环节不减的前提下,国药集团中国生物武汉生物制品研究所工作人员夜以继日展开攻关,三班倒、连轴转,平均每人每天高强度工作16小时,最终使全球首个新型冠状病毒灭活疫苗从启动研发到获批临床只用了98天!为了打赢这场没有硝烟的战争,食药行业从业者秉承高尚的职业操守,忠诚履行职责,分秒必争让防疫跑在病毒前面,体现了食药行业从业者一心为公,先人后己,无私奉献的奉公品质。

(二)博识励学

博识是一种治学精神,是一种人生追求。其含义,一是指要不断地、广泛地、深入

---

① 张俊杰:群众工作要学会换位思考[EB/OL].(2013-11-27)[2022-11-30].http://theory.people.com.cn/n/2013/1127/c40531-23673206.html.

地学习,二是指见多识广、学识渊博。博识作为一种为学之道,在食药行业,具体表现在强烈的求知欲望、兼容的学习态度、终身的学习理念三个方面。

1. 强烈的求知欲望

强烈的求知欲望要求食药行业从业者随时关注行业动态,保持一颗好奇心和勇于探索的精神。首先,在全面建设社会主义现代化国家的背景下,人们对食药行业提出了更高层次的需求,需要从业者具备积极的探索精神,抓住时代的新机遇,应对新形势下行业面临的新挑战。其次,食药行业的发展日新月异,技术升级和更替的周期不断被压缩,新技术、新手段、新方法层出不穷,从业者只有富有学习热情,不断汲取新的知识和技能,才能跟上时代发展的脚步。最后,专业化和精细化的市场需求使创新型、复合型的人才更受青睐。从业者只有不断学习,形成系统的知识体系,才能在发展中掌握主动权与话语权,提高应对未来挑战的竞争力。

【案例链接】

英国细菌学家亚历山大·弗莱明(Alexander Fleming,1881—1955),发现了世界上第一种能够治疗人类疾病的抗生素,正是因为他有强烈的求知欲。1928年的一天,弗莱明在一间简陋的实验室里研究导致人体发热的葡萄球菌。他发现由于盖子没有盖好,培养细菌的琼脂上生长出了很多青霉菌的菌落。这些细菌是从楼上一位研究青霉菌学者的窗口飘落进来的。令他感到惊讶的是,在生长青霉菌的琼脂上,葡萄球菌无法生长。这个偶然的发现深深吸引了他,引起了弗莱明的好奇心,激发了他的求知欲。为了弄清楚这种现象的原理,他设法培养这种霉菌并进行了多次实验,证明青霉素可以在几小时内将葡萄球菌全部杀死。由此,弗莱明发明了葡萄球菌的克星青霉素。在当今这个科学技术高度发展的信息时代,食药行业还有很多没有攻克的难题亟待从业者的探索和解决。而强烈的求知欲和好奇心,是不断探索的动力和不断超越自我的勇气,也是开拓食药道路的探路石。

2. 兼容的学习态度

兼容的学习态度是食药行业从业者学贯中西、兼容并包、俱收并蓄和善于学习的具体体现。食药行业是多个学科交叉融合的应用领域。随着食药技术的不断发展,涉及的学科知识正在不断地扩大和延伸,食药行业从业者要有兼容的学习态度,能海纳百川,广泛地学习,与其他领域的人互相学习、取长补短、相互融合。只有善于学习,从业者才能更快地适应新发展阶段食药行业的工作要求,也才能真正为实现人民对美好生活的向往做出贡献。

王玉润教授是我国著名的中医学家,他思想开放、兼容并包、学贯中西,在中医药研究方面造诣颇深。王玉润治疗疾病时,秉承着"识病治本"的价值理念,为了确诊疾病、探求病源,他积极使用多种先进的医疗手段。为了根治疾病,他大胆采用中西医结合的手段和药物。他认为,只有中西医结合,取长补短,充分运用人类的最新发现和最新科技成果,才能切实提高诊治效果,为患者带来实际的利益。王玉润兼容并包的学习态度告诉我们,要想在食药领域获得长足发展,唯有摒弃门户之见,博采众长,向书本学习、向同行学习、向先进经验和高新技术学习,取百家之所长,容万世之技能,才能获得突破和成功。

【案例链接】

2021年6月,国务院公布第五批国家级非物质文化遗产代表性项目名录,其中,汉派彭银亭中药炮制技艺被列入。汉派彭银亭中药炮制技艺是以彭银亭为代表的,兴起于明嘉靖时期、传承至今的汉口帮特色制药技艺。它是一种以净制、切制、炒制、蒸制、复制等工艺,将中药材加工成可供临床调剂和制剂投料使用的中药饮片的技艺。这一技艺的形成得益于汉口帮与其他炮制帮派互通有无、融合发展。创始人彭银亭,曾在刘有余药铺学习中药加工技艺,师从老药工徐仲琛、姚保臣、钱显卿等,出师后,他又前往汉口万鹤龄、金同仁、保和堂等药店做工历练,广采众家之长,勤于思考、善于总结,由此炮制技艺日臻完善。彭银亭深知,只有善于学习,取长补短,才能打造出有特色的制药技艺。该技艺已经历五代传承,影响遍及华中、辐射全国。

3.终身的学习理念

终身学习是指社会每个成员为适应社会发展和实现个体发展的需要,贯穿于人的一生、持续的学习过程。1965年,法国教育家保罗·朗格朗(Paul Lengrand, 1910—2003)在联合国教科文组织召开的"第三届促进成人教育国际委员会"会议上,做了题为"终身教育"的报告,他被视为终身学习思潮的奠基者。我国终身学习体系建设以学习者为中心,主张自主学习,重视激发学习者学习的兴趣和追求真知的动力,使每个人乐于学习,从而终身向学,并养成自主学习、自我评价、自我激励的能力。树立终身的学习理念,是食药行业从业者与时俱进、不断超越的前提。食药行业的快速发展要求从业者必须树立终身的学习理念,钻研新技术,探索新领域,不断完善自身的知识储备,形成全面系统的知识体系。

毛泽东同志经常把"活到老,学到老"挂在嘴边,这也是他一生读书学习的真实写照。他常常说:"饭可以少吃,觉可以少睡,书不可以不读。读书治学,一是要珍惜时光,二是要勤奋刻苦,除此以外,没有什么窍门和捷径。"他身边的工作人员回忆,毛泽东同志读书就像工作一样,常常通宵达旦。即使每次外出,毛泽东同志也总要带些书,或者向当地借些书来读。毛泽东同志终身学习的精神值得食药行业从业者学习。只有始终关注和学习吸收最新的食药知识和科学技术,及时把握食药行业发展的最新动态,才能跟得上食药科学前进的步伐,在食药领域有所成就。

【案例链接】

中国工程院院士、天津中医药大学名誉校长张伯礼是善于学习、终身学习的"大家",他常常说终身学习不仅是一种能力,更是一种人生态度。张伯礼早期从事舌诊研究时,为了更好地记录不同的舌象,他自学摄影,仅舌诊照片就拍了几万张。他的同事郭义感慨道:"出门诊时,需要拍片子,张院士一看我们拍照动作不对,就提醒我们如何构图,哪个角度拍摄效果更好……大家都说,这哪里是院士,分明是摄影家嘛。"据了解,张伯礼还自学了流体力学、统计学、中药栽培、制药工程学等多门学科,以学无止境的姿态深耕中医药学的学习和应用,形成了全面的知识体系。在新型冠状病毒感染疫情发生的紧要关头,张院士以渊博的才学向全世界证明了中医药的作用与力量,也说明了只有不断学习,建立扎实的学习功底,才能在遇到机会时抓住机遇,成就自我。

自古以来,厚德博识一直备受历代食药名家推崇。厚德博识是食药道德规范的前提和基础,食药行业从业者只有具备厚德博识的品质,才能描绘出为食药事业奋斗的蓝图。

任务二　案例分析

由于食药行业的特殊性,从业者必须博学多识,具备较高的食药道德素养。在工作上做出成就的食药名家,如潜心著述的李时珍、博采众长的葛洪、一生只做一件事的顾方舟等都具备厚德博识的食药道德素养。

一、李时珍潜心著述

1.案例简介

李时珍(1518—1593),字东璧,晚年自号濒湖山人,湖北蕲春县人,是明朝著名的医药学家。他编纂的《本草纲目》不仅是一部药物学著作,还是一部具有世界性影响力的博物学著作。英国著名生物学家达尔文也曾受益于《本草纲目》,称它为"中国古代百科全书"。

李时珍在数十年行医和阅读古典医籍的过程中,发现古代本草书中存在不少错误,因而下定决心要重新编纂一部本草书。他编纂《本草纲目》始于嘉靖三十一年

（1552），以《证类本草》为范本，同时还参考了其他 800 多部书。过去的本草书，由于作者们都是在书本之间抄来抄去，并没有真正地去实地调查验证，因此，书中对于草药的解释往往是越解释越糊涂，矛盾百出，让人无法确定是否正确。在编写《本草纲目》过程中，李时珍最感到头痛的就是药物名字混乱不堪，无法弄清楚药物的形状和生长的情况。

在父亲的启示下，李时珍意识到，"读万卷书"固然重要，但"行万里路"更不可少。因此，他一方面查遍所有的本草书，同时又游历四方，深入本草所在地去调查研究。经过 27 年的努力，在万历六年（1578），李时珍完成了《本草纲目》初稿，又经过 10 年三次修改，最终完成了《本草纲目》的编写。李时珍所编纂的《本草纲目》，不仅是中华民族的医学财富，也是世界医学的宝贵财富。

2.案例解读

李时珍不断学习医药知识，并在实践中得到锻炼，凭借强烈的求知欲、兼容的学习态度、终身的学习理念，经过毕生的努力，三易其稿，最终完成世界级本草巨著《本草纲目》，成为令世人敬佩的本草学家。李时珍潜心著述的故事世代相传，历代人民群众尊崇他、传颂他。读万卷书，行万里路。李时珍积累了深厚的药学知识和实践技能，同时他在实践中形成了高尚的食药道德，能够克服千难万险，矢志不渝，耗尽毕生精力，最终将光耀千秋的伟大著作呈现在世人面前，这是智慧和毅力结合的升华。

二、葛洪博采众长

1.案例简介

葛洪（283—363），字稚川，自号抱朴子，晋丹阳郡（今江苏句容）人，是东晋时期有名的医生。

葛洪一心向学，无论处境多么艰辛，都始终坚持学习。他年幼时，因父亲病逝，家道中落，家里收藏的典籍也因数次失火都被焚毁。为了能够读书，他卖木柴赚钱买纸，到别人家抄书，并借火光读书。他所用过的纸都是写过很多遍的，以致这次书写的文字将上次的覆盖，再接着又写上最近看的书的笔记，所以很少有人能够读懂他写下来的东西。

葛洪治学博采众长，在学术研究上"考古今医学之说""于学无所不贯"。葛洪博览群书并注重分析与研究，在行医实践中，总结治疗心得并搜集民间医疗经验，以此为基础，完成了百卷著作《玉函方》。由于卷帙浩繁，难于携带检索，他将其中有关临床常见疾病、急病及其治疗等摘要简编成《肘后备急方》3 卷，使医者便于携带，以应临床急救检索之需，故此书堪称中医史上第一部临床急救手册。

葛洪反对"贵古轻今"的保守思想，批判"其于古人所作为神，今世所著为浅，贵远贱近"的错误观点。他认为"古书者虽多，未必尽善，要当以为学者之山渊，使属笔者得采伐渔猎其中""诸后作而胜于前事"，并在实际的行医过程中，坚持贯彻重视实验的思想。正是因为葛洪的这种可贵的批判接受精神,他在学术上才能不囿于古人,有所创新。

葛洪还具备高尚的医药道德,他始终怀有一颗悲天悯人、济世苍生的心,当乡亲们患病时,他悉心诊治,遇到贫苦的患者,经常分文不取,周边的百姓都很敬佩他。

2.案例解读

葛洪幼年丧父后,家道中落,但他始终没有放弃学习,用砍柴获得的钱换回纸笔,抄书学习常常到深夜。葛洪虽贫穷却不失志向,他一心向学的精神值得我们学习;他专注研究古代食药典籍,并不断付诸实践、不断创新的态度值得我们敬佩;他悲天悯人,广济贫困百姓的高尚品德值得我们称赞。

三、顾方舟一生只做一件事

1.案例简介

顾方舟(1926—2019),出生于上海,原籍浙江宁波,医学科学家、病毒学专家。他是我国脊髓灰质炎疫苗研发生产的拓荒者、科技攻关的先驱者,被孩子们亲切地称为"糖丸爷爷"。他一生治学严谨,对卫生防疫事业有高度的责任感。为我国消灭"脊髓灰质炎"的伟大工程做出了重要贡献,但顾方舟始终心怀若谷,说:"我一生只做了一件事,就是做了一颗小小的糖丸。"在中华人民共和国成立 70 周年之际,顾方舟被授予"人民科学家"国家荣誉称号。

1955 年,全国多地暴发"脊髓灰质炎"疫情,至此,顾方舟便与脊髓灰质炎研究工作结缘。1957 年,顾方舟临危受命开始进行脊髓灰质炎的研究工作。他日夜奋战,经过大量动物实验,疫苗被研制出来,冒着瘫痪的风险,顾方舟自己喝下了一小瓶疫苗溶液,一周过后安然无恙。但是这个药是给孩子吃的,必须进行小儿人体试验,试验者去哪里找呢?他毅然做出了一个决定,瞒着妻子让自己刚满月的儿子参加临床试验,很多研究员被顾方舟感动,纷纷决定让自己的孩子参与试验。

1957 年,顾方舟在我国首次分离出了"脊髓灰质炎"病毒之后,又成功研制了"液体""糖丸"两种活疫苗,使数十万中国儿童免于致残。此外,他还提出了采用活疫苗技术消灭"脊髓灰质炎"的建议,以及适合于我国地域条件的免疫方案和免疫策略。

1960 年 12 月,第一批疫苗生产成功。500 万人份的疫苗在全国 11 个城市推广使用。在疫苗取得巨大的成功之后,顾方舟并没有松懈,因为初代疫苗需要冷藏,运输起来并不方便,在偏远地区很难普及,而且喝起来口感很不好,一些孩子会偷偷吐掉。顾方舟想来想去决定将疫苗改良成糖丸,这样既方便运输保存,又能哄孩子乖乖吃下去。虽然听起来只是从液体到固体的变化,但这花了顾方舟整整三年的时间。

1964 年,疫苗糖丸终于成功问世,由于方便保存,一年之后,广大的农村地区终于开始普及脊髓灰质炎疫苗。1978 年,为了消灭脊髓灰质炎,国家决定以疫苗糖丸的形式在全国范围内强制接种。"70 后""80 后""90 后"这几代人都是这么过来的,顾方舟和他的同事们所做的努力,拯救了上千万的中国孩子。

2.案例解读

"糖丸爷爷"顾方舟终身从事脊髓灰质炎的研究工作,专注脊髓灰质炎疫苗的研制和改良,用一颗颗糖丸治愈了孩子们的梦魇。他一生治学严谨、学识渊博、德行高尚,艰苦奋斗,致力于消灭脊髓灰质炎的事业。他服务人民的情怀、厚德博识的品质,值得食药行业从业者学习和继承。

任务三 养成训导

通过养成训导,进一步加深对厚德博识食药道德规范的理解。养成训导包括主题思考、能力拓展和养成评价三个步骤。主题思考就厚德博识相关的问题进行分组思考讨论;能力拓展就厚德博识设计实践互动,学习者参与体验,充分发挥组织、分析、归纳等能力,获得对厚德博识的体验感悟;养成评价是根据项目学习主题,学习者自行设计并完成实施方案,由导师进行评价。通过层层递进的三个步骤,让学习者通过思考研讨和实践活动真正领会厚德博识的意义,将厚德博识应用到实际学习、生活、工作中去。

一、主题思考

潜心著述的李时珍、博采众长的葛洪、一生只做一件事的顾方舟等,这些名家由于厚德博识成就了璀璨的职业生涯,在食药行业发展史上留下了浓墨重彩的一笔。请学习者谈一谈如何在自我的职业生涯中融入和践行厚德博识食药道德规范?

二、能力拓展

为加深对厚德博识规范的理解,进一步将厚德博识精神内化,以下训导拓展供学习者根据自身学习条件和实际情况选择使用和参考。

拓展一:"厚德博识,传食药经典"知识竞赛

【拓展目标】

通过"厚德博识,传食药经典"知识竞赛,激发学习者的学习热情,从而促进专业知识的精进和素养的提升,彰显新时代食药行业从业者风采,传承食药文化。

【拓展设计】

1.实施步骤

(1)运用微信、QQ、抖音等多媒体平台,让学习者了解活动主题、流程、规则、目的和意义。

(2)初赛。由学习者自行组队,每支队伍由3名成员组成,团队以闭卷的形式答

题,按照总分排名,总分前8名的队伍进入决赛。

(3)决赛。决赛分为必答题和抢答题,以总分高低排序,分别决出一、二、三等奖。

2.主要内容

以"厚德博识,传食药经典"为主题,开展知识竞赛。

(1)主持人致开场词并宣布比赛规则。

(2)必答题环节。①选手必答:主持人按顺序分别提问各代表队的3位选手,每位选手依次回答主持人所提出的问题。答对1题加10分,答错不扣分,各选手的分数加起来,作为最后的团队得分。②选题作答:每个代表队有两次选题机会,主持人要说明该题的分值多少,代表队需选其中一个题号来作答;若答对则加相应的分数,若答错则要扣一半分数。选题顺序根据上一局的总得分从高到低进行,得分相同的情况下按照抽签结果决定作答的先后次序。

(3)观众互动。选择常识性题目与在场观众展开互动。

(4)抢答题环节。共有20题,每题10分,答对加10分,答错则要扣10分。

(5)评委点评。评委根据参赛者表现进行点评,并宣布最终结果。

【拓展要求】

(1)各团队需结合出题范围做好充分准备,以展现食药行业从业者的最佳风采。

(2)着装正式,举止自然,大方得体。

(3)结合知识竞答主题撰写观赛或参赛心得。

拓展二:"访厚德药企,悟精神使命"线上调研活动

【拓展目标】

通过视频分享会的方式与当地在厚德精神方面具有典型性、代表性的药企对话,以传承中华民族药企厚德精神为主线,引导学习者深入了解药企及其企业文化,在此过程中感悟良好的食药道德对于药企立足与发展的重要性,从而自觉将厚德内化于心,外化于行。

【拓展设计】

1.实施步骤

(1)动员部署。按需分组,组织学习者根据任务目标和个人特长组队。

(2)制订方案,根据此次调研的目的查找资料,整理好采访提纲,明确调研企业名单等。

(3)提前调试好设备,确保视频分享会顺利进行。

2.主要内容

(1)通过线上观看企业宣传片和聆听负责人讲解,了解企业厚德文化及其具体践行方式。

(2)根据调研任务自由提问,相互交流。

（3）导师总结致谢。

（4）学习者撰写心得体会。

【拓展要求】

（1）药企应当选择在食药道德建设中具有一定代表性的企业。

（2）研讨问题主要围绕企业厚德文化的培育，以及与个人职业发展相关的问题。

（3）视频连线时注意形象礼仪、语言表达，以积极向上的态度展现风采风貌。

三、养成评价

小组自行设计一个研讨交流方案，并完成表 2-2 的填写。在每组完成方案设计与实施之后，提交方案设计、方案实施过程记录和实施结果。

表 2-2　研讨方案设计

研讨参与人员			
时间		地点	
研讨主题	厚德博识规范学习体会		
研讨目标	1.掌握厚德博识道德规范养成步骤 2.理解食药行业遵从厚德博识道德规范的必要性 3.增强食药行业从业者的厚德博识道德规范		
研讨方案设计			
方案研讨结论			
收获感悟			
导师评价			
导师评分	方案设计（30%）		总分：
	实施过程（40%）		
	实施效果（30%）		

梳理与总结

新发展阶段，以高质量发展为主题，以满足人民日益增长的美好生活需要为根本目的，国家全面统筹食品药品发展与安全，为食药行业发展提供了机遇。食药行业从业者不仅要向潜心著述的李时珍、博采众长的葛洪、一生只做一件事的顾方舟等食药行业典范人物学习厚德博识的高尚品行，而且还要通过养成训导形成具体的厚德博识规范。一方面，从业者要不断提升道德修为以做到克己、利人和奉公；另一方面，从业者要以强烈的求知欲、兼容的学习态度和终身的学习理念跟上新时代食药行业发展的步伐，勇攀行业高峰，践行守卫人民生命健康的崇高使命。

本项目知识脉络如图 2-2 所示。

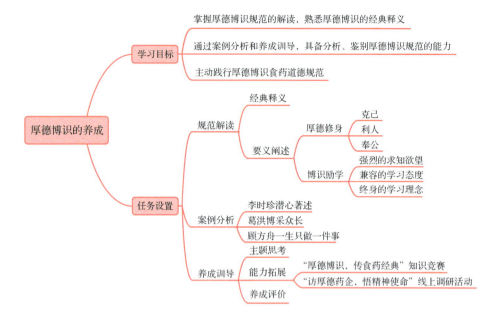

图 2-2　知识脉络

思考与练习

思考与练习
参考答案

一、单选题

1.下列关于终身学习理解错误的是（　　　）。

A.当今社会，终身学习已经成为一种生活方式

B.终身学习能使我们克服工作中的困难，解决工作中的一切问题

C.终身学习是个人可持续发展的要求

D.终身学习是社会发展的必然要求

2.（　　　）讲到"克己须要扫除廓清，一毫不存方是；有一毫在，则众恶相引而来"。

A.孔子　　　　　　　　　　　　B.老子

C.王阳明　　　　　　　　　　　D.墨子

3.《备急千金要方》成书于（　　　）。

A.唐代　　　　　　B.宋代　　　　　　C.元代　　　　　　D.明代

二、多选题

1.食药行业从业者厚德修身的表现包括（　　　）。

A.克己　　　　　　B.利人　　　　　　C.奉公　　　　　　D.自律

2.以下选项中可以体现食药行业从业者厚德博识食药道德规范的有(　　)。

A.故步自封　　　　　　　　　B.兼容并包

C.墨守成规　　　　　　　　　D.终身学习

三、思考题

1.在掌握终身学习概念的基础上,简述终身学习对于个人发展的意义。

2.一些高校、企业将厚德博识作为校训或企业理念,请查找相关高校和企业的资料,谈一谈这些校训或理念对其发展所起的作用。

项目三·质量至上的养成

项目三 PPT

🎯 学习目标

1. 掌握质量至上规范的解读，熟悉质量至上的经典释义。
2. 通过案例分析和养成训导，具备分析、鉴别质量至上规范的能力。
3. 主动践行质量至上食药道德规范。

📖 任务设置

　　我们的生活离不开各种各样的产品，产品质量与生活息息相关。其中，食品药品的质量直接关系到人民群众的生命健康和切身利益，关系到社会安全稳定，是重大的民生工程，是经济社会发展的基础和保障。2021年9月，国家主席习近平向中国质量（杭州）大会致贺信中指出，"质量是人类生产生活的重要保障"。^① 食药企业是食品药品质量安全的第一责任主体，质量至上是食药企业及从业者必须恪守的食药道德规范。例如，2008年的三鹿奶粉事件、2018年的长春长生疫苗造假事件举国震惊，令人痛心疾首。没有质量底线的食药企业，不仅危害人民群众的生命健康，还会危害社会的稳定，造成社会面的恐慌。一次次的食药质量安全事件都是极其深刻的教训，食药行业从业者无论何时都应该坚守食品药品质量安全底线，践行质量至上的食药道德规范。

任务一　规范解读

经典语录

"五谷不时，果实未熟，不鬻于市。"

——《礼记·王制》

---

① 习近平向中国质量（杭州）大会致贺信［EB/OL］.（2021-09-16）［2022-11-30］. http://tv.people.com.cn/n1/2021/0916/c141029-32229395.html.

"米必细㿟，净淘三十许遍；若淘米不净，则酒色重浊。"

——贾思勰《齐民要术》

"会炮制，火候详细，太过不及，安危所系。"

——龚廷贤《万病回春》

一、经典释义

"五谷不时，果实未熟，不鬻于市。"出自《礼记·王制》，意思是农产品在未成熟之前是不能在市场上出售的，这一措施主要是为了防止不成熟的农产品引起食物中毒。

拓展阅读
《礼记·王制》节选

"米必细㿟，净淘三十许遍；若淘米不净，则酒色重浊。"出自《齐民要术》，意思是用来酿酒的米必须舂得极细，要淘洗三十多遍直至非常干净。如果酿酒的米淘洗不干净，酿出的酒，颜色会浑浊不清。

"会炮制，火候详细，太过不及，安危所系。"出自《万病回春》，意思是要学会炮制药味，能详细地区分文火、武火，火候不能太过或不及，患者安危在于药力。

【知识链接】

《礼记》是战国至秦汉年间儒家学者解释说明经书《仪礼》的文章选集，是一部儒家思想的资料汇编。《礼记》的作者不止一人，写作时间也有先有后，其中多数篇章可能是孔子的七十二弟子及其学生们的作品，还兼收先秦的其他典籍。《王制》出自《礼记》，作品内容涉及封国、职官、爵禄、祭祀、丧葬、刑罚、建立成邑、选拔官吏以及学校教育等方面的制度。《王制》是较早地对国家法律制度进行阐述的篇章之一，为我国古代君主治理天下的规章制度。

《齐民要术》大约成书于北魏末年（533—544），是北朝北魏时期，南朝宋至梁时期，中国杰出农学家贾思勰所著的一部综合性农学著作，也是世界农学史上最早的专著之一，是中国现存最早的一部完整的农书。《齐民要术》虽属农书，但内容"起自耕农，终于醋酸"，就是说，农耕是手段，最终把农产品制造成食品才是目的，方可以使"齐民"（平民）获得"资生"之术。全书10卷92篇，系统地总结了6世纪以前黄河中下游地区劳动人民的农牧业生产经验、食品的加工与储存、野生植物的利用，其中涉及饮食烹饪的内容占25篇，包括造曲、酿酒、制盐、做酱、造醋、做豆豉、做斋、做鱼、做脯腊、做乳酪、做菜肴和点心，内容涉及食品制造方法及要求、存储方法及要求等。

经典赏析

《万病回春》医家十要

一存仁心,乃是良箴,博施济众,惠泽斯深。

二通儒道,儒医世宝,道理贵明,群书当考。

三精脉理,宜分表里,指下既明,沉疴可起。

四识病原,生死敢言,医家至此,始至专门。

五知气运,以明岁序,补泻温凉,按时处治。

六明经络,认病不错,脏腑洞然,今之扁鹊。

七识药性,立方应病,不辨温凉,恐伤性命。

八会炮制,火候详细,太过不及,安危所系。

九莫嫉妒,因人好恶,天理昭然,速当悔悟。

十勿重利,当存仁义,贫富虽殊,药施无二。

——龚廷贤《万病回春》

【译文】

第一,医者要心存仁爱之心,这是有益的劝诫,要广泛地治病救人,对百姓的惠爱恩泽深远。

第二,要通晓儒家之道,通儒的医生被社会珍视,重要的在于明白道理,各家著述都应学习研究。

第三,要精通脉学,能分清病源在外在里,诊病正确,重症也可治愈。

第四,要识别病的根源,敢说能否医治,医术到了这个程度,才能成为专家。

第五,要通晓五运六气,预知时令到来迟早,补泻温凉各法,运用自如及时。

第六,分清经脉循行主症,辨认疾病就没有差错,五脏六腑气血了然于心,就像神医扁鹊再世。

第七,要能识别药的性味,对症下药,不能辨析药性寒热温凉,恐怕要伤及患者的性命。

第八,要学会炮制药味,能详细地区分文火、武火,火候不能太过或不及,患者安危在于药力。

第九,不妒忌同行,不能因他人的好恶来评定同行,不违背公理,有错要及早悔改莫迟疑。

第十,不要重财图利,应当心存仁爱道义,无论穷人富人,都要按病用药没有区别。

二、要义阐述

质量是食药企业的生命,是一切发展的基础,质量至上就是将食品药品质量放在企业发展的首位。食药行业及其从业者必须树立质量至上的理念,做到坚决筑牢质量防线,把食品药品的质量安全放在首位,从始至终能为人民群众提供安全满意的产品和服务;坚持质量第一,以供给侧结构性改革为主线,促进经济发展质量变革,推动我国经济在实现高质量发展上不断取得新进展。落实食品药品安全"四个最严"要求,以最严谨的标准、最严格的监管、最严厉的处罚、最严肃的问责,推动建立完善的食品药品质量安全体系。

坚持质量至上,是食药企业根据企业发展变化做出的适应时代潮流的战略选择,是解决我国不平衡不充分发展问题的重要路径,是顺应人民对美好生活需要的重要途径。

(一)筑牢质量防线

质量历来就与人们的生产、生活息息相关,它是一组固有特性满足要求的程度。"质量工作无小事,质量安全大如天。"食品药品质量是企业生存和发展的基石,在此过程中,企业所有人员都要做到不缺位、不空位、不偏位,筑牢食品药品质量的坚固防线。

1.保障质量安全

质量安全关系群众切身利益。安全生产,质量为本。食品药品质量哪怕只有万分之一的不合格,落到消费者头上就是百分之百。食品药品质量安全是一项系统工程,从农田到餐桌,从设计到使用,各环节缺一不可。因此,食药行业从业者需要严格进行过程控制,各环节都应做到位、做准确,不出差错。

首先,狠抓食品药品源头管理。诸多食品药品质量安全问题是由源头本身引发的,比如食品的种植养殖环境存在质量污染,药品的研发设计存在质量缺陷,因此必须要对食品药品的源头进行严格把控。其次,强化生产加工经营管理。生产经营过程的质量管理是保障食品药品质量安全的关键环节。食药企业应建立质量管理体系,按照生产经营质量管理规范要求进行操作,确保食品药品符合规定的质量标准要求。最后,完善消费使用管理。食品药品消费使用过程的质量控制,是保障人民使用质量安全的食品药品的最终环节。食药企业应建立对食品药品质量的跟踪追溯,为人民群众提供食品药品质量保证,不断提升食品药品的质量。

齐鲁制药集团有限公司(以下简称齐鲁制药)连续多年位列中国医药工业百强榜单前十位,成绩源于齐鲁制药在药品生产全过程中,从原料投入到完成生产、包装、标示、储存、销售等所有步骤都有严格的复核、确认程序,确保药品质量的稳定性和一致性,为无数患者提供了质量过硬的优质好药。

2.强化风险意识

食药质量风险贯穿于食品药品的全生命周期,因此,食药企业必须坚持不懈地对食品药品质量风险进行评估和管理,对影响食药质量的各个环节层层把关,不断增强对质量风险的认知能力和管理能力。

强化风险意识要做到以下几点。首先,要正确地认知风险。利用风险分析管理方法,结合食药企业质量管理实际,对食药质量安全潜在风险因素进行分析辨别,确定风险因素后进行评估,从而逐步提升自身质量风险防控能力。其次,应建立健全的企业质量风险管理体系。风险管理是一项全员、全过程和全方位的工作,食药企业质量风险管理体系的建立应当通过健全组织架构、监督体系运行、配套考核措施予以保障,其中强化质量风险管理体系的审核是体系建设的重要抓手。最后,要营造良好的风险管理文化氛围。大力培育和塑造良好的风险管理文化,树立正确的风险管理理念,将风险管理意识转化为员工的共同认识和自觉行动,保障食药企业风险管理目标的实现。

【案例链接】

三江购物俱乐部股份有限公司(以下简称三江购物)作为浙江省大型连锁超市之一,连续20多年入选中国连锁零售业百强榜单。三江购物坚持以顾客满意为目标,坚守"安全、新鲜、健康"的食品全链风控理念,建立食品安全管理专业队伍,全链把控审核食品生产加工、产品标识标签、资质证照等环节,并建档实现无纸化管理。三江购物将生鲜农产品采购基地化,365天全批次商品农残、抗生素等项目100%检测,确保商品到店合规、安全,三江生鲜配送中心作业场区还实施严格的分温区管理,实现冷链产品全程冷链和分温层配送。

在建设数字浙江的大背景下,三江购物作为浙江省首批"浙食链"试点应用企业,以数字化改革驱动食品管理"新引擎",努力保障市民食品安全和膳食健康。三江购物的商品采购团队、食品安全管理部门,借助"浙食链"载体,提升了供应链准入标准,强化了对食用农产品种养殖企业的源头管理,实现了数据实时准确交互,从而有效预防和控制食品安全问题的发生。消费者通过扫码可以查询食品的企业信息、来源信息、检测信息、安全科普信息等。

(二)坚持质量第一

我国经济社会快速发展,食药产品质量、服务质量持续提升,人民群众生活质量不断提高,已经进入高质量发展阶段。食药企业在改进组织管理水平过程中,越来越重视厚植质量文化,有效培塑员工的质量精神,用心做事,从而提升企业质量水平和竞争力,促进食药行业的可持续发展。

1.厚植质量文化

食药企业的质量文化是企业文化在质量方面的体现,是食药企业在长期的生产经营中有意识营造出来的,与质量相关的信念意识、价值取向、思维方式、行为准则等的总和,是企业人员对于质量精神的认识,以及完成相关工作时的态度和习惯。在现代食药企业管理中,人们已经深刻认识到,企业成功的关键在于强而有力的质量文化,以及全员自发建设企业质量文化的氛围。

厚植优秀的质量文化,应当深入理解并遵循以下基本原则。首先,应确立质量战略。质量战略是食药企业厚植质量文化的前提。食药企业只有从战略管理的高度将质量作为其运营的核心竞争力,才有可能培育出优秀的质量文化,为实施质量战略提供文化支撑。其次,应发挥全员作用。食药企业领导者应是厚植质量文化的坚定倡导者、积极推动者和模范践行者,并为质量文化培育工作提供必要的资源和保障。食药企业的其余参与者,应是厚植企业文化的主力军,在认可、接受企业质量文化之后,应自觉地践行、传播质量文化,为企业质量文化健康发展奠定基础。最后,应推进系统优化。质量文化培育涉及食药企业的全部人员、全部环节以及所有的准则、制度,因此必须系统地推动质量文化培育工作,并在推进中及时发现存在的问题、总结培育的成效,不断地完善、改进,周而复始。

【案例链接】

"制药是安全、健康、缜密的行业,而以疗效为重的药品关系百姓健康,既然决定了自己的使命,就要终身追求,重视信义。"这是江西济民可信集团有限公司(以下简称济民可信集团)的创业理念,也是企业二十多年发展中始终坚守的质量文化。在"济世惠民,信待天下"的使命驱动下,济民可信集团始终将产品质量视为企业的生命线,严格贯彻"质量源于设计"的理念,精诚设计制药过程中的每一环节,全力以赴奏响民族制药工业的质量强音。济民可信集团于2017年、2018年先后获得了"江西省质量管理先进企业"和"宜春市人民政府质量奖"等荣誉。当前,济民可信集团拥有符合新版GMP标准的11大剂型,共15条国内一流生产线,多次获得美国FDA确认信和欧盟CEP证书。这些成果的获得,与济民可信集团潜移默化的质量文化密不可分。

2.培塑质量精神

质量精神是质量文化中质量理念、质量意识等的凝练,是为获得期望质量具有的一种锲而不舍的内在力量,是质量文化的核心。邓小平同志曾深刻地指出:"质量问题从一个侧面反映了民族的素质。"质量精神是实现质量强国的前提和基石,是企业骨子里的一股"质量劲儿"。从宏观意义上来说,质量精神是国家和民族精神的重要组成部分,它是民族素质的一个重要特征。

培塑质量精神是一项长期任务。首先,要树立质量第一理念。质量精神源于企业领导和员工对于质量理念所达成的共识,质量理念塑造了质量精神的脊梁。企业将质量第一理念通过教育、引导，潜移默化地传输给员工，不断总结、提炼、凝结形成食药企业质量精神。其次，要传播质量行为模式。质量精神一旦形成，便应被逐步科学化、制度化和系统化，最终通过调节企业和员工的质量行为来实现，影响企业的日常质量工作和各项质量活动。最后，要持续提升质量精神。质量精神需要不断发展、与时俱进，才能保证企业的质量工作和质量活动永远处于先进水平。

【案例链接】

近些年，仿制药一致性评价让国产药品的质量有了质的提升，但鲁南制药集团股份有限公司（以下简称鲁南制药集团）的科研人员始终坚持"不把过评当终点"。2021年，鲁南制药集团旗下的酮咯酸氨丁三醇注射液通过仿制药质量和疗效一致性评价，该药为临床常用非甾体抗炎药，却因颗粒物问题在全球范围内被多家药企启动召回程序。鲁南制药集团的科研人员秉承"不把过评当终点"的质量精神，花费了大量的时间和精力，经过无数次的试验，从源头上彻底解决了颗粒物的问题。这项改进显著降低了该注射剂的临床用药风险，极大地提高了用药的安全性。

3. 提升质量水平

质量水平是产品综合质量的体现，也是产品各质量属性的集合。2022年1月，国家药品监督管理局等8部门联合印发的《"十四五"国家药品安全及促进高质量发展规划》指出：人民群众对药品质量和安全有更高期盼，对药品的品种、数量和质量需求保持快速上升趋势。

拓展阅读
《"十四五"国家药品安全及
促进高质量发展规划》

提升食药质量水平，要做到以下几点。首先，要追求企业高质量发展。培育企业标准"领跑者"，要用高质量发展的眼光来设立食品药品标准体系，提升企业标准化水平，助推企业高质量发展。其次，要助力产业转型升级。以供给侧结构性改革为抓手，提升食品药品质量水平，提供有效供给，实现供需新平衡，推动食药行业高质量发展，成为经济增长和社会发展"新引擎"。最后，要与满足人民美好生活需要紧密结合。高质量水平的食药产品投放市场后，既能扩大市场占有率，满足更多需求，又能与人民高品质生活有机结合、相得益彰。只有这样，才能不断提高人民群众的获得感、幸福感和安全感。

【案例链接】

扬子江药业集团有限公司（以下简称扬子江药业）始终坚持以高质量药品惠民，以高质量发展报国。扬子江药业积极奉行"为父母制药，为亲人制药"的质量文化,在药品质量上容不得半点的马虎和瑕疵。质量管控始于源头,严把每道质量关,涵盖药品全生命周期,力争将每一粒药都做到极致。凭借如磐石般过硬的药品质量,扬子江药业做强了民族医药品牌,努力打造医药企业新标杆。为保障药品质量,扬子江药业不惜成本,建立了一套高于国家法定标准的企业内控标准。2019年,扬子江药业专门成立质量品牌部,形成集团化顶层设计、板块化监督管理、法人化合规运营的模式。扬子江人发自内心对质量的敬畏,是扬子江药业跑出高质量发展速度的关键所在。

任务二 案例分析

食药安全问题是一个涉及政治稳定、经济繁荣、人类健康与种族繁衍等方面的重要问题,坚持质量至上是食药行业发展的基础。同仁堂坚守"修合无人见,存心有天知"的质量理念,成就百年金字招牌。强生坚持质量至上的精神,不惜花巨资召回风险产品,保障人民健康。而三鹿集团却因对产品质量防线的松懈,对中国孩子及中国奶业造成了不可逆转的伤害。

一、质量至上——同仁堂擦亮百年金字招牌

1.案例简介

同仁堂创建于1669年,是我国中药行业著名的老字号。1723年,同仁堂开始供奉御药,历经八代皇帝。历代同仁堂人始终恪守"炮制虽繁必不敢省人工,品味虽贵必不敢减物力"的古训,树立"修合无人见,存心有天知"的自律意识,造就了制药过程中质量至上的医药道德,其所制药物因"配方独特、选料上乘、工艺精湛、疗效显著"而驰名中外,同仁堂的产品远销多个国家和地区。

同仁堂的金字招牌可以百年不倒,其中一个非常重要的原因就是保证药品质量,严把选料关。从开业之初,同仁堂就十分重视药品质量,并且以严格的管理作为保证。创始人乐显扬的三子乐凤鸣子承父业,1702年,开设同仁堂药店,他苦钻医术,不辞劳苦,极力精求丸散膏丹及各类型配方,分门汇集成书。乐凤鸣在其所著书的序言中提出"遵肘后、辨地产,炮制虽繁必不敢省人工,品味虽贵必不敢减物力",为同仁堂制作药品建立起严格的选方、用药、配比及工艺规范,代代相传,培育了同仁堂良好的商誉。

同仁堂一路走来,见证了清王朝由强盛到衰弱、几次外敌入侵、军阀混战到新民主主义革命的历史沧桑,其所有制、企业性质、管理方式也都发生了彻底的变化,但同

仁堂始终将质量放在第一位,越做越强,享誉海内外。2006 年,同仁堂中医药文化进入国家非物质文化遗产名录。同仁堂的社会认可度、知名度和美誉度持续提升。

2.案例解读

同仁堂作为我国中医药行业著名的老字号,能够一路高歌猛进,可以说是医药企业发展史上的一个奇迹。这个奇迹存在的主要原因就是,同仁堂在发展过程中始终秉承质量至上的道德规范,从药材源头质量开始控制,强化炮制过程管理,恪守"炮制虽繁必不敢省人工,品味虽贵必不敢减物力"的古训,保障产品质量安全,筑牢质量防线,赢得了人民群众的认可和信任。

二、筑牢质量风险防控屏障——强生泰诺事件

1.案例简介

1982 年 9 月,美国芝加哥地区接连发生消费者服用含氰化物的泰诺速效胶囊导致中毒身亡的重大事故。有报道称,全美各地已有 250 人因服用该药物而得病或死亡,随着这些不实消息的传播以及新闻媒体的大肆渲染,引起当时全美 1 亿多服用过泰诺胶囊的消费者的极大恐慌,强生的形象一落千丈,医院、药店等纷纷下架强生产品。泰诺事件一下子成为全国性的事件,据调研,94％的服药者表示今后不会再使用泰诺速效胶囊药,强生面临一场生死存亡的巨大危机。

事件发生后,在强生首席执行官古姆·伯克(Jim Burke)的领导下,强生高层经过紧急磋商,认为这件事情非常严重,不仅影响了公司的信誉,更为严重的是消费者的生命安全受到了威胁。面对危机,强生选择正面积极回应,迅速采取了一系列有效措施。首先,查明事情原委,有毒胶囊是恶意购买者在投放氰化物后将其返投市场造成的。其次,立即抽调人员对所有药片进行检验。经调查,在全部(800 万片)药剂的检验中,发现所有受污染的药片只源于一批药,并且全部都集中在芝加哥地区,不会对其他地区产生影响。尽管如此,强生始终坚持将消费者利益放在首位,凭借对消费者负责、质量至上的精神,不惜斥巨资在最短的时间内向各大药店召回了所有处于流通中的泰诺药物,总计有数百万瓶,价值近 1 亿美元。强生花 50 万美元向有关的医生、医院和经销商发出警报,并将事件始末公布于众。另外,强生并没有将药品马上投入市场,而是改良了药品包装,推出了多层密封包装的瓶装药品,从而防止了药品再次被下毒的可能性。同时,强生通过媒体再次感谢消费者的信任和支持,并发放了优惠券。这一系列有效的措施,使泰诺再一次崛起,重新夺回市场份额,安然度过危机,并建立起了消费者放心的品牌形象。

2.案例解读

泰诺毒胶囊事件发生后,强生将消费者对药品质量安全的需求放在首位,第一时间迅速采取措施召回市场上所有存在质量风险的产品,筑牢质量防线。同时为防止中毒事件的再次发生,分析造成泰诺胶囊质量问题的各个环节,识别质量风险因素,

提出风险控制方式,提升产品质量水平。强生的一系列措施,不仅挽回了公司的声誉,而且充分展现了药品企业践行质量至上的道德规范。

三、质量防线失守引发悲剧——三鹿奶粉事件

1.案例简介

2008年9月8日,有媒体报道,甘肃省岷县14名婴儿同时患有肾结石病症,引起舆论的高度关注。随后,被曝光的患病住院的婴幼儿数量不断上升,至2008年9月11日,甘肃省共发现59例肾结石患儿,部分患儿已发展为肾功能不全,且有1人死亡。初步调查显示,这些婴儿均食用了石家庄三鹿集团股份有限公司(以下简称三鹿集团)生产的一款三鹿牌婴幼儿配方奶粉。石家庄相关部门初步认定,三鹿"问题奶粉"是由不法分子在收购的原奶中添加了三聚氰胺所致。三聚氰胺是一种低毒性化工产品,可以提高蛋白质检测值,如果长期摄入会导致人体泌尿系统、膀胱、肾产生结石,并可诱发膀胱癌。

三鹿奶粉事件曝光后,国家质量监督检验检疫总局对全国婴幼儿奶粉的三聚氰胺含量进行检查,结果显示:除了三鹿品牌外,国内22个厂家69批次的产品也含有不同含量的三聚氰胺,随后均被要求立即下架。

十几年来,中国奶制品企业加大了对奶源、生产销售安全和企业标准提升的投入力度,正在努力摆脱三鹿奶粉事件的阴影。尽管如此,中国消费者对于国产奶制品尤其是婴幼儿奶粉的信心还未完全恢复,不少消费者依旧信任国外的婴幼儿奶粉,2020年国产婴幼儿配方奶粉在市场的占有率仅为54%,婴幼儿奶粉市场份额排名前十的企业中,中国乳品制造企业所占份额和外资企业所占的市场份额仍存在差距。

2.案例解读

国以民为本,民以食为天,食以安为先。三鹿集团作为食品安全的第一责任主体,既没有从源头奶源控制食品质量,也没有对过程质量进行控制,最终造成人民生命财产的损失甚至波及我国奶制品行业的发展。三鹿奶粉事件再一次证明,"质量是企业的生命"。企业要获得长远的发展,获得消费者的信任,必须要做到质量至上,积极维护人民群众生命健康安全。

任务三　养成训导

通过养成训导,进一步加深对质量至上食药道德规范的理解。养成训导包括主题思考、能力拓展和养成评价三个步骤。主题思考就质量至上相关的问题进行分组思考讨论;能力拓展就质量至上设计实践互动,学习者参与体验,充分发挥组织、分

析、归纳等能力,获得对质量至上的体验感悟;养成评价是根据项目学习主题,学习者自行设计并完成实施方案,由导师进行评价。通过层层递进的三个步骤,让学习者通过思考研讨和实践活动真正领会质量至上的意义,将质量至上应用到实际学习、生活、工作中去。

一、主题思考

质量至上道德规范是食药行业发展的生命线。现代社会,食品药品安全事件仍时常发生,请结合三鹿奶粉事件案例,谈一谈如何筑牢食品药品质量防线,实现食品药品安全"零事故"。

二、能力拓展

为加深对质量至上规范的理解,并进一步将质量至上内化,以下训导拓展供学习者根据自身学习条件和实际情况选择使用和参考。

拓展一:食品药品安全事件模拟新闻发布会

【拓展目标】

举办食品药品安全事件模拟新闻发布会,旨在通过对食药行业领域出现的食品药品质量缺陷导致的安全事件的模拟新闻报道,培养学习者对食品药品安全事件的分析、判断、预防和纠正的能力,休悟"食品药品质量关乎人民群众生命安全"的深刻内涵。

【拓展设计】

1.实施步骤

(1)通过食药道德课程、网络信息平台开展前期宣传工作,发布活动主题、流程,明确活动目的、意义等。

(2)确定主题,模拟组建由地方政府、行业主管部门、食药企业发言代表组成的若干支新闻发言代表团队,选拔发布会主持人、确定主持词及记者团。

(3)为每支新闻发言代表团队配备相关专业导师,带领团队在发布会前收集食品药品安全事件资料,剖析问题,理解食品药品安全事件的危害,探讨处置方案和回应公众原则等。

(4)新闻发言团队围绕主题,召开一场食品药品安全事件新闻发布会。

(5)邀请企业主管、相关专家、专业教师等担任新闻发布会评委。

2.主要内容

(1)新闻发布会开始。主持人宣布开始,并介绍新闻发布会主题、食品药品安全事件发生背景和主要情况。

(2)新闻发言团队发言。新闻发言团队紧密结合主题,站在代表方立场,全面地分析事件,深刻、准确地阐明观点,做出正确判断。

（3）现场记者提问。记者事先对食品药品安全事件背景、情况、公众需求和态度都做好充分的调查和分析,发言具有针对性。

（4）评委点评。从对食品药品安全事件的剖析、处理及对食药道德规范的体现、感受程度等视角对参赛代表团队进行点评。

（5）宣布结果。根据每支新闻发言团队的新闻发言、答记者问等环节的综合表现评定结果。

【拓展要求】

（1）各团队在前期做好充分准备,充分查阅资料,围绕主题制作新闻发布会背景介绍 PPT、撰写发言稿。

（2）发言要紧紧围绕新闻发布会的主题,各方代表都要从自身立场出发,正确剖析、看待食品药品安全事件,深刻、准确阐明合理观点。

（3）记者控制提问时间和次数。

（4）学习者结合食品药品安全事件新闻发布会主题撰写心得体会。

拓展二:"身边的食品安全"现场检查模拟

【拓展目标】

举办食品安全现场检查模拟,旨在通过对食品生产、经营企业的质量状态进行合规检查,培养学习者对影响食品质量安全因素的分析、判断、预防和纠正能力,体悟"质量工作无小事,质量安全大如天"的深刻内涵。

【拓展设计】

1. 实施步骤

（1）通过食药道德课程、网络信息平台开展前期宣传,发布活动主题、流程,明确活动目的、意义等。

（2）通过浏览市场监管网站、新闻网站等,查询收集食品安全示范城市创建相关信息、食品安全事件信息等,剖析现象及问题,按事件主题组成 6～8 人的小组,并按角色划定市场监管人员、企业食品安全管理负责人、采购人员、生产人员、经营人员等。

（3）围绕食品安全示范城市创建标准、食品安全事件产生原因等,设计现场检查记录表。

（4）根据检查发现的问题,依据 PDCA 循环提出企业整改方案。

（5）邀请企业主管、相关专家、专业教师等对整改方案进行点评分析。

【知识链接】

PDCA 循环的概念最早是由美国质量管理专家戴明提出的,所以又称为"戴明环"。PDCA 循环是能使任何一项活动有效进行的一种合乎逻辑的工作

程序,特别是在质量管理中得到了广泛的应用。P、D、C、A四个英文字母所代表的含义如下:

P(Plan)——计划,确定方针和目标,制订活动计划。

D(Do)——执行,实地去做,实现计划中的内容。

C(Check)——检查,总结执行计划的结果,注意效果,找出问题。

A(Act)——处理,对总结检查的结果进行处理,成功的经验加以肯定并适当推广、标准化;失败的教训加以总结,以免重现,未解决的问题放到下一个PDCA循环。

2. 主要内容

(1)提出检查要求。按角色划分,市场监管人员进入现场后出示执法证件或介绍函,告知被检查企业检查目的、检查依据、检查内容、检查流程及检查纪律;与被检查企业确定的陪同人员交流,了解质量管理及人员变化等情况。

(2)入场检查。在被检查企业相关人员的陪同下,对企业的相关资料、食品生产经营(使用)现场进行检查。在检查过程中,对检查发现的问题应随时记录,并与企业相关人员进行签字确认。笔录应全面、真实、客观地反映现场检查情况,并具有可追溯性。

(3)出具检查记录表。与被检查企业沟通,核实发现的问题,反馈检查情况。被检查单位负责人在《现场检查记录表》上签字确认。当事人对检查结论有不同意见的,允许陈述申辩,并在签名处注明。

(4)提出整改建议。结合《现场检查记录表》,企业提出相应整改措施,并形成整改方案。

【拓展要求】

(1)各团队在前期应做好充分的准备,充分查阅资料,围绕主题准备食品企业质量管理相关材料文件、现场模拟道具、现场检查记录表等。

(2)现场检查提问要紧紧围绕食品安全生产经营(使用)合规标准,各方人员依据角色定位合理、清晰地进行现场问答。

(3)学习者结合现场检查模拟事件主题撰写企业整改方案。

【知识链接】

食品安全示范城市的创建,提高了我国食品安全的整体保障水平,提升了人民群众对食品安全的信心和满意度。2016年3月,国家食品安全示范城市创建工作写入《中华人民共和国国民经济和社会发展第十三个五年规划纲要》，成为国家"十三五"期间食品安全工作的一项重大任务。2016 年 9 月，国务院食品安全办出台了《国家食品安全示范城市标准(2017 版)》和《国家食品安全示范城市创建评价与管理办法(暂行)》。2021 年 4 月，国务院食品安全办印发了《国家食品安全示范城市评价与管理办法》，进一步统一了评价和管理办法、创建标准和行动指南。截至 2021 年 12 月，全国已有四批国家食品安全示范创建城市，打造了一批食品安全品牌标杆，以实际行动取信于民，以实际成效惠及于民。

三、养成评价

小组自行设计一个研讨交流方案，并完成表 2-3 的填写。在每组完成方案设计与实施之后，提交方案设计、方案实施过程记录和实施结果。

表 2-3　研讨方案设计

研讨参与人员			
时间		地点	
研讨主题	质量至上道德规范学习体会		
研讨目标	1.掌握质量至上道德规范的要领 2.理解食药行业质量至上道德规范的必要性 3.增强食药行业从业者质量至上的道德规范		
研讨方案设计			
方案研讨结论			
收获感悟			
导师评价			
导师评分	方案设计(30%)		总分：
	实施过程(40%)		
	实施效果(30%)		

梳理与总结

质量是兴国之道、富国之本、强国之策。党和国家领导人多次强调，要动员全社会增强质量意识，积极参与质量强国建设事业，提升我国质量总体水平，促进经济发展提质增效升级。食药行业从业者只有秉承对质量安全防线的坚守，对质量第一的坚持，才能更好地满足群众消费升级和国家发展的需要。通过学习分析同仁堂百年金字招牌、强生泰诺、三鹿奶粉等案例，思考、感悟并养成质量至上的食药道德规范。坚守质量至上，既是满足食药企业生存发展的需要，也是食药行业从业者服务我国经济社会高质量发展，促进食药产业转型升级的需要。

本项目知识脉络如图 2-3 所示。

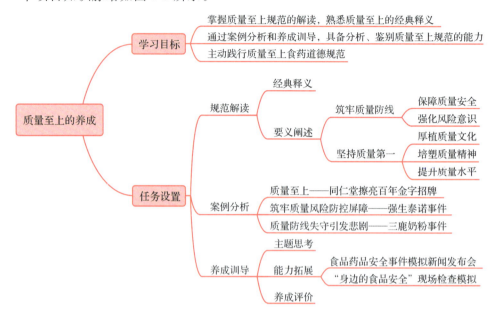

图 2-3　知识脉络

思考与练习

思考与练习
参考答案

一、单选题

1. 以下有关质量至上要义阐述理解不恰当的是（　　　）。

A. 质量是指客体的一组固有特性满足要求的程度

B. 食品药品质量符合产品安全即可

C. 质量至上要求食药企业全体人员参与质量管理工作

D. 食药企业是坚守质量至上的第一责任主体

2. 关于食药企业质量文化说法不正确的是（　　　）。

A. 企业的质量文化是企业文化在质量方面的体现

B. 企业质量精神是企业质量文化的核心

C. 企业的成功离不开企业质量文化

D. 质量精神是为获得期望质量具有的一种外在力量

3.关于食品药品质量风险表述不合理的是（   ）。

A.质量风险贯穿于食品药品生命全周期

B.食品药品质量风险可以彻底消除

C.强化产品质量风险意识有助于提升产品质量

D.食药企业要增强对质量风险的认知能力和管理能力

二、多选题

1.食药行业从业者践行质量至上的道德规范,具体体现在哪些方面（   ）。

A.保障质量安全　　　　　　　　B.强化风险意识

C.坚持质量第一　　　　　　　　D.坚持诚实守信

2.为了保证食品药品安全,必须坚持（   ）。

A.最严谨的标准　　　　　　　　B.最严格的监管

C.最严厉的处罚　　　　　　　　D.最严肃的问责

三、思考题

1.从食药企业角度出发,谈谈如何强化质量风险意识。

2.请设计能体现质量至上道德规范的企业标语。

项目四 · 诚实守信的养成

项目四 PPT

🎯 学习目标

1. 掌握诚实守信规范的解读,熟悉诚实守信的经典释义。

2. 通过案例分析和养成训导,具备分析、鉴别诚实守信规范的能力。

3. 主动践行诚实守信食药道德规范。

📖 任务设置

人无信不立,家无信不和,业无信不兴,国无信不宁。诚实守信,是中华民族的优良传统,是为人处世的基本准则,已渗透到人们学习、生活、工作的方方面面。在市场经济条件下,每个行业都需要构建起彼此相联、互相制约的信用关系,食药行业也不例外。做到诚实守信,对于引导食药企业诚信自律,加强食药行业长效监管,最终形成统一开放、公平竞争、规范有序的市场秩序具有重要的作用。诚实守信也是促成食药行业和谐发展的纽带,如果食药行业没有做到诚实守信,就会丧失人民群众的信任。因此,诚实守信是食药行业从业者必须具备的食药道德规范,是食药企业及其从业者的立身之本。

任务一　规范解读

经典语录

"诚者,天之道也。思诚者,人之道也。"

——《孟子·离娄上》

"穆尝养猪,猪有病,使人卖之于市。语之云'如售,当告买者言病,贱取其直;不可言无病,欺人取贵价'也。"

——《后汉书·公沙穆传》

"与人交易,一诺千金,从无契约。业茶三十余年,人争附股,账册明晰,丝毫不苟。"

——《婺源县志·卷三十三·孝友七》

一、经典释义

"诚者,天之道也;思诚者,人之道也。"出自《孟子·离娄上》,意思是诚信是自然的规律,追求诚信是做人的必备品质。

"穆尝养猪,猪有病,使人卖之于市。语之云'如售,当告买者言病,贱取其直;不可言无病,欺人取贵价'也。"出自《后汉书·公沙穆传》,意思是东汉时公沙穆曾经养猪,猪有病,派人到市场卖猪,事先交代说:"如果有人买猪,要告诉买猪的人猪是有病的,要便宜售卖,不能说这只猪没病,通过欺骗获得高价。"

"与人交易,一诺千金,从无契约。业茶三十余年,人争附股,账册明晰,丝毫不苟。"出自《婺源县志·卷三十三·孝友七》,意思是茶商程树梅在与他人做生意时,都是一诺千金,从不签订合约。从事茶叶生意三十多年,因为做生意诚信,其他人都争相入股,账目始终是清清楚楚的,一丝不苟。

【知识链接】

孟子(约前372—前289),名轲,字子舆,战国中期鲁国邹人(今山东邹县东南部人),是著名的思想家、政治家、教育家。孟子是儒家的重要代表人物,深受孔子思想的影响,是孔子学说的继承人,被后人称为"亚圣"。孟子及其弟子万章、公孙丑等共同编纂《孟子》七篇,是儒家经典著作之一。孟子思想中包含丰富的"诚"思想。"诚"思想的基本内涵主要包括两部分:一是"诚者,天之道也"的天道观;二是"诚者,人之道也"的人道观。赏析研究孟子"诚"思想,对于我们解读诚实守信的食药道德规范具有重要的参考和借鉴意义。

经典赏析

《孟子·离娄上》第十二章

孟子曰:"居下位而不获于上,民不可得而治也。获于上有道,不信于友,弗获于上矣。信于友有道,事亲弗悦,弗信于友矣。悦亲有道,反身不诚,不悦于亲矣。诚身有道,不明乎善,不诚其身矣。是故诚者,天之道也。思诚者,人之道也。至诚而不动者,未之有也。不诚,未有能动者也。"

【译文】

孟子说:"职位低的人,不能得到领导的信任,那么就没办法治理好百姓。要想获得领导的信任是有办法的,首先要取得朋友的信任,如果朋友都没办法信任你,那就不能得到领导的信任。要想获得朋友的信任也是有办法的,先要获得父母的欢心,若侍奉父母不能让他们愉悦舒心,就不能取信于朋友。让父母高兴也是有办法的,首先要真诚,如果反省自己时心意不诚,就不能让父母高兴。让自己诚实可靠是有办法的,首先要懂得什么是善,不明白善的道理,就不能使自己诚心诚意。因此,诚心,是上天的准则。追求诚心,是为人的准则。极端诚心而不能使别人动心,是从来没有过的。做不到诚心,始终不能感动其他人。"

二、要义阐述

在古代汉语中,"诚"与"信"两者可以互相解释、意义相通。"诚"是一个形声字,《说文解字》中说:"诚,信也。从言,成声。""信"是一个会意字,《说文解字》中说:"信,诚也。从人,从言。会意。"在实际应用中,"诚"和"信"的语义侧重有所不同。"诚"侧重内心层面,指内心情感的真实无伪、自然流露。而"信"则侧重于人际交往层面,指言而有信、遵守信用。只有做到诚于中,信于外,内诚于心,方能外信于人。

食药行业责任重大,食药行业从业者要时刻谨记诚实守信,不可逾越道德底线。

(一)内诚于心,不自欺

诚实守信要做到内诚于心,不自欺。内诚于心,是指只有对自己做到完全坦诚,才能做到对别人诚实。《荀子》中说:"君子养心莫善于诚。"君子陶冶思想性情,提高道德修养,没有什么比"诚"更重要了。《大学》中也说:"欲正其心者,先诚其意。"其意真诚,其心方能端正。王阳明在《传习录·答欧阳崇一》中指出"君子学以为己,未尝虞人之欺己也,恒不自欺其良知而已"。王阳明认为,君子学习是为了提升自己,不是担忧别人会欺骗自己,而是能永远不欺骗自己的良知罢了。只有不自欺欺人,方能让人不欺骗于己。如何做到内诚于心,不自欺呢?一要慎独,二要自重、自省、自励。

1.慎独

内诚于心,不自欺就是要慎独。"独"即独自,"慎"即谨慎,是指人在独处时,即便无人监督,也能够谨慎从事,自觉遵守各种道德准则。《大学》和《中庸》中都有详细解读。《大学》中说:"所谓诚其意者,毋自欺也。如恶恶臭,如好好色,此之谓自谦。故君子必慎其独也。"只有诚于己而不自欺,方能如"好好色"一样诚于己性之善,如"恶恶臭"一样厌恶自己的作恶之念,这样才能说自己意念诚实,心安理得。因此,君子在一个人独处时必定要谨慎。"莫见乎隐,莫显乎微,故君子慎其独也。"语出《中庸》,意思是独自一个人时,仍然能够严格要求和保持自我,始终做到表里如一。食药行业从业者要内诚于心,不自欺,就要能够做到慎独,做到修合无人见,存心有天知。无论有无监管,食药行业从业者都应做到表里如一、心无杂念、毫不懈怠,任何情况下都能遵守国家法律、行业规则和企业的规章制度,始终保持谨慎,认真地履行自己的工作职责,做到问心无愧。

【案例链接】

方联海，重庆江津中山九龄堂药铺的第十二代传人，在第五届全国道德模范授奖仪式上，他被授予"全国诚实守信模范"称号。1966年，方联海从母亲手中接过药铺，同时也接过了代代传承坚持卖"良心药"的诚信家风。接手药铺以来，方联海和他的家人在经营方家药铺时，一直能做到内诚于心，不自欺欺人，心胸坦荡，善养浩然正气。为了保证药材的质量，方家人特意开辟了一大片晾晒场，并且用青石铺上，专门用来曝晒药物。在天气晴朗的日子，方家人就会肩挑背扛，将各类药材井然有序地铺晒在一排排的浅篮中，让药材充分接受阳光的洗礼。有些人认为，方家人这么做太傻了，药材中蕴含水汽，那药材的重量就会更大，可以多赚一些钱。但是方家人却始终保持慎独，坚持晾晒，甚至到了梅雨季节，方家人还会花钱购买生石灰，用竹篓装好放到草药旁边，用来吸收水汽，保证草药的干燥。正因如此，方家药铺成为当地群众信赖的铺子，方联海也被评选为"第五届全国诚实守信模范"。方家人能做到内诚于心，不自欺，他们是食药人学习的榜样。

2. 自重、自省、自励

内诚于心，不自欺就是要自重、自省、自励。食药行业从业者要懂得自重。自重就是要尊重自己的人格，珍惜自己的名誉，塑造好自己的形象，自珍自爱。古人云：自重者，尊重他人，方获尊重。只有自重的人才能获得他人的尊重。子曰："君子不重则不威，学则不固。"孔子认为要想成为一个君子，应当懂得自重，否则就会失去威严，不懂得自重的人，在学习上就会轻浮，自以为是，从而导致孤陋寡闻，学问就不会牢固且没有进步。自重是重要的人生准则，在工作中要以高标准为目标，在生活中要以下限为尺度，切忌自以为是，自高自大。食药行业从业者要做到自重，才能谦虚谨慎，发奋图强，持续地提升自我。

食药行业从业者要懂得自省，能够在自我肯定的同时自我反思，勇于自我批评和自我剖析，找准自身的缺点和不足，不断提升自己的技能和服务水平。曾子曰："吾日三省吾身：为人谋而不忠乎？与朋友交而不信乎？传不习乎？"曾子每日反省自己三点：帮别人出谋划策有没有不忠的？和朋友交往有没有不诚信的？别人传授的东西有没有没复习的？一个人只有具备强大的自省能力，才能发现自己的不足，从而不断改正和完善自己的德行。自省的人能够勇于自我批评，敢于正视自身的错误，勤于进行自我修正，在不断地取长补短、扬长优势中取得进步，更好地向着目标前行。

食药行业从业者要懂得自励。自励即自我激励，意为挖掘内心力量，凝聚前行动力。人生在世，若要有所作为，外在的鼓励虽然很重要，但最重要的还是能自我激励。

自励是崇高追求的化身,是顽强意志的体现,是奋斗不息的动力。真正自励的人,都是有远大理想和崇高目标的人,都是找到自身价值和人生使命的人。蒲松龄落第后的自励语是:"有志者,事竟成,破釜沉舟,百二秦关终属楚;苦心人,天不负,卧薪尝胆,三千越甲可吞吴。"毛泽东同志 17 岁离家求学时,自励:"孩儿立志出乡关,学不成名誓不还。埋骨何须桑梓地,人生无处不青山。"食药行业从业者也要能自励,要勇于进取,始终拥有和保持"不待扬鞭自奋蹄"的精气神,将保障人民群众生命健康和安全的初心和使命化为自身动力,奋发前行。

(二)外信于人,守承诺

诚实守信要做到外信于人,守承诺。外信于人是指对他人要信守诺言,要秉承求真务实、实事求是、尊重科学的原则,只有做到内外如一、表里一致,才能获得社会、食药同行、服务对象的信任,才能建立起互信关系;守承诺是食药人重要的品行,是立世之本,认真对待自己的每一个诺言,是维护人民群众生命健康的根本保障。

1.实事求是

外信于人,守承诺就是要实事求是。1941 年,毛泽东同志在《改造我们的学习》一文中指出,"实事"是客观存在着的一切事物;"是"是客观事物的内部联系,即规律性;"求"是我们要去研究。毛泽东同志所说的实事求是,是毛泽东思想的精髓和灵魂,是食药行业及其从业者所需要具备的规范品质。习近平总书记在纪念毛泽东同志诞辰 120 周年座谈会上指出,坚持实事求是,就是要深入实际了解事物的本来面貌。要透过现象看本质,从凌乱的现象中发现事物内部存在的必然联系,从客观事物存在和发展的规律出发,在实践中按照客观规律办事。①

拓展阅读
改造我们的学习

食药工作涉及研制、生产、经营、使用、监管等多个领域,食药行业从业者要能从实际出发,以事实说话,保持严谨的工作态度;要能克服急功近利的浮躁态度,反对一切形式的弄虚作假;要能通过分析客观实际来研究和解决问题,坚持理论联系实际,在实践中检验真理和发展真理。

2.尊重科学

外信于人,守承诺就是要尊重科学。尊重科学,在认识论意义上,表现为尊重对客观事实、对客观实际的正确认识,要尊重事物的客观尺度,尊重事物发展的客观规律;在实践论意义上,尊重科学就是要恰当运用客体尺度,建构合理的实践观念,追求和谐有序的发展。马克思指出,机器生产的发展要求自觉地应用自然科学,生产力中也包括科学。劳动生产力是随着科学和技术的不断进步而不断发展的,科学为生产

---

① 习近平在纪念毛泽东同志诞辰 120 周年座谈会上的讲话[EB/OL]. (2013-12-26)[2022-11-30]. https://news. 12371. cn/2013/12/26/ARTI1388046417272947. shtml? from＝singlemessage&-ivk_sa＝1024320u.

技术的进步开辟道路,决定它的发展方向。现代科学技术正在经历着一场伟大的革命,自然科学正以空前的规模和速度应用于生产,使社会物质生产的各个领域面貌一新。因此,只有尊重科学,才能实现真正的科学发展。

食药行业的高质量发展同样必须以尊重科学为前提,食药行业从业者只有从客观实际出发,做到求真务实,才能不断地开拓创新,实现食药行业的可持续发展。只有始终秉持科学态度、尊重科学规律、坚守科学认知、实施科学实践,做到坚持尊重科学、相信科学,善于依靠科学、运用科学,才能为食药行业提供科技支撑,保障人民群众的生命健康,满足人民群众的健康需求。

3. 信守承诺

外信于人,守承诺就是要信守自己的承诺。食药企业及食药行业从业者要想获得人民群众的信任和认可,就必须一言九鼎,始终信守诺言。天道酬勤、商道酬信,信守承诺是企业立业之基。信守承诺,既是道德要求,也是社会法制要求。食药企业要想实现自身的社会价值,立于不败之地,就要重视自身的信用建设。在经营过程中,企业必须能够坚守诺言,坦诚相待。要恪守信用,不做虚假承诺,严格履约。欺诈、哄骗、言而无信,会使企业失去信用,最后失去社会、市场和顾客的信任。信守承诺是为人立世之本,食药行业从业者要尽全力,信守自己许下的每一个承诺。《史记·季布栾布列传》中云:"得黄金百斤,不如得季布一诺。"可以看出,一个承诺的价值胜过千金,一个人若言而无信,就会失去别人对自己的信任,就如同失去了比千金还宝贵的东西。因此,食药行业从业者做承诺时一定要慎重,要从自身实际出发,不做自己做不到的承诺,要有契约精神,做真实的人,重视自己的每一个承诺,一旦许下诺言,就要全力以赴地兑现自己的诺言。

【知识链接】

"诚者,天之道也;思诚者,人之道也。"人无信不立,企业和企业家更是如此。社会主义市场经济是信用经济、法治经济。企业家要同方方面面打交道,调动人、财、物等各种资源,没有诚信寸步难行。由于种种原因,一些企业在经营活动中还存在不少不讲诚信甚至违规违法的现象。法治意识、契约精神、守约观念是现代经济活动的重要意识规范,也是信用经济、法治经济的重要要求。企业家要做诚信守法的表率,带动全社会道德素质和文明程度提升。[①]

——2021 年 7 月 21 日,习近平在企业家座谈会上的讲话

诚实守信是中华民族的传统美德,是我国一向提倡的行为准则,也是食药行业从

---

① 习近平:在企业家座谈会上的讲话[EB/OL].(2020-07-21)[2022-11-30]. http://www.gov.cn/xinwen/2020-07/21/content_5528791.htm

业者必须具备的食药道德规范。人无信而不立，企业无信也不能立。食药企业和从业者，要能自觉践行内诚于心，不自欺，做到慎独、自重、自省、自励；要能自觉践行外信于人，守承诺，做到实事求是、尊重科学、信守承诺。

任务二　案例分析

诚实守信是食药企业的立业之本，是食药人的从业之要。如百年企业胡庆余堂因"戒欺"为后人赞扬；五粮液集团凭借"诚信是金"，成就中国酒业大王；陈李济凭借百年诚信治业精神，塑造老字号金字招牌。

一、"戒欺"——胡庆余堂始终坚守的经营信条

1.案例简介

胡庆余堂，是我国现存历史最悠久的传统中药企业之一，享有"江南药王"的盛誉。1874年，晚清"红顶商人"胡雪岩因"济世于民"的伟大理想而筹建了胡雪岩庆余堂药号。1878年，胡庆余堂雪记国药号在杭州大井巷落成，正式开始营业。胡庆余堂凭借童叟无欺的企业文化，货真价实的制药理念，广受当地百姓青睐和赞誉。

胡庆余堂经营崇尚戒欺，著名的"戒欺"匾额，就是胡雪岩在清光绪四年（1878）亲笔所写的店训，"凡百贸易均着不得欺字，药业关系性命，尤为万不可欺。余存心济世，誓不以劣品弋取厚利，惟愿诸君心余之心，采办务真，修制务精，不至欺予以欺世人，是则造福冥冥，谓诸君之善为余谋可也，谓诸君之善自为谋亦可"。这是胡雪岩对胡庆余堂人的谆谆告诫，也是胡庆余堂人必须遵循的经营理念。"戒欺"内涵丰富，一方面是"真不二价"，即做生意要诚实守信，老少无欺，贫富无欺；另一方面是"采办务真，修制务精"，采买药材要真实可靠，不能有丝毫作假。在悠久的历史中，"戒欺"理念逐渐沉淀，形成了胡庆余堂独特的企业文化，成为胡庆余堂百年老店经久不衰的法宝之一。

2.案例解读

胡庆余堂从源头上抓好产品质量，在炮制中精耕细作。老字号之所以能征服岁月，获得超越生命的青春，就是因为几百年来一如既往地秉承先人留下的诚实守信的古训。"采办务真，修制务精"，既源于对消费者的责任心和承诺，也源于对社会、对食药事业的高度使命感。

二、"诚信是金"——五粮液集团的成功之道

1.案例简介

五粮液集团的发展史，是一部不断开拓创新、自我完善的奋斗史，也是一部诚信

生产经营史。宜宾的糟坊有上千年的发展史,在明代形成了相当的规模。这些糟坊一直以来就按照"货真价实,童叟无欺,买卖公平,信誉至上"的传统规矩经营。千年五粮液,拥有十分宝贵的诚信传统和丰富的诚信资源。

诚信是五粮液集团的立企之基。五粮液集团公司办公大厦左侧有一座"诚信碑",此碑自 2003 年初落成以来,一直让中外游客倍感亲切。雕塑正面巨大的金黄色"诚信"二字,特别抢眼;其上为七块赤色"金砖",巧妙地组合成一个巨大的金字塔形状,并与其下"诚信"二字组成一个更大的金字塔建筑,其意为"诚信是金"。"诚信是金"雕塑之上,建有七级阶梯,依次而上,顶端是五粮液集团金色的标徽,它象征着五粮液集团依靠"质量为本,诚信经营"的目标,一步一步地走到了辉煌的今天。雕塑左侧刻有五粮液集团的"诚信誓言",誓言曰:"保护诚信资源;培育诚实守信品德;努力建设公司诚信体系。"雕塑右侧刻有五粮液集团归纳的"诚信之敌",其文曰:"形式主义,假冒伪劣,欺骗欺诈,歪门邪道,滥用权力。"面对"诚信碑",人们驻足观赏,移步绕行,思绪起伏,不禁为设计者的精妙构思而赞叹。"诚信碑"既是五粮液集团成就"中国酒业大王"伟业的经验总结,也是五粮液集团对以"诚信立企"理念的固化和倡导。

2.案例解读

五粮液集团因诚信而生,具备丰富的诚信资源。时至今日,新一代的五粮液人始终坚守初心,将诚信作为制酒和经营的原则。正是因为五粮液集团的诚信,让其始终屹立不倒,保证了五粮液品牌的发扬光大和公司的健康可持续发展。诚信,造就了一个风华正茂的"中国酒业大王"。

三、"诚信为本,同心济世"——陈李济传承四百余年

1.案例简介

人们常说"北有同仁堂,南有陈李济",这两大中医药堂,一南一北撑起了属于中医的一片天地。陈李济创建于万历二十八年(1600),迄今已逾四百年之久。在清代,同治皇帝因服其"追风苏合丸",药到病除,称其神效。由此,以"杏和堂"为商号的广东陈李济,名噪大江南北。光绪年间,"帝师"翁同龢为之题写"陈李济"店名,三个鎏金大字至今尚存。不仅得到皇帝的认可,连时为光绪皇帝老师的翁同龢也亲赐墨宝,这之后陈李济更是如日中天。值得敬佩的是,陈李济的传人没有在满足中懈怠,一直没有忘记陈李济之名的由来和宗旨。

明朝万历年间,南海九江河清有个商人叫陈体全,他在广州行医卖药,凭借精湛的医术和良好的医德,加之经营有方,生意做得很好。有一次,他在外地收货款乘船返回广州。船抵广州后,陈体全因一时匆忙将货银遗落在了船上,被同船的李升佐拾获。陈体全返回家中后才发现货款遗失,顿时吓出一身冷汗,没敢和家里人说,连忙出门一路寻找。最后找到码头时,李升佐已在码头等候多时,他把拾到的银圆分文不

少交还给了陈体全。

无巧不成书,李升佐也精通医道,在广州经营一间中草药店。陈体全被李升佐拾金不昧的品格所感动,要拿出一半的货银赠予李升佐,但李升佐不愿意接受。二人推搡多时,最后陈体全决定将失而复得的一半银两投资李升佐的中草药店,两人立下君子之约:"本钱各出,利益均沾,同心济世,长发其祥。"并将草药店取字号"陈李济"。陈李济因诚信结缘,寓意"陈李同心,和衷济世"。"陈李"是各自的姓氏,"济"是二人希望在日后的生活中能同舟共济,同时又有悬壶济世的寓意,身为医者悬壶济世是其本职,同舟共济是君子本色。可以说是君子之行、诚信之举造就了陈李济的成功。世纪更迭,"诚信为本,同心济世"的宗旨在陈李济人中代代相传,优秀的文化成就了优秀的陈李济。

2.案例解读

陈李济因诚信而生,时至今日,陈李济人始终坚守初心和食药人的底线,将诚信作为制药和经营的原则。正是因为诚信,陈李济获得了人民群众的信任,也让四百多年的中华老字号屹立不倒,始终能够焕发新生。没有以营利为第一目的的经营方式也给陈李济带来了利益,这或许就是诚实守信的魅力。

任务三　养成训导

通过养成训导,进一步加深对诚实守信食药道德规范的理解。养成训导包括主题思考、能力拓展和养成评价三个步骤。主题思考就诚实守信相关的问题进行分组思考讨论;能力拓展就诚实守信设计实践互动,学习者参与体验,充分发挥组织、分析、归纳等能力,获得对诚实守信的体验感悟;养成评价是根据项目学习主题,学习者自行设计并完成实施方案,由导师进行评价。通过层层递进的三个步骤,让学习者通过思考研讨和实践活动真正领会诚实守信的意义,将诚实守信应用到实际学习、生活、工作中去。

一、主题思考

诚实守信既是中华优秀传统美德,也是食药道德规范建设的重点,更是食药企业的生存立世之本。胡庆余堂、五粮液集团、陈李济等食药企业,无一不是以诚信立命,以诚信赢得市场的青睐。请结合三个案例和诚实守信规范,从自身出发,思考如何在生活和工作中践行诚实守信?

二、能力拓展

为加深对诚实守信规范的理解,并进一步将诚实守信内化于心,以下训导拓展供学习者根据自身学习条件和实际情况选择使用和参考。

拓展一:"诚信,永不过时"POP海报设计大赛

【拓展目标】

通过"诚信,永不过时"POP海报设计大赛,引导学习者将诚实守信内化为职业情感和职业素养,践行诚实守信的食药道德规范。

【拓展设计】

1.实施步骤

(1)通过课程、多媒体信息平台等做好前期宣传工作,让学习者了解活动的主题、流程、规则、目的和意义。

(2)组织初赛。参赛者根据所给主题内容自行创作,将作品上交主办方,由评委评选出决赛名单。

(3)决赛。参赛者现场绘制POP海报,评委进行现场评选。

2.主要内容

(1)播放开场视频,主持人介绍本次比赛的背景、意义、初赛情况以及决赛流程、比赛规则、注意事项、奖项设置等,并介绍在场嘉宾和评委。

(2)参赛者上台进行风采展示,介绍个人基本情况及备赛情况。

(3)现场绘制。参赛者在90分钟内完成POP海报制作,评委进行现场评选。

(4)评委点评。评委根据参赛者表现进行点评,并宣布最终结果。

【拓展要求】

(1)作品要求主题鲜明,内容充实,符合大赛主题。

(2)作品设计制作方法不限。

(3)决赛选手着装正式,举止自然,大方得体。

拓展二:诚信立人,建设诚信档案

【拓展目标】

举办诚信档案建设活动,通过梳理个人诚信状况和行为,旨在增强学习者诚实守信的意识,养成诚实守信的食药道德规范。

【拓展设计】

1.实施步骤

(1)通过食药道德课程、网络信息平台开展前期宣传工作,发布活动主题、流程,明确活动目的、意义等。

(2)发布诚信档案建设清单,要求学习者自行按照清单,在规定时间内完成档案建设并上交主办方。

(3)主办方进行诚信档案评比,评选出若干名档案建设优秀者。

（4）组织召开诚信档案建设发布会，进行优秀诚信档案解读。

2.主要内容

（1）开展诚信承诺书签订仪式和诚信档案建设集中培训，完成档案建设并上交。

（2）发布会现场专家讲解。结合优秀诚信档案，讲解并分析档案建设规范及注意事项。

（3）现场提问。专家对诚信档案建设过程出现的问题进行答疑解惑。

（4）学习者对诚信档案建设进行认真总结思考，现场表达对诚信档案建设活动的看法和体会。

【拓展要求】

（1）主办团队要充分利用微信、公告栏等载体加大宣传力度，积极动员学习者参与，努力营造诚信为荣的良好氛围。

（2）主办团队和参与者要充分认识诚信教育和诚信档案建设的重要意义，精心组织策划，认真规划活动流程。

（3）安排指导老师在诚信建设档案活动前对学习者进行诚信档案建设指导。

三、养成评价

小组自行设计一个研讨交流方案，并完成表 2-4 的填写。在每组完成方案设计与实施之后，提交方案设计、方案实施过程记录和实施结果。

表 2-4　研讨方案设计

研讨参与人员			
时间		地点	
研讨主题	诚实守信规范学习体会		
研讨目标	1.掌握诚实守信道德规范的要领 2.理解食药行业诚实守信道德规范的必要性 3.增强食药行业从业者的诚实守信道德规范		
研讨方案设计			
方案研讨结论			
收获感悟			
导师评价			
导师评分	方案设计（30%）		总分：
	实施过程（40%）		
	实施效果（30%）		

梳理与总结

新时代，诚实守信要紧紧围绕社会主义核心价值观中"诚信"的要求，知行合一，做到内诚于心,不自欺;外信于人,守承诺。胡庆余堂,自创建至今始终秉承"戒欺"的祖训,逐渐成为享誉全国、蜚声中外的中医药企业;五粮液集团以诚信为基,成为行业巨头;陈李济因诚信而生,四百多年屹立不倒,塑造中华老字号品牌,正是因为他们坚守诚实守信,才能获得如此巨大的成就。虽然在法律规范日益完善的当下,监管手段日趋丰富,社会监督更加便捷,但诚实守信仍然是新时代企业和从业者的立身之本。通过案例分析、主题思考、能力拓展和养成评价,食药行业从业者应具备分析鉴别诚实守信规范的能力,能够从食药道德规范层面不断提升自我修养,主动践行诚实守信食药道德规范,为促进食药行业的高质量发展贡献力量。

本项目知识脉络如图 2-4 所示。

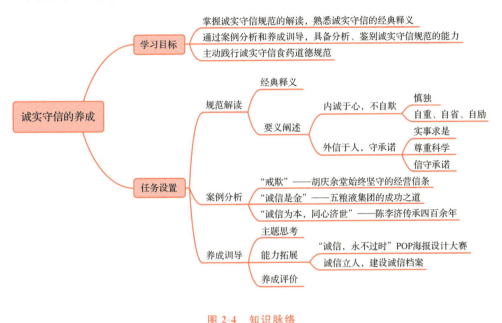

图 2-4 知识脉络

思考与练习
参考答案

一、单选题

1.下列关于诚实守信的说法错误的是( )。

A. 守信以诚实为基础,离开诚实就没有所谓的守信

B. 诚实守信,既是做人的准则,也是对从业者的道德要求

C. 诚实守信在现代社会已经过时

D. 诚实守信要做到内诚于心,不自欺;外信于人,守承诺

2.实事求是的"是"指的是（　　）。

A.客观存在着的一切事物　　　　　　B.客观事物的内部联系

C.主观世界对客观事物的归纳　　　　D.事物对错

3.百余年来,胡庆余堂始终恪守"戒欺"祖训,"戒欺"祖训体现的食药道德规范是（　　）。

A.诚实守信　　　　B.爱岗敬业　　　　C.服务群众　　　　D.奉献社会

二、多选题

1.以下选项中可以体现食药行业从业者诚实守信规范的有（　　）。

A.尊重科学　　　　B.失信于人　　　　C.慎独　　　　D.实事求是

2.关于诚实守信,理解正确的有（　　）。

A.诚实守信是中华民族传统美德

B.诚实守信是食药道德规范

C.诚实守信是立身处世的原则

D.诚实守信是建立和维持社会秩序的重要保证

三、思考题

1.如何解读诚与信之间的关系?

2.请分析身边不诚信行为产生的原因,并结合实际谈一谈如何在工作、生活、学习中践行诚实守信。

项目五·精进创新的养成

项目五 PPT

学习目标

1. 掌握精进创新规范的解读，熟悉精进创新的经典释义。
2. 通过案例分析和养成训导具备分析、鉴别精进创新食药道德规范的能力。
3. 主动践行精进创新食药道德规范。

任务设置

"执着专注、精益求精、一丝不苟、追求卓越。"2020年11月，在全国劳动模范和先进工作者表彰大会上，习近平总书记高度概括了工匠精神的深刻内涵。[①] 讲话中提到的"精益求精"，是精进创新中精进部分的阐述，亦是食药行业从业者应具备的道德规范。作为食药行业从业者，要做到精进和创新并举，一是要精益求精，专注于自己的工作岗位，以匠人之心，注重细节，精雕细琢，精进技艺，做到极致，追求卓越；二是要变革创新，与时俱进，紧抓时代脉搏，大胆求新、求变、求异，方能不断创新，成为行业不可或缺的创新人才。

任务一　规范解读

经典语录

"食不厌精，脍不厌细。"

——《论语·乡党》

"凡业者必要精心研究，以抵于极，毋谓易以欺人，惟图侥幸。道艺自精，必有知者，总不谋利于人，自有正谊在己。"

——徐春甫《古今医统大全》

---

① 习近平在全国劳动模范和先进工作者表彰大会上的讲话［EB/OL］.（2020-11-24）［2022-11-30］. http://www.gov.cn/xinwen/2020-11/24/content_5563856.htm

"医以济世，术贵乎精。"

——吴尚先《理瀹外治方要略言》

一、经典释义

"食不厌精，脍不厌细。"出自《论语·乡党》，意思是粮食舂得越精越好，肉切得越细越好，明确指出食物要精制细做。孔子非常注重饮食问题，认为食物需要精细地制作。

"凡业者必要精心研究，以抵于极，毋谓易以欺人，惟图侥幸。道艺自精，必有知者，总不谋利于人，自有正谊在己。"出自《古今医统大全》，意思是凡是从医之人必须细心研究，以达到精进，千万不要认为行医容易，只图侥幸来欺骗世人。只要有高尚的医道、精湛的医技，总会有人知晓和认同的。即便不能总是从世人中谋利，但公正自在人心。徐春甫一生治学严谨，对庸医十分痛恨，强调用药谨慎，主张医业求精，认为"学问始乎诚意"，要有"纯一不二"的精神。

"医以济世，术贵乎精。"出自《理瀹外治方要略言》，意思是学习医术是为了济世救人，而最珍贵的就是拥有精进的医术。吴尚先认为，学医之人除了明了自身的职责外，最为重要的是能够不断学习医药知识，钻研医术，精进创新，敬业乐业。

【知识链接】

徐春甫（1520—1596），字汝元，号思鹤，又号东皋，明朝祁门（今属安徽）人，著名医学家。《医学入门捷径六书》记载，他在隆庆初（1568）参与组织成立医学学术团体"一体堂宅仁医会"。编著有《古今医统大全》《内经要旨》《妇科心镜》《幼幼汇集》《痘疹泄秘》等书。徐春甫治学严谨，济世救人，不追名逐利，是一位具有大家风范的名医，《徽州府志》中称他为"鸿世之士"。徐春甫在学习医术的过程中，深刻感受到古今医书典籍的浩瀚，由于多次辗转抄刻，讹误严重，因此他决心对前人的医著进行整理。他从《内经》着手，对秦汉以来的230多种医学方面的重要典籍进行校正，汲取各医著的长处，分门别类归纳整理。经过数十年的时间，在嘉靖三十五年（1556）编成《古今医统大全》100卷，共186万字。《古今医统大全》共165门，涉及《内经》旨义、历代名医传略、名家医论、脉学、运气、针灸、经络、养生、本草、各科临床医案验方选集等，概括了明朝以前我国重要的医学典籍和医学成就。这是徐春甫对中医学的重要贡献之一，对中医学的发展产生了深远的影响。日本医家在许多重要医学著作中，均大量引用了该书的内容。至今，医药行业仍然认为《古今医统大全》是一部"融古通今、博大精深的皇皇巨著"，称其为我国医学史上十大医学全书之一。

经典赏析

《古今医统大全》节选

间有无知辈,窃世医之名,抄检成方,略记《难经》《脉诀》不过三者尽之,自信医学无难矣。此外惟修边幅,饰以衣骑,习以口给,谄媚豪门,巧彰虚誉,摇摇自满,适以骇俗。一遇识者洞见肺肝,掣肘莫能施其巧,犹面谀而背诽之。又讥同列看书访学,徒自劳苦。凡有治疗,率尔狂诞,妄投药剂。偶尔侥效,需索百端;凡有误伤,则曰尽命……小说嘲庸医蚤亡诗云:不肖谁知假,贤良莫识真。庸医不蚤死,误尽世间人。岂非天道恶之耶?故甫尝戒诸子弟:医惟大道之奥,性命存焉。凡业者必要精心研究,以抵于极,毋谓易以欺人,惟图侥幸。道艺自精,必有知者,总不谋利于人,自有正谊在己。

——徐春甫《古今医统大全》

【译文】

世界上有些无知的人,有祖传医药世家的名头,抄袭已有的药方,学习一点《难经》《脉诀》,就声称医学简单易学。只专注外表的穿戴打扮,巧舌如簧,向豪门权贵献媚,巧夺虚名,招摇过市,欺骗世人。一旦遇到识破其伎俩并使其伎俩不能施展的人,就当面恭维而背后诽谤他。还讥笑喜爱读书求学的同行,认为他们是自找劳苦。只要遇到治病的事情,就草率行事,狂妄怪诞,盲目用药。偶尔看病有了效果,就想尽办法向患者索要钱财。要是误伤了患者,就说命该如此……曾经有小说讽刺庸医说:不肖谁知假,贤良莫识真。庸医不早死,误尽世间人。难道是天意使然吗?所以我曾经告诫弟子:医学的宗旨就在于拯救人的性命。凡是从医之人必须细心研究,以达到精益求精,千万不要认为行医容易,只图侥幸来欺骗世人。只要有高尚的医道、精湛的医技,总会有人知晓和认同的。即便不能总是从世人中谋利,但公正自在人心。

二、要义阐述

精进创新需要做到精益求精和变革创新。精益求精就是要做到不断进取,尽善尽美。创新能力是人类特有的认知和实践能力,是人类主观能动性的高级表现,是推动民族进步和社会发展的不竭动力。精进创新在食药行业中有着举足轻重的地位。

食药行业的发展日新月异,社会大众对生活品质和身体健康的需求不断提高,这些都对食药行业从业者的专业素养提出了更高的要求。从业者应时刻铭记学好专业本领,不断提升自我、超越自我,努力在自己的工作领域精进创新。

(一)精益求精

"问渠那得清如许,为有源头活水来。"人的心灵深处一旦有了源源流淌的"活水",便有了创业创造、建功建树的不竭"源泉"。这个"成功之源"就是精益求精。它要求我们做到专注、术精、卓越,这样方能成就一番事业,实现人生价值。

1. 专注

精益求精的保障是专注。专注是一种执着、坚持和坚韧的品质。做到专注,一是要持之以恒。只有坚持不断学习、探索和钻研,不松懈不放弃,才能在食药领域中有所成就。二是要耐得住寂寞。只有几十年如一日,心无旁骛、全神贯注于自己的事业,才能为人民群众的生活品质和身体健康谋福祉。

中药现代化的奋进者王逸平深知专注在做研究时的重要性。"心在一艺,其艺必工;心在一职,其职必举。"1994年,王逸平和同事一起开始研究心血管疾病方面的药物。在无数次实验后,王逸平有了一个重大发现,丹参里有一种丹参乙酸镁的成分,其生物活性最强,进而大胆推测这可能就是丹参中最主要的药用成分。顺着这个方向,王逸平和他的研究团队经历了无数次的失败和挫折,耗时13年,终于把丹参乙酸镁合成丹参多酚酸盐粉针剂,并建立了专利工艺。

王逸平以"做出全球临床医生首选的新药"为科研理想,专注于中药现代化研究事业。自古以来,凡是能够有所成就的,无一例外都是持之以恒、用心专一、笃志前行的人,三心二意、朝秦暮楚的人是绝不可能成功的。只有一心专注在食药领域,将所有的时间和精力都专注于食药事业,才能够有所作为,有所成就。

2. 术精

术精是精益求精的基石。达到术精,首先要做到科学规范,在工作中要有严谨细致的工作作风,做事一丝不苟,对食药产品品质和服务严格要求,做到高标准。其次要注重细节,不能抱有马虎、差不多的心态,始终重视每一个环节的操作,通过上百次、上千次的优化完善工艺和流程,练就出神入化的技术。最后要追求极致,将事业当成自己的生命去经营,对产品精雕细琢,不断优化改进,努力达到完美无瑕的境地。只有如此,才能够满足新时代人民群众追求品质和极致服务的要求。

福建盼盼食品集团有限公司(以下简称盼盼集团)在行业内取得的成绩就离不开术精。盼盼集团管理层认为,中国食品产业、中国食品企业之所以可以飞速发展,正是得益于食品行业中一批批"匠人匠企"的不懈努力和追求。在全球价值链时代,品牌就是价值链的组织者和利润分配者。铸就品牌没有捷径可走,要靠坚持不懈的努力和追求,就如同做面包一样,必须孜孜不倦,专心、专业地用最好的面粉、最新鲜的鸡蛋,匠心制作,才能保证面包绵软可口。盼盼集团在业内的成就不是一蹴而就的,而是通过学习和实践的积累,注重术精而形成的。只有做到业务精、本领强,才能研制和生产出安全味美的食品和安全有效的药品,也才能在同质化日趋严重的食药行业立足,为人民群众的健康保驾护航,助推食药产业发展。

【案例链接】

寒冷的冬日,蘸着地道的老陈醋,来一口正宗的平遥牛肉,瘦而不柴的口感,鲜嫩多汁的味道,让人回味无穷,这是山西人餐桌上必备的美食。平遥牛肉的加工生产始于西汉,经历了唐宋的煮前腌肉、明清的沸煮温炖和老汤卤肉等几个漫长的工艺演变阶段。如今的平遥牛肉,已形成"相、屠、腌、卤、修"五大工艺流程。从生牛屠宰,生肉切割、腌渍、锅煮等操作程序和操作方法,到用盐、用水以至加工的节气时令等,都十分讲究。这样加工出来的牛肉色泽红润,肉质鲜嫩,肥而不腻,瘦而不柴,醇香可口,营养丰富。

工艺师对切块刀法、急火温火、老汤封顶等技艺十分考究,让老手艺嫁接现代化生产流程,产品也更加符合大众的口味。有着百年传承技艺的平遥牛肉,以其独特的工艺、深邃的文化、纯美的馨香和丰富的营养,成为平遥古城独树一帜、闻名遐迩的美食。

3.卓越

卓越是精益求精永恒的追求。卓越代表了杰出,超出一般,高超出众,达到行业顶尖的水平,将自身的才能优势发挥到极致。做到卓越,要做到以下三点。首先,要设立高要求的标准。有了精准的高标准,就有了清晰的方向和目标。其次,要保持勇往直前的初心。没有什么是永远一帆风顺的,当遇到挫折时,不退缩不言弃,坚守初心,一往无前。最后,要做到知行合一。既要做到知,又要有非常强的执行力,能将知落到实处。追求卓越是一个不断自我雕刻的过程,这个过程肯定是困难的,但是只有做到坚持不懈,最终才有可能达到卓越。

(二)变革创新

精益求精强调专注、术精、卓越。变革创新强调突破,打破思维定式,打破固有看法,突破自我。变革创新要求食药行业从业者做到求新、求变、求异,既要能够走出舒适圈、敢于求新,又要加强学习、追求技术,善于求新。同时,要能够准确识别变化、应对变化、驾驭变化,还要能够从思维、技术、管理等方面求异。只有不抱残守缺,食药行业才能可持续发展,富有活力。

拓展阅读
全力做强创新药引擎
上海生物医药产业
跑出加速度

1.求新

创新的精髓就是"新",必须要有跟以往不同的元素加入才是"新"。求新的过程是不断超越自我的过程。一方面,要做到敢于求新。食药行业从业者要敢于打破思维定式、冲破观念障碍,才能跳出老套路、旧框框,把求新作为引领发展的重要动力,对准行业标杆去努力,要积极拥抱新的理念、思维方式、趋势和环境,为自身发展积蓄新能量。另一方面,要做到善于求新。科技日新月异,世情、国情发生着深刻的变化,知识创造、知识更新速度大大加快。唯有不断学习并抓住时机,瞄准科技前沿,做好核心技术攻坚,提升求新的能力,才能让自己立足于新时代。

中国工程院院士、中药制药学家李大鹏就是这样一个不断求新的典范。他多年致力于中药制药工程创新研究,先后主持 15 项国家攻关课题。李大鹏早年从中药薏苡仁中发现并成功分离、提取出抗癌新化合物,获得发明专利,提升了中药研究原创水平。他率先创建中药静脉乳剂技术平台,成功研制抗癌新药康莱特注射液。此外,李大鹏院士自 1996 年立项研究《超临界二氧化碳萃取中药有效成分产业化应用技术》以来,不断学习、不断修正,经过将近十年的攻关,又成功发明了超临界二氧化碳萃取和分离纯化薏苡仁甘油酯产业化工艺,并被原国家食品药品监督管理局批准投入生产,将科研成果转化为生产力,产生了巨大的经济和社会效益。李大鹏院士一直以来致力于传统中药抗癌筛选实验研究,创新民族医药。他的成就向我们印证,食药行业的发展切忌坐井观天,故步自封。求新是食药行业迸发新生的原始动力,是追求卓越的活力源泉。没有最好,只有更好,对新食药、好食药的追求,只有进行时,没有完成时。如此,食药行业才能更好地守护人民的身体健康,提升人民的生活品质。

2.求变

"明者因时而变,知者随事而制",只有不断变化,才能在残酷的市场竞争中分得一杯羹乃至脱颖而出。求变,即是突破桎梏,求得变化。求变的结果往往能打开新局面。品牌需要打造出有变化的个性化产品,给客户提供与众不同的产品价值和消费体验,才能迅速抢占消费者心智资源。要让产品有变化,才能充满新鲜感,具有吸引力。作为食药行业从业者,我们不能墨守成规,只有具备求变的意识,才能在迅速发展的时代稳住自己的步伐,科学应对各种挑战。

做到求变,首先要识别变化。把准时代脉搏,紧跟时代动向,若能先人一步识变,那么就为成功打下了坚实的基础。谋大局先观大势,观大势必先调查研究。只有深入广泛开展调查研究,才能识别变化,把握事物的本来面目和发展趋势,也才能防止认识的片面性。其次要应对变化。对于变化,要能主动调适,科学应变,立足实际情况,开辟自己的道路。最后要驾驭变化。将各种变化都纳入日常管理的流程,料事在先、预案在先、调控在先,未变先应、有变必应、万变万应,从而达到统摄变化,让变化听我调遣,为我所用。

习近平总书记指出:"创新是一个民族进步的灵魂,是一个国家兴旺发达的不竭动力,也是中华民族最深沉的民族禀赋。在激烈的国际竞争中,惟创新者进,惟创新者强,惟创新者胜。"①当前,中国社会进入新发展阶段,食药行业在世界舞台中的地位

---

① 习近平在同各界优秀青年代表座谈时的讲话[EB/OL].(2013-05-04)[2022-11-30].http://www.qstheory.cn/science/2019-04/12/c-1124360133.htm.

日渐提升。我们要以求变的精神永葆食药行业的生机和活力,在新的社会条件下把人民健康事业推向前方。

【案例链接】

近年来,中国化妆品行业在研制产品时,秉承求变的精神,力求把产品在原有基础上做出变化,做到极致。毛戈平(MAOGEPING)彩妆品牌凭借自身过硬的质量与研发实力,在中高端彩妆领域占得一席之地。毛戈平在追求近乎完美的产品质量的同时,针对东方女性不同的面部特征、肤质与肤色,提供不同的产品及色彩解决方案,力求打造充满变化的中高端国货化妆品。每一款产品,不到生产的最后一刻,都有可能再完善直到满意为止。2019年,毛戈平品牌获故宫文创授权,推出了与故宫文创合作的"气蕴东方"系列彩妆,为消费者制造品质媲美国际大牌的彩妆国货的同时,不忘传播中国历史文化精髓,成为传承并发扬东方美学与艺术的品牌代表。毛戈平品牌代表了中国化妆品的复兴之路,以质量为基础,以文化为依托,不断打磨自身的产品及服务。化妆品行业只有秉持求变的态度,发挥工匠精神,才能突破自我,拥有与国际品牌相抗衡的底气与实力。

3. 求异

求异,是与求同相对立的一个概念范畴,是指面对问题沿着多方向思考,产生多种设想或答案。求异追求与众不同,追求特色化和个性化,经营的是他人未曾涉足的领地,开辟的是独特的市场。

食药行业自始至终都遵循求异这一法则,不论产品还是服务都在求异,求异能带给食药行业前进的动力。食药行业从业者坚持求异,要落脚在以下三点。一要思维求异。在日益激烈的市场竞争中,同质化的现象越来越多,在思维层面,要求异,把问题发散出来,树立人无我有、人有我新、人新我异的理念。二要技术求异。食药行业的特点决定了其必须在技术中求异。要着眼于开发技术、生产工艺技术、包装技术等多方面的不同,最终实现产品的差异化。三要管理求异。根据不同的内外环境,可以采用多种管理措施来达到求异的目的,如采用一种新的管理手段,实行一种新的管理方式,提出一种新的资源利用措施,采用一种更有效的业务流程,创设一种新的工作方式等。

【案例链接】

北京稻香村是知名中华老字号企业之一,始建于1895年,位于前门外观音寺,南店北开,前店后厂,很有特色,是京城生产经营南味食品的第一家,主要经营糕点和节令食品,产品受到社会各界人士的欢迎。四时三节,北京稻香村在端午卖粽子、中秋售月饼、春节供年糕、上元有元宵,还恢复了"京八件""状元饼""巧果""重阳花糕""五毒饼"等多种消失多年的传统食品。这些产品都很有特色,同其他企业的糕点有很大的不同。多年来,北京稻香村在产品研发方面,充分考虑将传统食品文化融会贯通于生产、销售的各个环节,根据节气、天气特点,结合我国传统节气的饮食特征,又推出了与二十四节气对应的食品。这些都是将传统文化与生活中最常见的食物相结合的体现。文化创新就是产品的创新,更是企业的创新。这些求异的创新举措,让稻香村的产品在同质化的糕点类食品中脱颖而出。

北京稻香村相关负责人表示:"对于老字号的未来,北京稻香村是充满信心的,创新让我们在市场上一直不断成长,获得新生;而坚守让我们不忘初心,始终知道自己是谁,肩负几何。"北京稻香村将求异的理念贯穿到生产的糕点和节令食品上,守护了金字招牌,未来还将做得更好。

任务二　案例分析

食药行业从业者应时刻牢记自己的职责和使命,在工作实践中切实做到精进创新。无论是用一株小草改变世界的屠呦呦,还是生产六神丸的上海雷允上药业有限公司(以下简称上海雷允上药业),抑或成功打造"黑科技"酸奶的光明乳业,都是精进创新、追求极致的典范。他们专注于自身研究领域,一丝不苟、追求完美,不断突破创新,最终在各自领域获得佳绩。

一、屠呦呦:一株小草改变世界

1.案例简介

屠呦呦,诺贝尔生理学或医学奖获得者,"共和国勋章"获得者,1930 年出生于浙江省宁波市。呦呦,意为鹿鸣之声,取自《诗经·小雅》"呦呦鹿鸣,食野之苹"一句。《感动中国人物》是这样评价她的:"青蒿一握,水二升,浸渍了千多年,直到你出现。为了一个使命,执着于千百次实验。萃取出古老文化的精华,深深植入当代世界,帮人类渡过一劫。呦呦鹿鸣,食野之蒿。今有嘉宾,德音孔昭。"

屠呦呦多年来专注从事中药和中西药结合研究,她最为突出的贡献是提取了青蒿素和双氢青蒿素,但屠呦呦的成功并不是一蹴而就的。

20 世纪 60 年代,疟原虫对奎宁类药物产生抗药性,全世界 2 亿多疟疾患者无药可治,死亡率急剧上升。为寻找有效抗疟药,我国从 1964 年开始研究抗疟药物。

1969 年,屠呦呦接受了中草药抗疟研究的任务。她和她的研究团队系统收集历代医籍、本草、地方药志等,在汇集了 2000 余个内服、外用药方的基础上,编写了以 640 种中药为主的《抗疟单验方集》。屠呦呦和她的研究团队用小鼠模型评估了从大约 200 种中药里获得的 380 种提取物,但结果令人失望。

"我也怀疑自己的路子是不是走错了,但我不想放弃。"屠呦呦说。她只好重新埋下头去看医书。从《神农本草经》到《圣济总录》再到《温病条辨》……终于,葛洪的《肘后备急方》中关于青蒿抗疟的记载,给黑暗中摸索的研究团队带来了一抹亮光——"青蒿一握,以水二升渍,绞取汁,尽服之"。为什么古人用"绞汁"? 是不是加热破坏了青蒿里的有效成分? 屠呦呦决定用沸点只有 34.6℃ 的乙醚来提取青蒿素。"我们把青蒿买来先泡,然后把叶子包起来用乙醚泡,直到编号 191 号提取物,才真正发现了有效组分。"屠呦呦说。

1971 年 10 月,经历 190 次实验失败后,在第 191 次实验中,屠呦呦及其研究团队终于取得了进展,获得的青蒿乙醚中性提取物样品对鼠疟、猴疟疟原虫的抑制率达到100%。研究人员从这一提取物中提炼出抗疟有效成分青蒿素。由于青蒿素提取成本高、难以根治疟疾等缺点,屠呦呦和她的团队又研制出了抗疟疗效为青蒿素 10 倍的双氢青蒿素。

屠呦呦虽然在研究过程中经历了多次的实验失败,但是她凭着对医药事业的满腔热爱,继续专注探索,精益求精,最终取得成功,造福了全世界亿万疟疾患者。

2. 案例解读

当疟疾成为全世界大难题之际,屠呦呦的团队站了出来。他们深知作为医药人,肩负着保障人民生命安全的重任。在没有头绪的情况下,屠呦呦团队凭借对医药事业的忠诚及扎实的医药知识技能进行广泛深入的探索研究。他们精益求精,不断进取,敢于创新,才发现了青蒿素,缓解了亿万人的病痛和苦恼,拯救了无数人的生命,在医药发展史上留下了厚重的一笔。屠呦呦团队的事迹充分体现了精进创新的食药道德规范。医药行业从业者只有具备这一品质,才能最大程度地为人民健康事业发挥光和热。

二、上海雷允上药业六神丸:对卓越的不断追求

1. 案例简介

六神丸现为上海雷允上药业的知名特色品种,是国家保密品种,也是国家一级中药保护品种,1979 年、1984 年和 1989 年三次获得国家金质奖。和其他传统中药相比,六神丸具有剂量小、起效快的特点,服用剂量仅以毫克计算。其他传统中药通常一个疗程需用周、月来计,而六神丸服用过后一天内就可发挥作用。

在技艺上,六神丸从选材到"泛丸"(即制丸)都由人工完成。泛丸这份手艺,上海雷允上药业丸剂车间六神丸班组组长张雄毅一干就是 35 年。从药粉到药丸,唯一的工序就是翻转药匾,让药粉层层包裹到颗粒上,整个过程至少需要 2 个小时。看似在不断重复同一个动作,但其翻转速度和频率都在不断变化。为了学成卓越的技艺,达到这个严格的标准,张雄毅经过了 3 年时间的学习,才学会了各个工序的操作,但要将技术练到炉火纯青,从第一道工序开始到最后成品,能一气呵成、融会贯通,还要花费 2 年的时间。身边的师兄弟都纷纷离开了,最后只剩下了张雄毅一人。2010 年,上海雷允上药业独有的六神丸制作技艺,被认定为国家级非物质文化遗产,张雄毅也被评为上海市非物质文化遗产项目六神丸制作技艺代表性传承人。

通过药工以特定的动作、工序摇晃药匾,让药粉在空气中碰撞、舞动,均匀地裹进几味药材,一粒粒直径仅为 1.5 毫米的药丸就诞生了,这就是"微丸工艺"。在这纯手工的泛制技术背后,是机器无法替代的中医智慧与匠人对卓越品质的不断追求。

2.案例解读

医药行业的发展,离不开像张雄毅这样的医药界工匠。张雄毅的成功源于他对药物"泛丸"的专注,也源于他对精湛的技术和卓越品质的追求。他坚守着对医药事业的热爱,年复一年、日复一日地坚持匠心制药。他精益求精、追求卓越的品质值得广大食药工作者学习,是医药行业制药人的榜样。

三、光明乳业——打造"黑科技"酸奶

1.案例简介

现在很多企业都以创新为主要工作旋律,作为中国老品牌的光明乳业更是走在了创新的前列,实施"以品质促品牌"战略,用"乳业黑科技"打造"中国品牌"。光明乳业生产了"畅优益菌多""致优""优倍"等多款深受消费者喜爱的乳品,其中有多个研发项目获得了国家及国际专利。"健康""安全""好喝"的乳品的诞生就运用到了一些"黑科技"。

光明乳业全新推出"畅优益菌多"系列产品,其中特别添加了光明乳业独有专利的植物乳杆菌 ST-Ⅲ。这一菌株可大有来头,它在地球上需要花费数百年进行菌株性能进化,而在太空射线等特殊环境的诱变作用下,能在较短的时间内完成,并且存活性能更好。植物乳杆菌 ST-Ⅲ曾于 2008 年、2014 年先后搭乘神舟七号、嫦娥五号进入太空,加速自然进化过程。研发人员对太空返回的菌株做了"存活性、发酵性能稳定性"等多项研究,以此开发出更多潜在功能。在"畅优益菌多"新产品中,就应用到了植物乳杆菌 ST-Ⅲ被最新开发出的增殖功能,在每瓶/杯"畅优益菌多"中含有1000 亿活性乳酸菌,活性乳酸菌含量超市面上同类产品的 10 倍。

光明乳业不断进行产品自主创新研发,将科技成果运用于产品输出中,首创常温酸奶品牌"莫斯利安",推出国内首个甜品系列常温风味发酵乳,打造首款无添加酸奶"如实",研制出含有专利菌株 ST-Ⅲ的光明益菌多小蓝瓶等。在国家科学技术奖励大会上,光明乳业共 5 次获得中国科技界最高荣誉——国家科学技术进步奖。

2.案例解读

对于乳品企业的酸奶产品来说,"菌株"是核心竞争力。光明乳业通过技术创新

将植物乳杆菌 ST-Ⅲ送入太空,加快进化过程,保证了存活性、发酵性能稳定性。光明乳业研究院对这个菌株拥有自主知识产权。强大"黑科技"的背后,是光明乳业对于科技研发的坚持。光明乳业的研发创新能力在国内乳企中处于领先地位,彰显了雄厚的科研实力。以创新为主旋律,光明乳业打造了健康的光明牛奶,在行业内拥有不可动摇的地位。

任务三　养成训导

通过养成训导,进一步加深对精进创新食药道德规范的理解。养成训导包括主题思考、能力拓展和养成评价三个步骤。主题思考就精进创新相关的问题进行分组思考讨论;能力拓展就精进创新设计实践互动,学习者参与体验,充分发挥组织、分析、归纳等能力,获得对精进创新的体验感悟;养成评价是根据项目学习主题,学习者自行设计并完成实施方案,由导师进行评价。通过层层递进的三个步骤,让学习者通过思考研讨和实践活动真正领会精进创新的意义,将精进创新应用到实际学习、生活、工作中去。

一、主题思考

精进创新是食药行业从业者的不懈追求。现代社会,食药行业若缺失精进创新,则无法做到行稳致远。请结合专注创新的屠呦呦、生产六神丸的上海雷允上药业和打造"黑科技"酸奶的光明乳业这三个案例和解读,谈一谈食药行业从业者如何在实际工作中更好地养成精进创新的道德规范。

二、能力拓展

为加深对精进创新道德规范的理解,并进一步将精进创新内化于心,以下训导拓展供学习者根据自身学习条件和实际情况选择使用和参考。

拓展一:"寻找精进创新之星"故事汇

【拓展目标】

通过"寻找精进创新之星"故事汇,增强学习者的精进创新认知,引导学习者将精进创新内化为职业情感和职业素养,养成精进创新的道德品质。

【拓展设计】

1.实施步骤

(1)通过食药道德课程、多媒体信息平台等做好活动前期的宣传工作,让学习者了解活动主题、流程、规则、目的和意义。

(2)组织初赛。参赛者以精进创新为主题,挑选相关企业发展的故事案例,组织语言,做成故事汇,每人限时 5 分钟。最后,选拔表现优秀者 10 名进入决赛。

(3)决赛前,主持人负责收集参赛者相关素材,制作初赛特辑视频。

(4)故事汇决赛。决赛以"寻找精进创新之星"为主题,参赛者围绕主题自拟内容。决赛分为开场、故事汇分享、观众互动、导师点评四个环节。

2.主要内容

以"寻找精进创新之星"为主题,开展现场故事汇分享比赛。

(1)播放开场视频,主持人介绍本次故事汇比赛的背景、意义、初赛情况以及决赛的流程、规则、注意事项、奖项设置等,并介绍在场嘉宾和评委。

(2)参赛者上台风采展示,以视频的形式介绍参赛者的基本情况。

(3)故事汇比赛。参赛者在 5 分钟内完成故事汇分享,评委进行现场提问。

(4)观众互动。未参赛的学习者可结合"寻找精进创新之星"的主题与参赛者互动,就故事主题阐述观点或对参赛者进行提问。

(5)导师点评。导师根据参赛者表现进行点评,并宣布最终结果。

【拓展要求】

(1)故事要求主题鲜明,内容充实,有符合精进创新的自身认识和观点。

(2)脱稿分享故事,发音清晰,用语规范,表达流畅,富有感染力,能激发在场观众对精进创新的共鸣。

(3)着装正式,举止自然,大方得体。

(4)将所有参赛故事做成故事汇。

拓展二:"国宝级"技工是怎样炼成的——观看《大国工匠》系列节目

【拓展目标】

观看《大国工匠》系列节目,通过探寻不同岗位劳动者用自己的灵巧双手匠心筑梦的故事,提升学习者对精进创新的感悟能力,体悟这群不平凡劳动者的成功之路,促进学习者在平凡岗位上努力追求职业技能的完美和极致。

【拓展设计】

1.实施步骤

(1)通过食药道德课程、网络信息平台开展前期宣传工作,发布活动主题、流程,明确活动目的、意义等。

(2)以"'国宝级'技工是怎样炼成的"为主题,让学习者自行观看《大国工匠》系列节目,根据观看体会,结合自身实际情况,自拟题目,紧抓精进创新这一关键词,撰写不少于 1000 字的心得体会。

(3)将心得体会上交给导师,导师对心得体会以主题鲜明、体会深刻、彰显精进创新道德规范为标准进行打分,评选出分数最高的 5 位学习者,给大家做心得分享。

(4)围绕主题,召开一场心得体会分享会。现场导师和学习者可以相互提问,共同探讨。

2. 主要内容

（1）主持人宣布心得体会分享会开始，并介绍本次分享会主题、前期流程情况。

（2）分享者发言。要求脱稿分享故事，发音清晰，用语规范，表达流畅，富有感染力，能激发在场观众对精进创新的共鸣。

（3）现场提问。现场导师和学习者可以针对分享的心得体会进行现场提问，提问要具有针对性、启发性，能让大家共同进行探讨。

（4）导师点评。从对分享事件的剖析、处理及对食药道德规范的体现、感受程度等视角对分享者表现进行点评。

【拓展要求】

（1）需要在前期做好充分准备，认真撰写心得体会。心得体会要能表达真情实感，并很好地结合自身实际，具有强烈的感染力。

（2）分享者要紧紧围绕主题，讲明白这些行业内不可或缺的人才是通过怎样的方式炼成的。

（3）通过节目的观看、分享会的开展，让学习者能深刻体会到精进创新不是虚无缥缈的，也不是高不可攀的，而是根植在你我他的职业道德里、情感良心中的。

三、养成评价

小组自行设计一个研讨交流方案，并完成表 2-5 的填写。在每组完成方案设计与实施之后，提交方案设计、方案实施过程记录和实施结果。

表 2-5　研讨方案设计

研讨参与人员			
时间		地点	
研讨主题	精进创新规范学习体会		
研讨目标	1. 掌握精进创新道德规范的要领 2. 理解食药行业精进创新道德规范的必要性 3. 增强食药行业从业者的精进创新道德规范		
研讨方案设计			
方案研讨结论			
收获感悟			
导师评价			
导师评分	方案设计（30%）		总分：
	实施过程（40%）		
	实施效果（30%）		

梳理与总结

　　精进创新要求食药行业从业者对食药产品和服务做到精益求精,专注于工作岗位,锤炼精湛的技艺,练就一流本领,追求卓越;从求新、求变、求异层面做到不断变革创新,才能最终满足人民群众对食药品质和身体健康的追求。精进创新既是中华民族工匠技艺世代传承的价值理念,也是食药行业工作者开启新征程、使食药行业迈向新高度的时代需要。一株小草改变世界的屠呦呦、生产六神丸的上海雷允上药业、打造"黑科技"酸奶的光明乳业三个案例,都是践行精进创新食药道德规范的典范。通过案例分析和养成训导,促使食药行业从业者具备分析、鉴别精进创新食药道德规范的能力,不断提升食药道德规范修养,主动践行食药道德规范。

　　本项目知识脉络如图 2-5 所示。

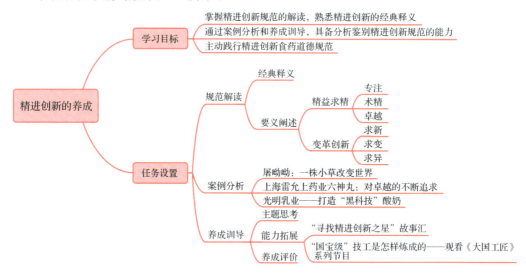

图 2-5　知识脉络

思考与练习

思考与练习
参考答案

一、单选题

1.精益求精的基石是(　　)。

A. 术精 　　　　　　　　　　　　　　 B. 卓越

C. 专注 　　　　　　　　　　　　　　 D. 开拓创新

2.变革创新的内涵不包括(　　)。

A. 敬畏生命 　　　　B. 求新 　　　　　　C. 求变 　　　　　　D. 求异

3.以下选项中能够体现"精进创新"的是（   ）。

A.胡庆余堂秉承"戒欺"的祖训　　　　B.三聚氰胺奶粉事件

C.全民抗疫　　　　　　　　　　　　D.光明乳业打造创新"黑科技"酸奶

二、多选题

1.以下不属于精进创新道德规范的是（   ）。

A.专注　　　　B.术精　　　　C.淡泊名利　　　　D.尊重自然环境

2.求异要做到（   ）。

A.思维求异　　　　B.技术求异　　　　C.管理求异　　　　D.诚实守信

三、思考题

1.结合精进创新的规范解读，请谈一谈对"如切如磋，如琢如磨"和"新则活，旧则板；新则通，旧则滞"这两句话的理解。

2.结合自身实际，阐述对精进创新这一道德规范的认识。

3.选择一家食药企业，搜集这家企业践行精进创新道德规范的资料，谈一谈这家企业给你带来的启发。

项目六·清廉守道的养成

项目六 PPT

🎯 学习目标

1. 掌握清廉守道规范的解读，熟悉清廉守道的经典释义。
2. 通过案例分析和养成训导，具备分析、鉴别清廉守道规范的能力。
3. 主动践行清廉守道食药道德规范。

📖 任务设置

　　食药行业在全面推进健康中国建设中发挥着至关重要的作用，如果食药行业从业者见利忘义、贪污腐败，必将会对整个社会和人民群众带来巨大危害。习近平总书记高度重视党风廉政建设和反腐败斗争，强调党要管党、全面从严治党，提出了一系列新的理念、思路、举措，推动党风廉政建设和反腐败斗争不断取得重大成效。食药行业要实现高质量发展，优化行业风气，就要加强廉洁建设，将廉洁教育贯彻落实到食药产品全生命周期中。食药行业从业者无论何时都要坚持做到清正廉洁，坚守正道，践行清廉守道的食药道德规范。

任务一　规范解读

经典语录

　　"富与贵，是人之所欲也；不以其道得之，不处也。贫与贱，是人之所恶也；不以其道得之，不去也。"

——《论语·里仁》

　　"夫医者，非仁爱之士，不可托也，非聪明理达，不可任也，非廉洁淳良，不可信也。"

——杨泉《物理论》

　　"为医先要去贪嗔，用药但凭真实心，富不过求贫不倦，神明所在俨如临。"

——曾世荣《活幼心书》

一、经典释义

"富与贵,是人之所欲也;不以其道得之,不处也。贫与贱,是人之所恶也;不以其道得之,不去也。"出自《论语·里仁》,意思是对于君子而言,富与贵应当取之有道;即便贫困的生活再不好,想要去之也应有道,这才是君子所为。孔子认为,仁义之道是君子安身立命的基础,无论何时都不能违背。

"夫医者,非仁爱之士,不可托也,非聪明理达,不可任也,非廉洁淳良,不可信也。"出自《物理论》,意思是身为医者,如果没有仁爱之心,就不能托付于他;如果思路不清晰、明确,就不能胜任医生之职;如果不廉洁善良,就不能被人所信任。

拓展阅读
《活幼心书·决证诗赋》
节选

"为医先要去贪嗔,用药但凭真实心,富不过求贫不倦,神明所在俨如临。"出自《活幼心书》,意思是学医的人先要去掉贪嗔,用药全靠真诚实心,对富人不多索取,对穷人绝不敷衍,好像有神灵时刻在监督似的。

【知识链接】

杨泉(生卒年不详),字德渊,西晋梁国人(今河南商丘)。西晋初年,会稽相朱则曾经向晋武帝上书,推荐杨泉为官。杨泉的为人和学问受到朝廷的赏识,被征召入朝,由于杨泉一心想隐居,专心著书,因此他推辞没有赴任。杨泉学识渊博,涉猎广泛,他对医学颇有研究,编著有《物理论》16卷、仿扬雄著《太玄经》14卷等。在中国历史上,他第一个提出了医药人应该具有"仁、智、廉"三条标准。这三条标准对当今的食药行业从业者仍有重要的指导意义。

经典赏析

《物理论》节选

是以古之用医,必选名姓之后,其德能仁恕博爱,其智能宣畅曲解,能知天地神祇之次,能明性命吉凶之数,处虚实之分,定逆顺之节,原疾疹之轻重,而量药剂之多少;贯微达幽,不失细小,如此乃谓良医。且道家则尚冷,以草木以冷生,医家则尚温,以血脉以煖通。徒知其大趣,不达其细理,不知刚柔有轻重,节气有多少,进退盈缩有节却也。名医达脉者,求之寸口三候之间,则得之矣。度节气而候温冷,参脉理而合重轻,量药石皆相应,此可谓名医。有有名而不良者,有无名而良者,人主之用医,必参知而隐括之。

【译文】

自古以来任用医生,必须选名门望族的后人,要求他能有仁义、宽恕、博爱的品德,要求他聪慧敏捷、技艺高超,能明晓事物反复曲折、变幻莫测的深奥道理,能了解主宰自然界的奥秘规律,知晓神明之理,能知道人的吉凶祸福,性命长短的气数,能判明虚实的区别,推断预后的好坏,根据疾病轻重判断使用药物的用量,透彻了解细散隐晦的情况,丝毫不能马虎,这样才能成为良医。而道家主张冷食,以自然生长的草木果实为冷食,来追求长生不老,医家重视温热熟食,熟食热饮能够让血脉流通温暖。如果只知大概意思,不理解精微的道理,不知人体强弱与疾病轻重,气候节气的变化影响,就不能掌握寒热攻补之度,用药轻重之分。通达脉理的名医,从寸口三部脉象就可以获知病情。通过推测节气的冷热,参照脉理诊断估量病在表在里,然后治疗给药,完全切合病情,这可称之为名医。有的医家徒有虚名,医术实际上并不精湛;也有的医家虽然没有名气,但治病的效果很好,因此,国君选用医生,必须详细了解,综合全面情况审慎确定。

二、要义阐述

廉洁是一种责任,是一种使命,也是广大群众的殷切希望。食药行业只有树立优良的工作作风,才能受人尊重、令人信赖。清廉守道是食药道德规范的重要内容,要求食药行业从业者在工作中能够秉公办事,树立正确的义利观,敢于同不正之风做斗争,对待服务对象一视同仁。从业者只有不断加强廉洁教育,坚持原则底线,牢记全心全意为人民服务的宗旨,才能造福人民、造福社会、造福国家。

(一)清正廉洁

清正,最早出自西汉皇族淮南王刘安的《淮南子·说山训》"水定则清正,动则失平",意为廉洁公正,清白正直。廉洁,最早出现在战国时期屈原的《楚辞·招魂》"朕幼清以廉洁兮,身服义而未沫",东汉著名学者王逸在《楚辞章句》中对"廉洁"作出专门注释"不受曰廉,不污曰洁",也就是说,不接受他人馈赠的钱财礼物,不让自己清白的人品受到玷污,有光明磊落的态度,就是廉洁。从词义上看,"廉洁"一词在《辞源》上的解释为"公正、不贪污"。食药行业从业者要做到清正廉洁,就应该心存敬畏、秉公办事、淡泊名利。以廉洁的作风与人民群众同呼吸、共命运、心连心,为人民群众的健康撑起一片蓝天。

1.心存敬畏

食药行业从业者遵守清正廉洁的道德规范,应做到心存敬畏。对清廉守道长存敬畏之心是保证不贪不污的前提。朱熹说:"君子之心,常存敬畏。"人有了敬畏之心才能形成责任感、事业心,才能推动社会不断进步。敬畏也是道德与法律的承载,不知敬畏,就会蔑视,甚至无视道德、法律。当道德约束不住,法律无法制止,自身的权力欲、控制欲无法平衡,必然忘乎所以,最终身陷囹圄。

常怀敬畏之心,要求食药行业从业者对职业本身心存敬畏。食药行业以人为核心,从人出发,以保障人的生命安全为底线,心怀敬畏,行有所止。一方面在思想上要对工作本身常怀敬畏之心,始终本着对人民和事业负责的态度,自我警醒,自我监督,时刻紧绷廉洁自律这根弦,牢牢把握人民的生命安全线。另一方面在行动上要做到遵纪守法、爱岗敬业、清廉正直,不逾越红线,用敬畏之心约束自己的行为,三思而后行。心正则言实,心正则行端,心正则廉明。

2.秉公办事

做到秉公办事,需要食药行业从业者按照工作岗位所制定的准则办事,不以私害公,不以权谋私,公平公正,一视同仁。具体表现在平等待人和公正办事两个方面。

(1)平等待人

平等待人要求食药行业从业者不分贫富差距、地位高低、国籍肤色,一视同仁,尊重每个人的人格和权利,不可优亲厚友、以貌取人。食药行业的服务对象为人,服务质量直接影响人的生命健康,生命健康被尊重是每个公民与生俱来的一项基本权利,不管年龄大小、身份如何都应平等享有这项权利。全面推进健康中国建设中也特别强调全民性和公平性,在《中华人民共和国国民经济和社会发展第十四个五年规划和2035年远景目标纲要》中明确提出,要建设高质量的健康中国,为人民提供全方位全生命周期健康服务,目的是实现全民的生命健康。食药行业的从业者在工作中对待服务对象的态度及方式,直接影响人民群众是否能获得平等的健康服务,因此,平等待人的职业道德品质显得至关重要。

(2)公正办事

公正办事要求食药行业从业者在工作中公私分明,公平、公正,光明磊落。这也是食药工作的职责和使命所决定的。只有坚持公正办事,才能不谋私、不贪污、不受贿、不拿权力做交易、不拿法纪开玩笑。公正办事一方面要求从业者做到心正,以公正的心对待人和事,不因关系的亲疏远近而区别对待。心正则公,公则不为私利所惑,正则不为邪所媚。保持心正,是做事公正的前提。另一方面要求从业者做到身正,在工作和生活中坚持公正的行为和做事方法,不断加强自身的社会责任感,保卫人民的利益。只有公正做事的人才能将自己的本职工作做得出色。食药行业从业者只有最大限度地保持初心,加强个人修养,公平公正地对待服务对象,才能堂堂正正做人,清清白白做事。

3.淡泊名利

淡泊名利,需要在工作和生活中不为名利而争,坚持把清廉品格摆在突出位置,在困难逆境中勇于担当,坚守大义,时刻保持清醒的头脑,努力做好本职工作。

淡泊名利一方面要求从业者树立正确的名利观。名利既意味着收获,也意味着诱惑。追逐名利之心人皆有之,但处理不当则有可能为名所累,为利所伤,关键在于自己以什么样的心态对待名利。因此,如何看待名利,是检验一个人品格的试金石。2012年3月1日,习近平同志在中央党校春季学期开学典礼上的讲话中指出:"要以淡泊之心对待个人名利和权位,以敬畏之心对待肩负的职责和人民的事业,任何情况下都要稳住心神、管住行为、守住清白。"①对于食药行业的从业者来说,个人的追求与整个食药行业的发展息息相关。从业者要在思想上始终保持清醒,在行动上始终恪守理智,以平和之心对待"名",以淡泊之心对待"位",以知足之心对待"利",只有这样才能保持食药行业的清正廉洁之风。

淡泊名利另一方面要求从业者树立正确的义利观。食药行业从业者在大是大非问题面前要坚持原则,不含糊、不妥协,坚守大义,以重义轻利为基础,以为人民健康服务为核心,努力为人民群众创造价值。孔子强调"君子义以为上",墨子提出"义,利也",孟子主张"生,亦我所欲也,义,亦我所欲也;二者不可得兼,舍生而取义者也"。这些观点既突出以义为先,又注重义利平衡。重义轻利、先义后利、取利有道,这既是中华优秀传统文化的价值取向,也是食药行业从业者需秉持的原则和信仰。树立正确的义利观对培养清正廉洁的食药道德品质具有重要作用。

【案例链接】

"非淡泊无以明志,非宁静无以致远。"上海"何氏世医"第 24 代传人何鸿舫就是这样一位淡泊名利之人。何鸿舫曾经在重固镇上开设寿山堂药店,每次有贫困的患者来看病,何鸿舫总是语气温和地给予安慰,不仅不收诊余而且在药方上加盖"免费给药"的图章,病患就可以在他的寿山堂药店里免费领取药物。在何鸿舫的药案旁还放着一只斗具,里面放着用红头绳串好的铜钱。每当遇到贫困患者,他不但免费诊疗给药,还常取钱给患者带来的孩子,或是陪同的家属,叫他们买些"过药"吃(中药一般味比较苦,服药后可吃些糖或水果以过之,谓之"过药"),借此以为周济。为了让患者等待诊治时坐得舒服些,让坐不了的患者也可以躺着,何鸿舫吩咐将候诊室的凳子特制得又长又宽。何鸿舫始终坚持以治病救人为己任,一心为患者谋福利,不图钱财和名利,是食药行业从业者学习的典范。

(二)坚守正道

"正",即正气、正道,在《说文解字》中有"正,是也"。"正"本义为平直、平正,它代表一种正义的精神和堂堂正正的人格力量。守正,实际上就是守住责任与担当,守住内心的原则和底线。守正之中蕴含的是一种正道直行的人生准则和清心自守的人格精神。人生的格局与境界从来都不是由物质多寡所决定的,正所谓"心逐物为邪,物从心为正",外在的物质名利远远不及内心守正自持那般可贵。守道,就是要坚守经

---

① 习近平在中央党校春季学期开学典礼上的讲话[EB/OL].(2012-03-01)[2022-11-30].http://china.cnr.cn/news/201203/t20120301_509229483.shtml.

营之正道,绝不逾越道德底线、触碰高压线,否则将受到惩罚。2014年6月,习近平总书记在中央政治局第十六次集体学习时的讲话中强调:"领导干部要坚守正道、弘扬正气,坚持以信念、人格、实干立身。"[①]可见"正"字尤为重要,只有一身正气,才能不怕歪风邪气,才能秉持正派的工作作风。清廉守道要求食药人能够始终坚守正道。做到坚守正道,需从坚守底线、勤于律己、敢于斗争三个方面着手。

1. 坚守底线

食药行业的特殊性决定了从业者在面对外界诱惑时,必须时刻保持警醒和理性,不为私心欲望所扰,不为名利物欲所惑,坚持底线原则。

首先,应坚守法律底线。国有法而立,人遵法而成。法律是不可打破的准则,有着至高无上的威严,起着底线作用。于食药行业而言,谨慎对待一言一行,不碰高压线,不触碰"红区",不违法犯罪是底线,也是基本要求。其次,应坚守职业底线。立足于岗位,就需承担起相应的岗位职责。岗位无小,亦无尊卑。在快节奏的当下社会,职业底线频频受到挑战。食药行业从业者应树立高度的职业道德自觉,自觉抵制各种侵蚀和诱惑。这既是对"职业底线"的坚守,更是对"职业底线"的升华。最后,应坚守个人底线。食药行业秉持从人出发,以人为本的宗旨,为人民群众的健康安全保驾护航。从业者应时刻秉持"真""善""美"的原则,提高自我素养和从业能力。不取不义之财,不做无德之事。只有经常掂一掂肩上责任的分量,想一想人民群众的期望,摸清自己内心的想法,分清公私二字,做到既干事又干净,才能真正做到坚守正道,也才能守住自己的底线。

【案例链接】

2016年,央视"3·15"晚会曝光了一些义齿厂家的不法行为。这些厂家在铸造义齿支架时使用了没有任何标志的金属原料,在生产加工义齿过程中,使用碎钢、废钢,甚至添加金属废料。不合格的原料中有些是回收料,有些是工业原料,在反复回收再利用的过程中,有害元素浓度富集得越来越高,会对使用者健康造成危害。除此之外,这些生产企业也未遵守消毒程序,工人甚至使用自己的废旧牙刷进行"清洗消毒"。通过压缩义齿原材料成本,他们生产的劣质义齿市场价只有正规义齿的七分之一。这些厂家为了获取利润,不走正道,突破生命底线和道德底线,违背行业准则,被依法吊销医疗器械生产许可证和产品注册证。不法厂家不守正道,给人民群众的健康安全带来威胁,同时也葬送了自身发展的前程。面对名和利的考验,食药行业从业者必须修身洁行,坚守正道,时刻以守护人民群众的生命健康为己任,清清白白做人,干干净净做事。

---

① 习近平在中央政治局第十六次集体学习时的讲话[EB/OL]. (2014-07-09)[2022-11-30]. http://politics.people.com.cn/n/2014/0709/c1001-25255955.html.

2. 勤于律己

面对目前食药行业存在的贪污腐败、不作为、慢作为等现象,从业者在日常生活中要首当其冲做到勤于律己。从业者要不断强化自我修养,常怀律己之心,养成坚忍的意志品格和高尚的道德情操。

勤于律己,一方面要做到常自省。在工作和生活中,经常开展批评与自我批评,积极开展思想斗争,坚持真理,修正错误。自省的目的就是要让人认识自己的"短板",克服自己的缺点,这样才能不断升华个人的道德修养。真正的坚守正道是要能躬身自省,从自身做起,经常审视自己的思想,反省自己的行为,反思内心深处是否有贪财、好色、追求名利的私欲,反省工作和生活中,是否有违规出格的言行,进而在金钱物欲面前不乱分寸,抗得住诱惑;在歪风邪气面前站得住脚跟,经得起考验。

另一方面要做到常自律。在工作和生活中,做到自我约束、自我控制,不放纵自己的欲望和行为。这种自律不是强制性的,而是自觉、自愿、自动、自发的。对于食药行业从业者来说,自律是一种不可或缺的人格力量。增强自律意识、提高自控能力,做到在任何情况下都能稳得住心神、管得住行为、守得住清白,在立场上把握方向、在情感上把握原则、在行动上把握分寸、在生活上把握小节,才能时刻保持自律。

勤于律己,必先正心,心正则言实,身正则行端。北宋名臣包拯在端州(今广东肇庆)任职时,曾写过一首题为《书端州郡斋壁》的诗,其中说道:"清心为治本,直道是身谋。秀干终成栋,精钢不作钩。"他以此诗勉励自己,为官者应始终恪守清廉、勤于律己。《宋史·包拯传》中记载了这样一则故事:包拯在端州任职时,了解到过去的州官都借进贡的名义大肆采制端砚,用来贿赂高官显贵。他上任后严格规定每年按进贡之数采石制砚,任何人不得从中徇私谋利,并且正身律己,直到任期届满离去,也没拿一块端砚,用实际行动完成了自己立下的清心直道的要求。只有常修清廉之德,常戒非分之想,才能保持廉洁本色。

3. 敢于斗争

敢于斗争就是敢于同错误、不正之风做斗争。这种斗争要从自我做起、从小事做起、从一言一行做起,要不畏权威,敢于"亮剑",不趋炎附势,不同流合污。

一方面要敢于动真碰硬。当前,食药行业从业者存在着遇到问题总是讲困难、讲条件,为自己找理由、留后路,虚以应付、打退堂鼓的问题,遇到错误和不正之风也不敢说、怕惹事。长此以往,必然会对整个食药行业产生危害,危及行业生态环境。因此,敢于斗争就要敢于动真碰硬,在各种考验、困难、矛盾和危机面前,敢于挺身而出、敢于迎难而上、敢于承担责任。另一方面要增强斗争本领。敢于斗争的前提是善于斗争,掌握斗争的本领。食药行业从业者应掌握正确的斗争方式方法,把握斗争的"火候",在原则问题上寸步不让,在策略问题上灵活机动,在实践中锻炼增长本领。

这样斗争起来才有底气、才有力量。

上海理疗科医生陈晓兰,多年不懈地与医疗腐败现象顽强斗争。陈晓兰的打假开始于1997年。一天,陈晓兰的一位老病人向她求助,说医生非给他打一种"激光针",一打就很痛,人还发抖。于是,她就开始关注这个新进入医院的光量子氧透射液体治疗仪,她看到仪器上写的是"ZWG-B2型",说是"激光针",其实是紫外光。一次治疗收费40元,每开给患者一次,医生可以拿到7元提成。在经济利益刺激下,这种"激光针"使用越来越频繁。陈晓兰通过多种方式,发现这一医疗器械其实没有科学依据,且属于违法的物品,说是可以治疗57种疾病,事实上什么病也不能治。1999年3月15日,陈晓兰将这4家使用"光量子"的医院告到当地人民法院。同年4月15日,当地医疗保险局、医药管理局,作出了禁止使用光量子氧透射液体治疗仪的决定。"光量子"从此在当地销声匿迹。十余年来,因陈晓兰举报而被查处的伪劣医疗器械达20多种。在上海医疗界,陈晓兰名声在外,她去一些医院、诊所调查取证,很容易遭遇盯梢、阻拦甚至搜身,但她从未因此停止过与医疗黑幕做斗争。陈晓兰一辈子不向不正之风低头,勇敢挑起身上的责任重担,真正做到了清正廉洁,坚守正道,服务于人民。

任务二 案例分析

在食药行业发展的进程中,我们可以看到,但凡有所作为的食药学家,往往将清廉守道的食药道德规范铭记于心。孟绍菁医生就是这样一位值得食药人学习的楷模。她淡泊名利,专注治病救人。也有一些企业勇挑新时代的廉洁建设重任,山东鲁粮集团有限公司(以下简称鲁粮集团)坚持储好廉洁粮的管理运作模式和责任担当意识,为其他企业树立了榜样。反之,也有一些食药企业、从业者一心追名逐利,为利益所诱,无法做到清廉守道,最终会受到相应的惩处。葛兰素史克(中国)投资有限公司(以下简称GSK中国)在国内的行贿事件就给食药企业和从业者敲响了警钟。

一、孟绍菁:朴实无华,谱写绚丽生命之歌

1. 案例简介

西安交通大学第一附属医院普通外科专家孟绍菁教授,是"全国三八红旗手"获得者,也是"全国卫生系统职业道德建设标兵"。孟绍菁是廉洁行医、坚守正道的表率。她行医多年,从不收患者的红包、礼物。由于她的表率作用,肝胆外科曾被评为"陕西省廉洁行医的模范单位"。不收红包已成为肝胆外科始终坚持的传统。1996年4月,孟绍菁调任干部病房老年外科、干四病区主任,这个优良传统被她带到了干四病区。护士长曾想统计一下大家拒收红包、礼物的数量,孟绍菁只说了一句话:"不要统计了,患者的东西本来就不应该要。"

在生活中,孟绍菁十分俭朴,家里只有简单的几件家具,衣着只求干净朴素。她的早餐是在小吃摊上买的两个油饼;午餐,买一碗面条或在职工食堂解决。护士看在眼里,心中不忍,劝她增加些营养。她说:"上班下来实在太累了,没时间做饭。早晨还想早点儿去看看患者,中午下了手术更晚了,煮点面条方便些。"她把更多的精力留给了患者和自己热爱的工作。2014 年 10 月 18 日,孟教授因病不幸逝世,享年 81 岁。孟教授用从医的 57 个春秋,谱写了一曲绚丽的生命之歌。

2.案例解读

孟绍菁生活十分俭朴,她把所有的时间和精力都奉献给了医院和患者,始终专注于医药事业,不追名逐利。孟教授一生淡泊名利,坚守正道,始终保持着朴实无华的本色,她慎独慎微,不沉沦、不放纵,廉洁朴实的优秀品质令人敬佩。

二、鲁粮集团坚持储好廉洁粮

1.案例简介

鲁粮集团于 2017 年 8 月成立,承担全部省级储备粮油管理、政策性粮油综合交易等政策性任务。鲁粮集团党委明确了集团内各级党组织履行廉洁储粮的主体责任,党组织负责人是第一责任人,班子其他成员按照分工履行"一岗双责"。依据国家法律法规、粮油流通和仓储管理有关要求以及国有企业领导人员廉洁从业相关规定,鲁粮集团研究制定了《廉洁储粮若干规定(试行)》,量化"廉洁储粮"要求。鲁粮集团围绕粮食储备监管要求和粮食轮换流程、资金管理、安全生产等规定,梳理界定了 19 种违规行为,杜绝利用职权或职务便利牟取私利和损害企业利益、职工利益等违纪现象,进一步强化纪律刚性约束。鲁粮集团紧盯粮食储备重点领域和关键环节,对粮油收购和销售的价格形成、化验计量、合同管理等重要风险点提出明确要求,采取价格决策机制、规范业务流程及合同、实现扦样盲检、规范现场复检等一系列措施,将储粮责任量化、细化,层层落实到岗、到人,严把储粮入口关和出口关,最大限度加强对权力运行的制约和监督。鲁粮集团通过拓展监督范围、创新监督方式、加强廉洁考核,不断完善长效机制,引导全体干部职工树牢底线思维,认真履行自身职责,始终坚持储好廉洁粮。

2.案例解读

粮食安全是国家安全的重要基础,粮食储备的廉洁问题与粮食安全息息相关。面对国内外形势的深刻变化,储备粮管理也将面临许多新情况、新问题,"廉洁储粮"的要求在任何时候都不能放松。鲁粮集团通过多种方式方法,多渠道对储备粮管理工作的廉洁问题进行了有效的管理,严防漏洞,勇于承担责任义务,努力成为推动食品行业清正廉洁的忠诚卫士。

三、GSK 中国行贿案件

1.案例简介

GSK 中国是在华规模最大的跨国制药企业之一。2013 年 7 月,GSK 中国曝出行贿事件,引起社会广泛关注。GSK 中国利用贿赂手段谋求不正当的竞争环境,导致药品价格不断上涨。GSK 中国的部分高管由于涉嫌严重的商业贿赂等,被依法立案侦查。

为了打开药品销售渠道,完成高额销售指标、提高药品售价等目的,GSK 中国实行"以销售产品为导向"的经营理念,利用"没有费用,就没有销量"的销售手段,将贿赂费用预先摊入高于成本数倍、数十倍的高价药之中,最终转移到广大患者身上。GSK 中国利用旅行社等渠道,大肆贿赂医疗机构、医药相关协会组织等单位及其所属人员,要求他们向患者开 GSK 中国生产的药物,从而牟取非法利益数十亿元。涉案的 GSK 中国高管涉嫌职务侵占、非国家工作人员受贿等。旅行社相关工作人员涉嫌行贿并协助上述高管进行职务侵占。2014 年 9 月,GSK 中国被处以罚金 30 亿元人民币,数名被告被依法惩处。

2.案例解读

GSK 中国因不正当的销售理念和违法的销售手段,严重违背了清廉守道的食药道德规范,除了要承担巨额罚款之外,其企业形象也一落千丈,严重影响了企业的发展。GSK 中国行贿案件,无疑在国内外医药界投下了一枚重磅炸弹,敲响了业界警钟。食药企业一旦缺乏清廉守道的食药道德规范,缺乏抵制商业贿赂诱惑的自制力,就会迷失在利益的诱惑中,并会产生极其恶劣的社会影响。

任务三　养成训导

通过养成训导,进一步加深对清廉守道食药道德规范的理解。养成训导包括主题思考、能力拓展和养成评价三个步骤。主题思考就清廉守道相关的问题进行分组思考讨论;能力拓展就清廉守道设计实践活动,学习者参与体验,充分发挥组织、分析、归纳等能力,获得对清廉守道的体验感悟;养成评价是根据项目学习主题,学习者自行设计并完成实施方案,由导师进行评价。通过层层递进的三个步骤,让学习者通过思考研讨和实践活动真正领会清廉守道的意义,将清廉守道应用到实际学习、生活、工作中去。

一、主题思考

在食药企业中仍然存在一些不正之风和不廉洁的行为,请结合鲁粮集团坚持储好廉洁粮的案例和生活实际,谈一谈如何在生活、学习、工作中践行清廉守道的道德规范。

二、能力拓展

为加深对清廉守道规范的理解,并进一步将清廉守道规范内化于心,以下能力拓展供学习者根据自身学习条件和实际情况选择使用和参考。

拓展一:"青·廉同行"主题分享会

【拓展目标】

通过"青·廉同行"主题分享会,增强学习者对清廉守道的认知,引导学习者将清廉守道内化为职业情感和职业素养,养成清廉守道的道德规范。

【拓展设计】

1. 实施步骤

(1)活动宣传。通过食药道德课程、多媒体信息平台等形式做好活动前期宣传工作,让学习者了解活动的主题、流程、规则、目的和意义。

(2)素材准备。学习者以"青·廉同行"为主题搜集素材,以"我身边的廉洁故事"为主线,准备分享的内容,时间控制在5分钟以内,形式不限。

(3)初赛选拔。以文稿的形式上交分享的内容,选拔总人数的百分之二十参加故事分享会。

(4)故事分享。故事分享者依次上台分享内容,过程中可进行观众互动,导师点评。

(5)评选最优故事。分享会后,通过全场观众投票选出观众最喜爱的3个故事。后续以微信推文的形式,推送和宣传最受欢迎的廉洁故事。

2. 主要内容

以"青·廉同行"为主题,开展"我身边的廉洁故事"分享会。

(1)活动开场。播放开场视频,主持人介绍本次分享会的背景、意义、准备情况以及分享会流程、选拔规则、注意事项、奖项设置等。

(2)风采展示。故事分享者上台进行风采展示,视频介绍基本情况及准备情况。

(3)主题分享。故事分享者在5分钟内完成故事分享,导师进行现场提问。

(4)观众互动。观众可以对故事分享者进行提问或交流感想,并为最喜爱的3个故事进行投票。

(5)导师点评。导师根据分享者的表现进行总体点评,并宣布最终投票结果。

【拓展要求】

(1)分享的故事要求主题鲜明,内容充实,要体现对清廉守道的自身认识和观点。

(2)分享形式不限,可以是 PPT、视频、演讲、情景剧表演等。

（3）着装正式,举止自然,大方得体。

（4）结合分享主题撰写分享会心得。

拓展二:廉洁教育手绘海报大赛

【拓展目标】

举办以"清廉守道"为主题的廉洁教育手绘海报大赛,通过海报绘制,将清廉守道的规范内化于心,同时加强手绘海报的宣传分享,达到共学、共进、共勉的效果。

【拓展设计】

1.实施步骤

（1）活动宣传。通过食药道德课程、网络信息平台开展前期宣传工作,发布活动主题、流程、具体规则等,明确活动目的、意义等。

（2）组建团队。按自愿原则组建参赛团队,明确团队内部分工。

（3）前期准备。各参赛团队以廉洁教育为主题,自拟题目,搜集素材,开展绘制。

（4）组织比赛。现场各参赛团队依次进行海报展示。观众进行投票,评选一、二、三等奖若干。

2.主要内容

（1）比赛开始。主持人介绍本次海报大赛的主题、背景、意义、准备情况以及主要流程、注意事项、奖项设置等,介绍参赛团队和评委。

（2）海报展示。以团队的方式依次上台展示小组合作绘制的海报,并讲解海报主题及宣传的核心观点。

（3）评委点评。评委进行点评及打分,现场观众从食药道德规范的角度发表感想。

（4）投票评选。通过线下无记名投票的方式,依次为最喜欢的作品进行投票。

（5）宣布结果。根据每支队伍的评委评分、观众投票结果综合评选出获奖队伍。

【拓展要求】

（1）各团队在前期做好充分准备,充分查阅资料,围绕主题绘制海报,并制作PPT、撰写发言稿。

（2）海报要紧紧围绕"清廉守道"的主题,深刻地表达出小组对这一规范的认识和了解,并以多种形式阐明观点。

（3）海报可以发挥丰富的想象力,形式不限,但要求主题明确。

（4）观众和参赛者以活动为主题撰写心得体会。

三、养成评价

小组自行设计一个研讨交流方案,并完成表 2-6 的填写。在每组完成方案设计与实施之后,提交方案设计、方案实施过程记录和实施结果。

表 2-6　研讨方案设计

研讨参与人员			
时间		地点	
研讨主题	清廉守道食药道德规范学习体会		
研讨目标	1.掌握清廉守道道德规范的要领 2.理解食药行业清廉守道道德规范的必要性 3.增强食药行业从业者的清廉守道道德规范		
研讨方案设计			
方案研讨结论			
收获感悟			
导师评价			
导师评分	方案设计(30%)		总分:
	实施过程(40%)		
	实施效果(30%)		

👤 梳理与总结

　　清廉守道是食药行业从业者必须遵守的道德规范,做到清廉守道应坚持清正廉洁,坚守正道。一方面,要心存敬畏,秉公办事,淡泊名利。另一方面,要坚守底线,勤于律己,敢于同不正之风做斗争。学习孟绍菁医生廉洁行医、坚守正道的个人案例,从正反两方面了解鲁粮集团和 GSK 中国的企业案例,感悟清廉守道食药道德规范的重要性,深入思考,在实践中不断学习,主动践行清廉守道的食药道德品质,为食药行业的健康永续发展贡献自己的一份力量。

　　本项目知识脉络如图 2-6 所示。

图 2-6　知识脉络

思考与练习

思考与练习
参考答案

一、单选题

1.以下对坚守底线的认识正确的是（   ）。

A.坚守底线的最低要求是坚守法律底线

B.坚守底线由自己的内心随意决定

C.职位越低越不需要坚守底线

D.坚守底线只需在工作中执行

2.下列句子中没有表现出清正廉洁之意的是（   ）。

A."业精于勤，荒于嬉"　　　　　　　B."君子之心，常怀敬畏"

C."水定则清正，动则失平"　　　　　　D."君子义以为上"

3.下列对义利观的理解正确的是（   ）。

A.见利忘义　　　　B.先利后义　　　　C.以义制利　　　　D.见异思迁

二、多选题

1.淡泊名利，要做到（   ）

A.树立正确的名利观　　　　　　　　B.坚持社会利益与个人利益相统一

C.树立正确的义利观　　　　　　　　D.坚持物质追求与财富追求相统一

2.清廉守道的食药道德规范，具体体现在（   ）。

A.勤于修身　　　　B.秉公办事　　　　C.坚守底线　　　　D.敢于斗争

三、思考题

1.在生活中经常会有义与利冲突的情况出现，请联系实际谈谈在学习生活中如何树立正确的义利观。

2.请结合专业，设计一个以"清廉守道"为主题的校外宣传活动，并以小组为单位提交宣传成果。

项目七·仁爱奉献的养成

项目七 PPT

🎯 学习目标

1. 掌握仁爱奉献规范的解读,熟悉仁爱奉献的经典释义。
2. 通过案例分析和养成训导,具备分析、鉴别仁爱奉献规范的能力。
3. 主动践行仁爱奉献食药道德规范。

📖 任务设置

  食药行业肩负着人民的生命健康,从业者需以仁心仁术服务社会,具备仁爱且无私奉献的精神。在食药行业发展历程中,有很多具有仁爱奉献精神的人,如"志在救人,心欲济世"的孙思邈、"挂帅抗疫,济世救人"的钟南山等。他们不仅成就自我,而且心怀苍生,广施爱心善举,为人民健康保驾护航。仁爱奉献食药道德规范在我国食药道德思想发展过程中产生了巨大的影响,当代食药行业从业者要做到仁心、仁爱、仁术,将仁爱奉献的食药道德作为毕生的追求。

任务一　规范解读

经典语录

  "樊迟问仁。子曰:'爱人。'"

——《论语·颜渊》

  "爱人者,人恒爱之;敬人者,人恒敬之。"

——《孟子·离娄下》

  "凡大医治病,必当安神定志,无欲无求,先发大慈恻隐之心,誓愿普救含灵之苦。"

——孙思邈《备急千金要方·论大医精诚第二》

一、经典释义

  "樊迟问仁。子曰:'爱人。'"出自《论语·颜渊》,意思是樊迟问什么是仁,孔子说仁即"爱人"。"仁"是孔子儒学思想的核心。《论语》在对"仁"进行阐释的同时,奠定了"仁"学思想的核心内容是"仁者爱人"。儒家讲:"医乃仁术。"

"爱人者,人恒爱之;敬人者,人恒敬之。"出自《孟子·离娄下》,意思是爱他人的人,他人也永远爱他;尊敬他人的人,他人也永远尊敬他。孟子教导人们,你怎样对待他人,他人就会怎样对待你。所以要对他人友爱、尊重,要能够与他人和谐相处。

"凡大医治病,必当安神定志,无欲无求,先发大慈恻隐之心,誓愿普救含灵之苦。"出自《备急千金要方·论大医精诚第二》,意思是凡是医德和医术都好的医生治病,一定要安定神志,无欲无求。要有对他人的慈悲同情之心,要有拯救人类疾病困苦的仁爱精神和奉献精神。唐代医药学家孙思邈进一步发展了"仁爱观"。

【知识链接】

《论语》是春秋时期思想家、教育家孔子的弟子及再传弟子记录孔子及其弟子言行而编成的语录文集,集中体现了孔子及儒家学派的政治主张、伦理思想、道德观念及教育原则等。《论语》的思想主要有三个既各自独立又紧密相依的范畴:伦理道德范畴——仁,社会政治范畴——礼,认识方法论范畴——中庸。仁,首先是人内心深处的一种真实的状态,这种真的极致必然是善的,这种真和善的全体状态就是"仁"。孔子确立的仁的范畴,将礼阐述为适应仁、表达仁的一种合理的社会关系与待人接物的规范,进而明确"中庸"的系统方法论原则。"仁"是《论语》的思想核心。

经典赏析

《备急千金要方·论大医精诚第二》节选

凡大医治病,必当安神定志,无欲无求,先发大慈恻隐之心,誓愿普救含灵之苦。若有疾厄来求救者,不得问其贵贱贫富,长幼妍媸,怨亲善友,华夷愚智,普同一等,皆如至亲之想,亦不得瞻前顾后,自虑吉凶,护惜身命。见彼苦恼,若己有之。深心凄怆,勿避险巇、昼夜、寒暑、饥渴、疲劳,一心赴救,无作功夫形迹之心。如此可为苍生大医,反此则是含灵巨贼。

【译文】

凡是医德和医术都好的医生治病,一定要安定神志,无欲无求。要有对他人的慈悲同情之心,要有拯救人类疾病困苦的决心。如果有患者来请求医生救治病痛,无论是贫穷富贵,老幼美丑,是仇人还是亲近的人,是交往亲密的还是一般的朋友,是同种族的人还是少数民族,是聪明的人还是愚昧的人,都要一视同仁,对待他们都要像对待亲人一样,不能犹豫不决,考虑自身利弊得失,考虑自己的身家性命。看到患者有烦恼时,就像自己有烦恼一样,内心为之悲伤,不顾忌艰难险阻、日日夜夜、寒冬酷暑、饥渴和劳累,一心只想去救治患者,不能产生推脱和高高在上的想法,像这样的医生才是百姓心目中的好医生。与此相反,就是人民的大害。

二、要义阐述

食药行业与人民群众的生命健康紧密相关,在新型冠状病毒感染疫情防控中,我们看到了食药行业从业者用仁爱之心温暖民心,守护生命安全;也看到了他们用奉献之行迎难而上,筑牢安全防线。古往今来,仁爱奉献是食药行业从业者对职业精神的生动诠释和不懈追求,奋进在新时代,为了更好地满足人民群众对美好生活的需要,我们更应该全面深刻地领悟仁爱奉献的核心要义,做到"仁爱于心""奉献于行",这是食药道德规范的最终升华。

(一)仁爱于心

食药行业从业者必须怀有一颗仁爱之心。古人云"医者仁心",这里的"仁心"就是指仁爱之心。"仁"和"爱"两者是紧密联系、不可分离的,"仁"是"爱"理念的基础,"爱"是"仁"行为实践的体现。就食药行业从业者而言,投身健康中国建设,誓为人类的健康事业奋斗终身,是仁爱于心的具体体现。仁爱于心从其内涵上来说具有以下三个层次。

1.仁者自爱

仁者自爱就是要求食药行业从业者爱自己。首先,要做到认同自我。这意味着我们要尽可能地了解自我,并理智地看待、接受自己以及外界,能够精力充沛,热爱生活,不要计较一时的得失和挫折。正如庄子所说:"举世誉之而不加劝,举世非之而不加沮。"面对外界纷扰要保持定力,只有善于自我认同的人,才能在生活中处处管好自己的内心,淬炼平和的心性,不被燥气所吞噬。其次,要做到完善自我。在认同自我的同时也能主动寻找差距和不足,以积极进取的心态不断地向更加优秀的自己靠拢。食药文化博大精深,行业发展日新月异,作为食药行业从业者要不断查漏补缺,取长补短,尽可能地完善自我。最后,要做到超越自我。"天下事有难易乎?为之,则难者亦易矣;不为,则易者亦难矣。"不断地为自己树立新目标,并持之以恒地坚持下去,抱定"日进一寸,也有一寸欢喜"的积极心态,定能在食药行业迈向新征途上成就自我。

2.仁者爱物

仁者爱物就是要心怀天下,对万物皆有仁爱之心。一方面,仁者爱物思想倡导平等地对待天地万物中的一切生命,体现了追求人与自然和谐共生的生态理念。当前生态环境面临巨大的压力,温室效应、冰川融化、极端恶性天气等自然灾害频发,而我们的食物、药材皆取之于大自然,是大自然的馈赠。如果没有良好的生态环境,无异于竭泽而渔,又如何追求生命健康?作为一名食药行业从业者,更应懂得生态环境的重要性,仁者爱物是食药行业可持续发展之基,不滥杀、不滥食野生动物,全面保护动植物的生态环境,只有生态和谐才有人民健康。

另一方面,要珍惜劳动成果,杜绝浪费。这是继承和发扬中华民族勤俭节约的优良传统的体现,也是加强新时代公民道德建设的具体要求。对于食药行业来说,在食品和药品生产环节,要积极关注市场供需情况,不能恶意囤积食药原材料,要根据市场需求情况开展食药生产;在运输环节,要提高运输效率保证食药的时效性;在消费环节,要减少过度包装,按需提供不同产品规格的多元化选择,从而在生产、运输、消费等环节做到珍惜资源,减少浪费现象的产生。

【案例链接】

贵州茅台酒厂(集团)有限责任公司(以下简称贵州茅台集团)酿造的茅台酒是大曲酱香型白酒的鼻祖,是中国三大名酒"茅五剑"之一。贵州茅台集团的成功离不开大自然的馈赠,秉承"道法自然,天人共酿"的发展理念,它视生态环境为自己的生命,予以悉心的呵护。赤水河是贵州茅台集团的"母亲河",也是其发展的生态基底。贵州茅台集团从2014年起,连续10年,每年出资5000万元,累计5亿元专项资金,用于赤水河流域的生态环境保护。此外,贵州茅台集团还全力推进地方立法机构对区域生态环境保护立法,将"水、空气、土壤、微生物、文化遗产、规划建设"等领域作为重点立法保护对象,更好地保护不可复制的生态环境。贵州茅台集团的发展得益于良好的自然生态环境,这告诉我们,食药行业从业者要切实增强保护生态环境的行动自觉,像爱护自己的眼睛一样爱护生态环境。

3.仁者爱人

仁者爱人即推己及人,爱自己的家人、亲戚、朋友、同事、服务对象,为他人着想,能够从他人的角度来考虑问题,同情和尊重他人,倡导"己欲立而立人,己欲达而达人""己所不欲,勿施于人""克己复礼为仁"等思想。就食药行业从业者而言,仁者爱人在具体的工作中,主要体现为满足人民群众对食品药品安全的需求,不成人之恶,而要成人之美。

一方面要不成人之恶,严防食品药品安全事故。当前,随着国内外环境变化、人民生活需求水平提升、业态多样化发展等因素的变化,威胁食品药品安全的新情况、新风险不断产生,如食品药品领域非法添加物质、超限量和超范围使用添加剂、药物滥用、虚假宣传保健功能等问题反复出现,这些都是食药行业从业者需要高度警惕并提防的民生大事。食药行业从业者不仅要自身筑牢安全风险意识,在食品药品具体工作推进中也要依法合规,还要敢于同危害人民健康的食品药品安全事故做斗争,做人民群众的忠实守护者。

另一方面要成人之美，提升人民群众对食品药品安全的满意度。食品药品安全无小事，食药行业从业者要积极应对食药行业发展中的新情况新问题，运用新思维新方式、提供新产品新服务、发展新模式新业态、普及健康生活、优化健康服务、建设健康环境，努力从全方位、全周期保障人民健康，为实现中华民族伟大复兴的中国梦打下坚实的健康基础。只有成人之美，才能美美与共，推动食药行业高质量发展。

> **【案例链接】**
>
> 山东省鲁南制药集团股份有限公司前董事长赵志全，以"造福社会，创造美好生活"的赤子之心，满怀豪情，无惧艰难险阻，用自己的一生拼搏书写了创业者的传奇。他用27年的时间，把一个濒临破产的小企业建设成为一个拥有1万多名职工、60亿元净资产的现代化制药集团公司。同时，他积极回报社会，致力于捐资助学、打井修路、捐赠药物、抗震救灾、建设诊所、扶危救困等公益事业，捐款捐物近亿元，还为当地及社会人民群众提供了大量的就业机会。他无私奉献、心怀大爱，以崇高的精神树立了企业家的典范，先后荣获"全国劳动模范""全国十大杰出青年企业家"等称号，2016年9月被中宣部追授为"时代楷模"。赵志全改革创新服务人民、服务社会，他所具有的仁者爱人的精神，值得食药行业从业者尊敬和学习。

（二）奉献于行

奉献于行是指用实际行动为人民群众全身心地付出，积极承担社会责任，不求回报。奉献是一种美好的人生追求，也是一种高尚的道德情操。对于食药行业从业者而言，就是要把食药事业当成终生的事业来经营，自觉履行好职责，敢为人先，甘为人梯，用自己的专业知识、专业技能去研究食药、制作食药，守卫生命；秉持对人民生命安全负责

拓展阅读
涵养赤诚奉献的
时代品格

的态度，全身心地投入平凡而又神圣的工作中去，要能公而忘私，关键时刻冲到最前面，舍小家为大家，无私奉献。

1. 扎根岗位不负使命

首先，要脚踏实地，爱岗敬业。只有真正热爱自己职业的人，才能积极、主动地在劳动创造性上实现职业价值，为社会做出贡献。食药行业从业者要主动将工作与自己的人生目标、人生价值、人生幸福融为一体，发自内心地热爱自身的岗位，坚定执着地守好每班岗，心无旁骛地干好每件事，当好人民健康的忠诚卫士。其次，要勇于实践，敢为人先。实践是检验真理的唯一标准。扎根一线工作岗位，必须在实践中锻炼

提升能力,有针对性地补短板、强弱项,使自己的知识体系、专业能力与行业发展相适应、与岗位要求相匹配。食药行业快速发展,面临的新问题、新情况层出不穷。作为食药行业从业者,我们要勇于实践,要始终坚信在工作中才能发现真问题,只有反复实践才能找到问题的解决办法。最后,要无私奉献,甘为人梯。人民健康是社会文明进步的基础,食药行业从业者要甘为人梯,甘当铺路石,以无私忘我的精神境界服务于人类健康事业。

中国科学院院士袁隆平,在少年时代就许下了"愿天下人都有饱饭吃"的愿望。为了这最质朴的理想,袁隆平从 1964 年开始专心研究杂交水稻。为了人民,他将一生的精力都献给了杂交水稻,他不是在试验田,就是在去试验田的路上。在 90 多岁高龄时,他仍然坚持下田劳作,亲自为稻苗的健康、高质量产出"问诊把脉",将水稻的亩产量一次次提高:500 公斤、800 公斤……1000 公斤,一次又一次地刷新了世界纪录。袁隆平用毕生的艰辛从根本上解决了中国人的吃饭问题,让中国人牢牢地把饭碗掌握在自己的手中,兢兢业业,默默耕耘,凡事都身体力行。他是我们食药行业从业者学习的榜样,我们都应在工作岗位中拿出"俯首甘为孺子牛"的奉献精神,"踏石留印、抓铁有痕"的实干作风,"落红不是无情物,化作春泥更护花"的高尚情操,践行为人民生命健康保驾护航的崇高使命。

2.服务社会不负人民

食药行业从业者要坚守为民情怀。一方面,倾听人民群众的需求。我国迈入全面建设社会主义现代化国家的新征程,人民群众对食品药品的安全需求不断增长,做好食品药品安全工作要深入人民群众做调研,坚持以人民为中心的发展思想,从倾听民心中准确把握人民群众在食药领域的关注点和需求点,及时查找分析不足和原因,明确加强和改进各项工作的方向、措施。另一方面,要不断提升为人民服务的能力。从业者要把人民群众放在心中,时时刻刻与食药行业健康和高质量发展的要求对标、对表,处处与群众期待找缺补差。同时,列好问题清单,既要立足眼前,解决群众的具体问题,又要着眼长远,完善食品药品安全机制,从而把优质的服务送到人民群众身边。

食药行业从业者在立足本职岗位的基础上还要热心社会公益。扶贫济困、乐善好施是中华民族的传统美德,践行公益、传递爱心也是现代社会的基本价值。涓滴之水,汇聚成川,食药行业从业者可以选择参与一些力所能及的公益活动,如捐款捐物、社区服务、环境保护、知识传播、社会援助等。尤其是食药行业的健康发展,需要更多的社会力量参与,从业者可以积极参加食药普法教育、科普宣传、风险交流等专业性较强的社会公益活动,让公益活动因专业到位而更具魅力,在甘于奉献的大爱情怀中提升公益效果。

【案例链接】

在新型冠状病毒感染疫情刚刚发生的 2020 年春节前后，武汉正处于水深火热之中，口罩和医用防护服极其短缺。此时，全国大部分企业都已经放假，但稳健医疗集团有限公司（以下简称稳健集团）坚持春节不休假，稳健集团的员工牺牲了自己与家人团聚、休息的时间，奉献为人，坚持 24 小时奋战在生产医用口罩和防护服的第一线。他们希望通过自己的努力，能够为疫情中的民众以及奋战在抗疫前线的医护人员提供基础性的保障。一个月内，稳健集团共为武汉生产 11.47 万件医用防护服，提供 1.089 亿只口罩，其中 90% 的口罩都直接送往了一线医院。据统计，在春节前后，全国每天的口罩产量为 800 万件，稳健集团就承担了其中的 1/3。作为食药行业从业者，不能把自己的工作仅仅看作一份普通的职业，更应牢记这是一份致力于人民健康的崇高伟业，立志不懈追求，甘于奉献为人。

3.报效祖国不负时代

食药行业高质量发展是推进健康中国战略中的重要一环，这为从业者提供了充分发挥才智、施展才干的重要契机。食药行业从业者要以推动食品行业高质量发展为导向，不断精进专业技能，以高度的责任心和使命感努力破解食药行业发展难题，全面推进健康中国建设，为实现社会主义现代化建设添砖加瓦。

我国不仅维护本国公民的生命健康权，而且尊重世界人民享有平等的生命健康权。习近平总书记在第七十三届世界卫生大会开幕式上致辞，呼吁构建人类卫生健康共同体，将健康事业上升到人类命运共同体构建的新高度。[①] 这是新发展阶段赋予食药行业从业者的崇高使命，从业者要积极响应号召，与时代同频共振，以实际行动推动构建人类卫生健康共同体。

任务二　案例分析

纵观古今，一些食药名家都用自己的实际行动践行了仁爱奉献这一食药道德规范。神农氏尝尽百草，救治人民；药王孙思邈大医精诚，悬壶济世；钟南山院士挂帅抗疫，奉献为人，他们的举动体现的是家国情怀、济世情怀，都是仁爱奉献精神的生动写照。

---

① 习近平出席全球健康峰会并发表重要讲话[EB/OL].（2021-05-22）[2022-11-30]. http://paper.people.com.cn/rmrb/html/2021/05/22/nw. D110000renmrb_20210522_2-01.htm.

一、神农尝百草

1.案例简介

我国自古以来就有"神农尝百草,始有医药"的传说。神农氏本是三皇之一,出生在烈山的一个石洞里,传说他牛头人身,长大后被人们推为部落首领。他的部落在炎热的南方,称炎族,大家就称他为炎帝。

在远古时代,人们靠狩猎生存,但因为工具简陋,捕捉到的野兽往往不够吃。怎么解决吃的问题呢?炎帝就教大家耕田播种庄稼,种出粮食后让大家食用。他还带领大伙制作各种农具,大兴水利,教大伙识别五谷,种植百果,使人类能够世世代代地生存下去。因此,人们称炎帝为"神农"。

神农被尊为医药之祖,有"神农尝百草,一日而遇七十毒"的传说。远古时期,百姓以采食野生瓜果、生吃动物蚌蛤为生,腥臊恶臭伤腹胃,常有人受毒害得病死亡,寿命很短。在疾病面前,人类一点办法都没有,只能等死,神农心里很是焦急,为了济世救人,他决心要亲自尝遍所有的植物。这样就可以知道什么是可以吃的,什么是不能吃的;什么是有害的,什么是能够治病的。

神农为了辨别百草之滋味,了解百草之平毒寒温之药性,跋山涉水,行遍三湘大地,不惜"一日而遇七十毒",故先民尊他为"药神"。神农在尝百草的过程中,识别了百草,发现了具有攻毒祛病、养生保健作用的中药。他教民众食用不同的草药治不同的病,为"宣药疗疾"还刻了"味尝草木作方书",这便是中药学的发端。随着时间的推移,积累的药物知识越来越丰富,并不断得到后人的验证,逐步形成了中国最早的中草药学的经典之作——《神农本草经》。

2.案例解读

神农是传说中的人物,也可能是人们虚构的神话人物,但是他的故事世代相传,历代群众尊崇他、传颂他。神农氏拥有高尚的道德,忧心民间疾苦,为了让百姓摆脱疾病困扰,他亲尝百草,找出能够入药的植物,最终也在尝百草的过程中献出了自己宝贵的生命。正是这种舍身为人、无私奉献的崇高品德被历代尊崇并传颂。

二、药王孙思邈

1.案例简介

孙思邈(560—682),京兆华原(现陕西铜川市耀州区)人,是唐代著名的医药学家,他医术精湛,道德高尚。直至今日,孙思邈一直被人们所敬仰、传颂,并被尊称为"药王"。孙思邈儿时体弱多病,常常要请医生诊治,散尽家财,因此他立志从医,以医为终身事业,立志济世活人,将自己的全部精力都倾注于医学研究。孙思邈勤奋钻研名医著作并十分重视民间治病经验,为得一方一法,不惜千金,以求真传;常常不远千里、跋山涉水虚心请教,他辗转于五台山、太白山、终南山、峨眉山等地,采集药材、炮制药物、提炼丹药、深究药性。652年,孙思邈认真总结了唐代以前的医药理论、临床经验,并根据自己多年的医疗实践,终著成《备急千金要方》和《千金翼方》,为我国医药学的发展做出了巨大贡献。

孙思邈道德高尚,从医时一直秉承"仁爱济世"的理念。他一生以济世活人为己任,对患者具有高度的责任心和同情心,提出"大医精诚",要求医生对技术要精,对患者要诚。他认为,行医之人必须以解除患者的痛苦为唯一职责,对于其他应无欲无求,对待病患应一视同仁,没有高低贵贱、性别、种族之分。他始终践行自己的从医理念,用尽毕生精力全心全意救治患者,实现自己的从医志向。孙思邈被西方称为"医学论之父",是与希波克拉底齐名的世界医德名人,是后世医药人学习的楷模。

2.案例解读

孙思邈大医精诚,悬壶济世,深受世人爱戴,被后人尊称为"药王"。在行医过程中,孙思邈一直以"志存救济"作为一生追求的目标,他把人的生命看得比千金更贵重,对患者怀有仁爱奉献之心。他治病救人的事迹被人们口口相传,其影响经久不衰。

三、钟南山:84岁的抗疫逆行者

1.案例简介

2020年1月18日,在一列从广州开往武汉的高铁上,一位老人在餐车小憩的照片刷爆网络,引发热议。只见照片中的老人满脸疲惫,眉头紧锁,正在闭目养神,面前放着一摞摞翻看中的文件,这位老人就是84岁的抗疫逆行者、中国工程院院士钟南山。这一天,钟南山接到赶往武汉的紧急通知。时值春节前夕,当天已无航班赶往武汉,火车票也非常紧张。几番周折,钟南山才挤上了傍晚5点多从广州南开往武汉的高铁。上车无座,他被安排在餐车一角。因走得匆忙,他甚至没有准备羽绒服,只穿了一件咖啡色格子西装。

从2003年的"非典"疫情到2020年的新型冠状病毒感染疫情,钟南山已成为中国人民最为信赖的疫情防控的发言人之一。17年前,他领军战"非典",17年后,他又披挂上阵,四处奔波,冲到抗击新疫情的第一线,给全国人民吃下"定心丸"。2003年,钟南山院士说:"把重病患者都送到我这里来。"2020年,武汉疫情处于严重暴发阶段时,钟南山院士对全国人民公开表态:"我总的看法就是,没有特殊的情况,不要去武汉。"然而为了遏制疫情蔓延,84岁高龄的他不顾个人安危,义无反顾地冲到了武汉防疫的第一线。医者仁心,奉献为人,虽千万人,吾往矣。有媒体这样评价钟南山:他有院士的专注,国士的担当,战士的勇猛。他回应最多的一句话是:"我不过是一个看病的大夫。"

2.案例解读

钟南山为天地立心、为生民立命,他的所作所为,令人敬服。钟南山一路走来,支撑他前行的一是党和国家、人民对他的信任，这一家国情怀使他终生不渝；二是他自青少年时期就立誓以医报国、以医救人。他始终用自己的行动，投身医药行业，生动诠释医者的仁爱之心、学者的大义和奉献为人的情怀。

任务三　养成训导

通过养成训导，进一步加深对仁爱奉献食药道德规范的理解。养成训导包括主题思考、能力拓展和养成评价三个步骤。主题思考就仁爱奉献相关的问题进行分组思考讨论；能力拓展就仁爱奉献设计实践互动，学习者参与体验，充分发挥组织、分析、归纳等能力，获得对仁爱奉献的体验感悟；养成评价是根据项目学习主题，学习者自行设计并完成实施方案，由导师进行评价。通过层层递进的三个步骤，让学习者通过思考研讨和实践活动真正领会仁爱奉献的意义，将仁爱奉献应用到实际学习、生活、工作中去。

一、主题思考

舍身尝百草的神农、悬壶济世的药王孙思邈、抗疫逆行者钟南山，其事迹无不彰显了仁爱奉献的精神，获得了公众的广泛认可而被口口相传。请学习者采用头脑风暴的形式分组讨论仁爱奉献道德规范对于食药行业的时代价值，并完整记录头脑风暴的过程。

【知识链接】

头脑风暴法是由美国 BBDO 广告公司的亚历克斯·奥斯本首创的。该方法主要指价值工程工作小组人员在正常融洽和不受任何限制的气氛中以会议形式进行讨论、座谈，打破常规，积极思考，畅所欲言，充分发表自己的看法。

二、能力拓展

为加深对仁爱奉献规范的理解，进一步将仁爱奉献精神内化，以下训导拓展供学习者根据自身学习条件和实际情况选择使用和参考。

拓展一："传承经典，与爱同行"校园舞台剧大赛

【拓展目标】

"经典传承，与爱同行"校园舞台剧大赛，作为沉浸式体验教育的有效途径，通过在舞台上穿越时空与食药行业典范人物对话，让学习者获得更加真切的体验和触动，进一步领悟仁心、仁术、仁爱。

【拓展设计】

1.实施步骤

(1)学习者根据实际情况自由分组,且每组选取一名负责人。

(2)各组根据大赛的要求确定参赛剧本,开始参赛作品的排练,排练期间各组负责人要收集作品排练过程中的照片和视频(方便工作人员为大赛制作 MV)。

(3)各组负责人进行大赛表演顺序的抽签,并提交参赛剧本、参赛作品音乐、参赛作品及队伍简介表、作品排练照片及视频。

(4)决赛。最后以总分高低排序,分别评出一等奖、二等奖和三等奖。

2.主要内容

(1)播放开场视频,主持人介绍本次舞台剧的决赛流程、比赛规则、注意事项、奖项设置等,并介绍在场嘉宾和评委。

(2)参赛者上台演绎。

(3)观众互动。随机抽取观众为自己喜欢的团队助威。

(4)评委点评。从内容(40%)、舞台效果(20%)、表演(20%)、创新性(20%)四个方面对参赛代表团队表现进行打分并点评。

(5)宣布结果。

【拓展要求】

(1)舞台剧主题:选取在食药行业发展过程中具有仁爱精神的典范人物,通过查阅资料,根据史料展现该人物的人生历程,围绕"仁心、仁术、仁爱"三个层次以期破解食药行业从业者成长过程中关于职业素养养成、职业抉择、职业困境等方面的难题,由此给观众带来富有现实价值的启迪与思考。

(2)剧本内容应积极健康、构思新颖、内涵丰富,具有时代感和艺术气息。结尾需要用一两句话来阐述话剧中所折射出的意义。

(3)舞台剧参赛时间应该控制在 15~20 分钟,参赛时所需道具由各参赛团队自行准备。

拓展二:"养生约四季,健康你我他"送温暖公益活动

【拓展目标】

根据四季的变化,制作季节性养生饮品包,用专业知识服务校内外需要帮助的群体,为这些特殊群体送去健康,一方面可以让受众群体感受到食药文化之魅力,另一方面可以激发食药行业从业者用专业知识服务社会的仁爱奉献精神。

【拓展设计】

1.实施步骤

(1)集体商议,在导师的指导下选取健康饮品的品类。

(2)购买饮品所需用材,制作饮品健康礼包。

（3）结合传统节日文化，在特定的时间节点，如立春、夏至、冬至等特殊的日子，熬煮饮品，赠送食材包，进行食药科普，宣扬食药文化。

（4）利用微信公众号、网页新闻等做好实时宣传工作，弘扬食品药品安全志愿者奉献、仁爱、进步的高尚情操，让更多的人了解和喜爱食药文化。

2.主要内容

（1）选取特定的时间节点确定饮品主题，提前通过各类新闻媒体宣传造势，提高活动的关注度与参与度。

（2）现场赠送饮品，宣讲食药文化。现场可同时开展具有专业特色的趣味小活动，如与食药相关的猜谜语、对谚语等，进一步吸引参与者关注食药文化。

【拓展要求】

（1）活动尽量结合热点、关注点、痛点展开，以提高活动的参与度。

（2）活动需要凸显食药文化之魅力，围绕多元化主题打造系列活动，尽可能让每一位学习者都有参与的机会，扩大食药文化的影响力。

三、养成评价

小组自行设计一个研讨交流方案，并完成表 2-7 的填写。在每组完成方案设计与实施之后，提交方案设计、方案实施过程记录和实施结果。

表 2-7 研讨方案设计

研讨参与人员			
时间		地点	
研讨主题	仁爱奉献规范学习体会		
研讨目标	1.掌握仁爱奉献道德规范养成步骤 2.理解食药行业遵从仁爱奉献道德规范的必要性 3.增强食药行业从业者的仁爱奉献道德规范		
研讨方案设计			
方案研讨结论			
收获感悟			
导师评价			
导师评分	方案设计（30%）		总分：
	实施过程（40%）		
	实施效果（30%）		

👤 梳理与总结

仁爱奉献是中华民族的优良传统和高尚品德，也是食药行业在发展过程中积淀下来的重要道德规范之一。仁爱奉献要求食药行业从业者在追求个人理想的同时，还要有博爱的价值取向和强烈的社会责任感。一方面,从业者要自爱、爱人和爱物;另一方面,从业者要对人民、对社会、对国家有益,用忘我的奉献精神诠释责任与担当。神农氏尝尽百草,救治群众;孙思邈大医精诚,悬壶济世;钟南山挂帅抗疫,奉献为人,他们都是仁爱奉献精神的生动写照。食药行业从业者要像他们一样在实践中主动践行仁爱奉献食药道德规范,携手共筑健康中国。

本项目知识脉络如图 2-7 所示。

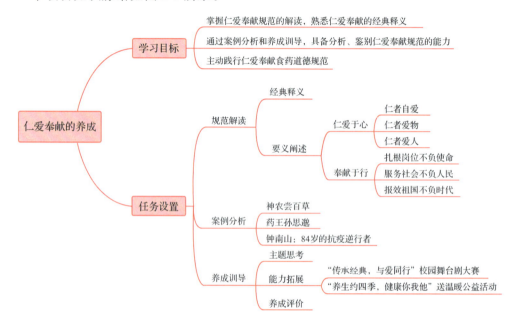

图 2-7　知识脉络

思考与练习

思考与练习
参考答案

一、单选题

1.下列诗句中不能体现仁爱的是(　　　)。

A.己所不欲,勿施于人

B.己欲立而立人,己欲达而达人

C.踏石留印、抓铁有痕

D.爱人者,人恒爱之,敬人者,人恒敬之

2.以下被尊称为"药王"的是(　　　)。

A.孙思邈　　　　　　　　　　B.张仲景

C.神农氏　　　　　　　　　　D.叶天士

3.以下哪一选项不能体现仁者爱物的价值理念（　　）。

A.减少产品过度包装　　　　　　　B.杜绝食品浪费

C.完善生态保护法律　　　　　　　D.捕杀野生动物

二、多选题

1.仁爱思想可以划分为（　　）三个层次。

A.仁者自爱　　　　B.仁者爱物　　　　C.仁者爱人　　　　D.克己复礼

2.人生的意义不在于索取,而在于奉献。下列关于奉献的说法正确的有（　　）。

A.奉献表现为在国家和人民需要的关键时刻挺身而出

B.奉献是一种真诚自愿的付出

C.奉献是一种崇高的精神境界

D.奉献是美好的人生追求

三、思考题

1.奉献的定义是什么?

2.公益活动是在不收取劳动报酬的情况下,主动承担社会责任,凸显了仁爱奉献的道德规范。请结合实际,谈一谈你可以参与哪些公益活动?

3.结合所学知识,谈一谈中国在全球抗疫过程中展现出的仁爱奉献精神。

食药道德典型案例

食药道德实践是食药行业从业者在工作、生活中受到食药道德规范影响而进行的个体或群体活动。食药道德实践会随着社会经济的发展、科学技术的进步而不断发展,随着社会关系的变化而变化。通过食药道德实践,能够将理论和实践有效融合,提升学习者食药道德规范修养。

在食药道德养成实践的基础上,选取真实典型的食药企业的食药道德实践案例,通过深入剖析案例,解读食药企业品牌、文化、经营理念中所蕴含的敬畏生命、厚德博识、质量至上、诚实守信、精进创新、清廉守道、仁爱奉献七大食药道德规范,引导学习者更好地吸收、内化食药道德规范。本模块设置了案例描述、规范分析、调查体验三个任务。列举具有代表性的七大食药企业的食药道德规范实践案例,通过分析、解读实践案例,提炼案例中体现的食药道德规范,让学习者能够了解食药企业践行食药道德规范的实际情况,进一步加强学习者对食药道德规范的理解和内化;结合案例,开展切实可行的调查和实践体验活动,加强学习者对食药道德规范的体验,引发学习者共鸣,最终达到食药道德规范自律的目标,具有重要的现实意义。

项目一 · 中国北京同仁堂（集团）有限公司食药道德实践案例

项目一 PPT

🎯 学习目标

    1.了解同仁堂食药道德实践案例。

    2.理解并掌握同仁堂食药道德实践案例中体现的诚实守信、质量至上、清廉守道的食药道德规范。

    3.结合案例开展调查研究，践行食药道德规范，提升食药道德修养。

📖 任务设置

任务一　案例描述

    同仁堂品牌始创于清康熙八年（1669），清雍正元年（1723）起为清宫供御药 188 年，历久不衰，成为享誉世界的"中华老字号"。同仁堂的中医药文化、传统中药材炮制技艺、安宫牛黄丸制作技艺，被列入国家非物质文化遗产名录。同仁堂商标在世界 50 多个国家登记注册。同仁堂在全球共开办零售终端近 2000 家，开办医疗机构 300 多家。许多游客到北京的"必修课"，除了登长城、吃烤鸭，就是参观同仁堂。

诚信的自觉

    在当今快速更迭的市场经济驱动下，科技的进步推动了许多技艺的精进，但同仁堂始终坚持"炮制虽繁必不敢省人工，品味虽贵必不敢减物力"的原则，以万分的真诚坚守着根基，不让先人的承诺失信于当下。近几年，同仁堂的香砂枳术丸因缺货而被顾客质疑饥饿营销，但真实情况并非如此。由于气候异常、种植环境变化等，枳实橙皮苷含量不达标，很难找到符合标准的原料。为了保证质量，同仁堂暂停了香砂枳术丸的生产。药材等级不够，决不下料，决不以次充好，同仁堂的"缺货"反而是对消费者的一种负责和诚信之举。除用料必须精良以外，在进行制药时，僵蚕不能用僵蛹代替,一斤十六头的人参不能用三十二头的小参代替,七珍丹中的寒食,必须在春天柳树发芽时制造,大蜜丸所用之蜂蜜,必须专用河北兴隆的枣花蜜……"遵肘后",严格依方配药,不得更改;"辨地产",坚持用地道、纯正、上等药材。这是同仁堂对两个"必不敢"诺言的实践。

诚信是经营的底线,自律则为诚信的根基。顾客可能看不见制药的过程,但是制药的人一定要对得起天地良心。同仁堂的员工信奉"修合无人见,存心有天知"。这种自律使他们从"不敢"走向了"不想",使诚信既成为一种自觉,也成为一种传承。

在文化传承中塑造人

同仁堂经历了公私合营、国有企业、股改上市等多个体制机制的变化,但是其文化一直未丢,也未变。对于每位新来的员工而言,首要之事便是传承同仁堂文化。早前多是老师傅的言行传教,现在则会有专门的培训。老师傅曾指着同仁堂门上的"必不敢"对联,向同仁堂人谆谆叮嘱:"这不是对联,而是箴言。"同仁堂的文化不只在于规范其职工的行为,更在于塑造一个人。同仁堂人在不断的历史重读中,将同仁堂的文化积淀下来、传播出去。

这种文化传承还能促进同仁堂的员工心同、志同,并肩协力。这便是《周易》的"和同于人"思想与同仁堂文化的契合之处。《周易》中有"同人于野,亨,利涉大川。利君了贞",意为能与众人同心协力跋涉于野外,有利于君子坚守正道。同仁堂的文化传承,正是要塑造这样共同坚守正道的人。

质量是 300 多年的坚持

对于所用药材,同仁堂一直有自己独特的原则——"取其地,采其时",讲究的就是道地二字。人参用东北吉林的,蜂蜜专用河北兴隆的,白芍用浙江东阳的,大黄用青海西宁的,山药必须是河南的光山药,枸杞必用宁夏所产……这也许就是"品味虽贵必不敢减物力"吧。对于药材的加工炮制,同仁堂的要求更是苛刻。为了使药品更安全,黄连必须一根根地去掉须根;远志必须人工去除有副作用的芯。为了使药品口感更佳,一直坚持使用 80 目的箩过筛;为了保证紫雪丹的效力,一直坚持使用"金锅银铲"等。这些在外人看来是微不足道的举措,却处处彰显着"炮制虽繁必不敢省人工"的熠熠之光。正是因为有了这份对老传统的坚守,以及发自内心对药品质量的高标准高要求,才能够使这家药店成为御药供应商,逾数百年风雨而不衰。

义利相争,公义为先

相关资料记载,普施善举是同仁堂百年来的坚持。为进京赶考的举子赠送平安药,通过冬设粥厂夏送暑药,施义棺、办义学等方式救济穷苦百姓,自筹资金创办消防水会……1988 年,上海"甲肝"流行,当时具有抗病毒作用的板蓝根一药难求,同仁堂坚持按原定价售卖之余,还派专车将药品送往疫区。1998年,南方发生特大洪水,同仁堂将价值400多万元的药品及时送往灾区。2003年,"非典"肆虐北京,同仁堂毅然拿出1000万元平定中药市场价格,甚至停掉其他产品生产线以增加急需药品的供应,独自承担了近700万元的损失。"以义为先,义利共生",这是同仁堂的古训,也是同仁堂的价值观。只要利不要义的企业,一个个都倒下了,而同仁堂却屹立百年不倒,其中道理就在于此。

(来源:根据同仁堂官网公开资料编写。)

任务二 规范分析

一、诚实守信是同仁堂百年发展之根

子曰:"人而无信,不知其可也。"诚信要求人们真心实意,诚实不欺。我国宋代史学家司马光说:"国保于民,民保于信。"在竞争日趋激烈的现代经济社会中,企业诚信文化的重要性日益凸显,企业文化自信对企业经营管理、战略目标的制定具有指导性作用,良好的诚信文化能推动企业健康持续发展。在食品药品的生产和经营过程中,诚信是企业生存和发展的基石,是最好的竞争手段,也是交易过程中的安全保证。

同仁堂以"诚信为本、药德为魂",始终保持着"配方独特、选料上乘、工艺精湛、疗效显著"的制药特色。俗话说:"药材好,药才好。"制一丸好药,揉入的不只是药材,更是制药者的手艺和良心。为了保证制药品质,他们将"炮制虽繁必不敢省人工,品味虽贵必不敢减物力"写入"堂训",刻上楹联,时时警醒,代代相传,做出一丸丸实打实的"诚信药"。也正是坚守诚实守信的道德规范,让同仁堂作为老字号,能在残酷竞争中处于不败之地,并在中医药企业中脱颖而出成为"领头羊"。

二、质量至上是同仁堂百年发展之魂

2015年7月16日,习近平总书记在吉林调研时指出:"药品安全责任重于泰山。保障药品安全是技术问题、管理工作,也是道德问题、民心工程。"[①]确保药品安全的核心就在于坚持质量至上。质量是生产中的生命线。2016年,同仁堂荣获中国质量奖,成为四个奖项获得者中唯一的一家制药企业。"中国质量奖"是中国质量领域的最高荣誉,旨在表彰在质量管理模式、管理方法和管理制度上取得重大创新成就的组织和为推进

拓展阅读
中国质量奖

---

① 习近平在吉林调研时的讲话[EB/OL]. (2015-07-18)[2022-11-30]. http://www.xinhuanet.com/politics/2015-07/18/c_1115967338.htm.

质量管理理论、方法和措施创新做出突出贡献的个人。同仁堂从中国数以万计的企业中脱颖而出斩获中国第一质量大奖，背后是同仁堂 300 多年来对质量的不懈追求。

同仁堂有一条千古不变的规矩："同仁堂不卖假药。"质量是同仁堂生存发展之魂，也是企业实现"做长、做强、做大"的前提和基础，同仁堂历代继业者始终恪守古训，将质量作为企业管理的重中之重，不敢有丝毫怠慢。从历史上看，同仁堂职工严格的自律意识以及百年供奉御药期间无形的外在压力所形成的"质量至上、安全第一、疗效确切、万无一失"的责任和理念深深影响着同仁堂一代又一代人，构成了同仁堂独特的质量文化。如今，同仁堂虽已发展成为现代化的企业，但讲求质量的传统本色没有变，讲求质量的方法更科学。同仁堂引进了现代科技手段，实现了全面质量管理，从组织货源、药材鉴别、质量检测，到各道生产工序，再到合格出厂，建立了四位一体的全面质量控制体系。质量是同仁堂永恒的主题。与此同时，同仁堂还为"质量"赋予了更加深刻而广泛的内涵，即在确保产品质量的基础上，还要不断提升服务质量、经营质量、过程质量和工作质量，从而使企业健康发展。

三、清廉守道是同仁堂百年发展之基

清廉守道是食药企业长久发展的基石，也是同仁堂百年间始终有好口碑的原因之一。只有在危难时刻承担应尽的责任与义务，才能共克时艰、共赢发展。"以义为上，义利共生"是同仁堂的古训，其深刻内涵就是以义取利，不取无义之利；尤其是当义、利发生矛盾时，坚持以义为上、为先，先义后利，以义取利。同仁堂坚信在生产经营中只有把"义"放在首位，以崇高的社会责任感，讲求社会大义，利润才会滚滚而来；坚信重义才能取信于市场，有了信誉才能盈利。从长远战略角度看，企业经营无义即无利，小义即小利，只有大义才能有大利，它反映的是企业当前利益与长远利益的关系，也是同仁堂三百年来的生存哲学。

无论利小、利大，无论市场风云如何变幻，同仁堂人始终抱着"以义为先"的信念经营。从历史上的善举到对重大突发性公共卫生事件的鼎力相助，都是同仁堂清正廉洁、坚守正道的表现。

任务三　调查体验

步骤一：评估准备阶段

组建若干活动小组，与走访企业进行沟通，准备调查体验活动过程相关的设备、用品等。

步骤二：实践探究阶段

在导师的指导下，小组依据活动具体要求，熟悉活动目的、流程及内容要求，明确活动要探究的关键问题及难点问题。

活动一：调研走访

结合案例，组建调研小组，对同仁堂本地分店进行调研走访。

（1）通过浏览公司网站、查找文献、翻阅报刊等途径收集与同仁堂文化相关的资料，特别是能体现公司食药道德做法的相关资料，再结合案例进行分析。

（2）制订调研计划，实地参观走访同仁堂本地分店，了解公司的企业文化和经营理念，感悟食药道德规范的重要性。

（3）结合调研与走访，开展小组内讨论，形成对同仁堂本地分店践行食药道德规范的认知，并完成表 3-1 的填写。

表 3-1 食药道德规范调研记录

调研主题			
调研时间		调研企业	
调研人员		企业地址	
调研目标			
调研内容			
走访过程记录			
道德规范感悟			

活动二："廉心药语"进社区宣传活动

中华文明历史悠久，各种文化间有着千丝万缕的联系。人们常常以植物为载体、以植物咏志、以植物喻廉，以植物诠释廉洁人生。结合百年同仁堂传承的企业文化，探索中医药文化中的廉洁元素，开展"廉心药语"进社区普及宣传活动，让清廉文化走进百姓生活中。

（1）组建活动团队。以 4～6 人为一小组，确定小组内部人员分工。

（2）查阅相关资料。通过查阅报刊、浏览相关网站、翻阅相关典籍等途径收集中华传统文化中与廉洁相关的诗句、中药材中与廉洁相关的元素等，确定本小组主要宣传的内容及形式。

（3）制作宣传材料。结合同仁堂企业的案例及收集的材料，完成"廉心药语"宣传资料的整理与制作，宣传材料形式不限，如手册、照片、视频、海报等。

（4）完成宣传活动。就实际情况联系本地有合作意愿的社区，在社区内部采用定点摆摊式和流动走访式对社区居民进行宣传，宣传形式不限，只要达到宣传效果即可。

(5)在活动结束后上交表 3-2 活动记录。

表 3-2 活动记录

活动主题		
小组成员		
活动时间	活动地点	
目的与意义		
方式方法		
活动过程记录		
道德规范感悟		
活动感悟及建议		
活动照片		

【廉心药语链接】

荷叶——"清热止血"利廉洁

《本草纲目》中记载,荷叶有"活血止血、祛湿消风、清心凉血和清热解毒"的效用。荷叶在淤泥中生长,却依旧保持干净的外表。寓有清廉纯净之意,其功效可治人,品性可医心。翻开中华文明的历史画卷,爱莲叶之人甚众,关于莲叶的诗词也不计其数。莲叶所蕴含的清廉品质和不染污浊的高尚品格,便成为一直以来众多诗人心中的精神标杆。

首乌——"九蒸九晒"护廉洁

首乌,它不仅仅是一种药材,更是中华五千年传统文化的象征,古人在不断地试验中才悟出"九蒸九晒"的复杂炮制过程,在每一蒸每一晒中,人与药的品性得到了锤炼和升华。作为新时代的青年,我们更应该以生活中或大或小的磨难来磨砺自己的品行,走出舒适圈,抵制邪念与恶念,方能守护一颗廉心!

活动三:实习实训

结合案例,组建体验小组,到同仁堂本地分店实习实训,在实习实训中体验公司践行食药道德的情况。

(1)在导师的指导下,小组设计实习记录表,其中实习方案设计为关键点,包括实习体验的目标、具体内容、要求和工作步骤等,填写表 3-3。

(2)在导师指导、组长带领下,前往相关企业开展短期实习实训,建议每个实习小组人数控制在 5 人以内。

(3)完成实习实训,开展小组内讨论和心得体会分享,着重分析实习实训中对诚实守信、质量至上、清廉守道等食药道德规范的感悟和践行。

表 3-3　食药道德规范实习实训记录

实习实训时间		实习实训企业	
实习实训目标			
实习实训内容			
实习实训要求			
组员岗位及职责			
实习实训过程记录			
道德规范感悟			

步骤三：完成体验报告

(1)各小组在活动后，以小组为单位完成活动体验表相关内容。

(2)活动小组撰写完成食药道德规范体验报告。

(3)将相关活动记录表和食药道德规范体验报告交给导师，导师依照活动实施的具体情况和小组道德规范体验报告进行点评，对相关主体进行评分，并完成表 3-4 的填写。

表 3-4　食药道德规范体验活动总评

活动参与人员			
活动参与时间		活动内容	
体验报告内容			
导师评语			
活动评分	小组自评(10%)		总分：
	导师评价(60%)		
	企业评价(30%)		

👤 总结反思

通过仔细研读同仁堂的经典案例，领悟企业在百年的发展中所体现出的食药道德规范。通过实践、调研等活动，加深对该案例中所体现的食药道德规范的理解和认识。同仁堂人秉持"诚信为本，药德为魂"的经营理念和"德、诚、信"三字企业真经，既保证了"疗效显著"的好口碑，也实现了"济世养生"的企业理想。同仁堂将诚实守信、质量至上、清廉守道食药道德规范深深地融入企业发展的价值取向和员工行为准则中，立志以服务人类健康为己任，并不懈追求。

项目二·中国医药集团有限公司
食药道德实践案例

项目二 PPT

📖 任务设置

任务一　案例描述

作为中国医药产业的"共和国长子"，国药集团把"履行中央医药企业的政治、经济、社会责任，确保国有资产保值增值，保障社会公共卫生安全和人民生命健康"作为集团神圣使命，明确将"创建行业领先具有国际竞争力的医药集团"作为集团战略目标。

打造形象树理念　文化建设彰显作用

国药集团始终高度重视企业文化建设，经过多年的积累和沉淀，已逐步形成了独具特色的国药企业文化和品牌形象。在集团成立之初，即导入了企业形象识别系统，全面统一了集团标识形象，把"关爱生命，呵护健康"作为企业理念，还创作完成了司歌《关爱生命》。国药集团企业文化已渗透到企业经营管理和员工的日常行为中，在塑造企业品牌形象，提高企业核心竞争能力，增强企业凝聚力和员工归属感，实现企业健康发展和企业价值持续增长等方面发挥了积极作用。

在建设企业文化的过程中，国药集团坚持以人为本，关心员工成长，组织开展国药青年榜样评选等集团特色文化活动，其中青年榜样评选活动旨在评选出在践行"关爱生命，呵护健康"企业理念过程中表现极为突出者，集中展示新时代国药青年的精神品格和价值追求。通过特色文化活动促使员工向榜样看齐，向企业核心理念看齐，能够与企业荣辱与共，共同奋斗。

产业"国家队"责任所系使命所在

拓展阅读
《国家医药储备管理办法》
（2021 年修订）

新型冠状病毒感染疫情防控任务艰巨，国药集团迎难而上，在发挥医药流通体系优势应急保供方面，按照中央医药储备调配指令，在最短的时间内完成任务部署、货源组织、运输配送等工作；在发挥生产企业产能优势保障急需方面，国药集团各生产企业应急复产复工，从产品、产能、技术、排期等多个方面进行了全面部署，扩大产能，加班加点生产抗击疫情急救药品，全力保障市场供应；在发挥医疗机构专业优势全力救治方面，国药集团所属的 139 家医疗机构、2 万余名医护人员，全部参与医疗救治工作，尤其是湖北地区 6 家医疗机构 4200 余名医护人员，始终奋战在疫情防控前线。

此外，国药员工也积极担当防疫一线志愿者。新华社专题报道了"'铁人'最后奋战的 17 天"催泪事迹：陕西国药器械有限公司 54 岁的员工贺宇龙，2022 年 1 月 8 日，因突发脑梗倒在他最熟悉的驾驶座上。在倒下前的 17 天里，他是陕西省红十字会的一名志愿者，像"铁人"一样，风雪无阻，为 50 多家防疫单位配送防疫物资 60 余次、5000 多件，配送距离超 3000 公里。

国药集团坚决履行央企责任，以"关爱生命、呵护健康"为核心理念，信守承诺毫不含糊。国药集团旗下有 9000 余家零售药店，在市场供应十分紧张的情况下，带头做出郑重承诺："绝不涨价！保证质量！"全部医药商品一律平价销售，仅北京市就有 58 家定点药店平价销售口罩、酒精、消毒液等防护用品；面对配送车辆和人员缺乏等困难，药店职工主动用私家车运送物资，还发动亲属当"义工"，免费为顾客取药送到家里，解决特殊时期购药"最后一公里"难题。

直面"危"与"机" 为自主研发保驾护航

面对百年未有之大变局，想党之所想、急国家之所急、盼人民之所盼，这是大国央企的责任所系，也是国药人的使命所在。国药集团以保障人民生命安全和身体健康为切实目标，勇于担当、敢于作为。在抗疫关键时刻，国药集团发挥药品研发科技优势，第一时间成立研发攻关团队，以战时状态组织医药科研攻关队伍取得了以快速可便携式核酸检测试剂盒、康复者血浆治疗方法、特异性免疫球蛋白和灭活疫苗为标志的一系列领跑全球的重大创新性成果。

大国重器责任担当 中国创新方显底气

国药集团跑出中国创新速度，更输出中国创新标准。在新型冠状病毒感染疫情暴发初期尚无特效药的情况下,国药集团在国内率先提出康复者恢复期血浆疗法,受到全球医疗界的关注;康复者恢复期血浆疗法"走出国门",在许多国家和地区推广使用,挽救了更多人的生命。

国药集团在抗击新型冠状病毒感染疫情"可诊"领域的三款诊断试剂、"可治"领域的两款特效药、"可防"领域的三条技术路线中研发的四款新型冠状病毒疫苗共 9 款产品,分别亮相 2021 年中国国际服务贸易交易会、第二届中非经贸博览会和迪拜世博会。国药集团胸怀"国之大者",大力弘扬新时代国药精神,全力以赴推动"四梁八柱、百强万亿"创新驱动型战略规划,力争以更多科技创新成果为全球抗疫和构建人类卫生健康共同体贡献中国智慧、中国力量。

(来源:张蓝飞.刘敬桢:胸怀"国之大者"锻造全球竞争力[EB/OL].(2021-12-19)[2022-11-30].http://www.sinopharm.com/s/1223-4131-39957.html.)

任务二 规范分析

一、敬畏生命是国药集团的品牌理念

敬畏生命就是对生命保持既崇敬又畏惧的态度。崇敬是因为世间所有生命的坚韧和伟大,畏惧是因为需要对神圣而又脆弱的生命保持小心翼翼的态度。只有对生命保持敬畏之心,才能更好地关爱生命、呵护生命。

"关爱"是国药集团的品牌标识"生命之心"的重要含义之一。"关爱生命,呵护健康"是国药集团的品牌理念,国药人视之为自己的崇高使命和永恒追求。"关爱生命"是在对生命神圣有深刻理解并敬畏的情况下能够做出的行动。"呵护健康"体现了国药人对全人类生命和健康小心翼翼的态度,是对生命真正保持了敬畏之心。国药集团把"关爱生命,呵护健康"写入了国药集团司歌《关爱生命》。国药人向全世界做出这个承诺,并一直用行动履行承诺,用实力兑现承诺。

二、仁爱奉献是国药集团崇高的追求

仁爱既是儒家的核心思想和首要价值,也是中华优秀传统文化的最高道德原则和人格理想。奉献是不求回报的给予,奉献者付出的是青春、汗水、热情,是一种无私的爱心,甚至是无价的生命。奉献虽然没有收获物质上的回报,但收获了无穷无尽的精神上的回馈。仁爱与奉献的基础都是大爱无疆。仁爱之人也必有一种伟大的担当奉献精神。"医者仁心,竭力奉献"是医药行业从业者应当奉行的宗旨。

"哪怕风雨飘荡,关爱一如既往。每次牵手,总为健康播撒阳光。"国药集团司歌《关爱生命》,不仅唱出了国药集团精神的上善若水、大爱无疆,也唱出了仁爱与奉献的担当。怀着这份仁爱,国药集团始终牢记作为中国医药产业"共和国长子"的责任和使命担当,把"保障社会公共卫生安全和人民生命健康"作为其神圣的使命。企业精神的大爱无疆体现了医药人的仁爱之心。国药集团牢记社会责任和使命担当,在抗疫过程中坚持人民至上、生命至上、奉献为人,加班加点,扩大产能,同时保证其下属 9000 余家零售药店在市场供应紧张时"绝不涨价! 保证质量"。在抗疫过程中,国药集团进一步发挥了中国新型冠状病毒疫苗作为全球公共产品的重要作用,不仅造福国人,也一直为全球抗疫积极贡献力量。

三、精进创新是国药集团不竭的动力

精进创新就是精益求精,变革创新。医药企业在生产医药健康产品时,一方面要精益求精,追求卓越,确保产品的高质量;另一方面还需要不断尝试变革和创新,才能攻克技术难题,研发出新产品,实现新发展。精进创新对于医药和食品企业来说尤为重要,首先要精益求精,对产品和管理都保持高质量、高要求;然后要在保证质量安全和健康的基础上勇于打破常规,进行变革和创新,不仅要创造新产品,还要通过创新实现企业整体效能提升。

国药集团标识"生命之心",释义:上善若水,大爱无疆。"上善"体现了国药人追求至善至美,"水"体现了国药人滴水穿石的毅力。"上善若水"凝练了国药人精益求精、追求完美的精神品质。作为国家创新型企业,依托强大的研发实力,国药集团敢于打破常规,优选技术攻关路线。国药集团跑出了中国创新速度,在第一时间研发出新型冠状病毒核酸检测试剂盒,成为国家药品监督管理局第一批推荐使用的检测试剂产品;输出了中国创新标准,在疫情暴发初期尚无特效药的情况下,国药集团率先提出康复者恢复期血浆疗法;展现了中国创新实力,研制成功特异性免疫球蛋白和灭活疫苗。这一系列成就都是领跑全球的重大创新性成果,为保障全人类健康做出了积极贡献。精进创新始终是国药集团行动的方向,为国药集团锻造了全球竞争力,是其不断发展前行的动力。

任务三 调查体验

步骤一:评估准备阶段

组建若干活动小组,与走访企业进行沟通,准备调查体验活动过程相关的设备、用品等。

步骤二:实践探究阶段

在导师的指导下,小组依据活动具体要求,熟悉活动目的、流程及内容要求,明确

活动要探究的关键问题及难点问题。

活动一：国药集团下属企业或其他医药企业调研走访

结合案例，组建调研小组，对本地区国药集团的下属企业或其他医药企业进行调研走访。

（1）通过浏览公司网站、查找文献、翻阅报刊等途径收集国药集团下属企业或其他医药企业的相关资料，特别是能体现企业食药道德做法的相关资料，再结合案例进行分析，获得体会。

（2）实地参观走访本地国药集团下属企业或其他医药企业，了解企业的品牌标志、品牌理念文化活动等，如观看国药集团企业发展之路纪录片、聆听企业品牌标志来源故事、感受企业员工在抗疫期间的动人事迹等，进一步感悟企业对食药道德规范的践行。

（3）结合调研走访，开展小组内讨论，形成对企业践行食药道德规范过程的一致认知和深入理解，进一步掌握敬畏生命、仁爱奉献、精进创新等食药道德规范，完成表3-5的填写。

表 3-5　企业食药道德规范调研走访记录

调研企业		企业地址	
调研时间		调研人员	
调研主题			
调研内容			
走访记录			
道德规范感悟			

活动二：国药集团"青年榜样"评选活动组织模拟

（1）活动准备

①了解国药集团作为央企需承担的社会责任。

②熟悉并理解国药集团文化中体现的对他人、对社会、对全人类的关爱与呵护理念。

③活动方案设计包括活动宣传、获奖提名产生、评委确定、获奖人员产生、模拟制作青年榜样事迹视频以及颁奖大会时间、地点、参加人员（包括领导和嘉宾）、具体内容、所需用具或奖品、各下属企业视频同步播放准备工作等。

（2）活动过程

①活动开始。主持人宣布活动开始，介绍到场领导和嘉宾。

②公司领导发言。邀请一名公司领导（总经理或部门经理均可）为活动致辞。

③公布获奖人员名单。公司领导宣布"青年榜样"获得者和提名奖名单。

④青年榜样事迹展播。搜集选取国药集团青年榜样视频进行播放,引发调研小组成员共鸣。

⑤颁奖仪式。由公司领导和嘉宾对获奖者进行颁奖。

⑥发言互动。获奖代表发言(邀请国药集团所属企业的青年榜样到场),讲述自己故事中的要点,主要是践行食药道德规范的内容,与调研小组互动,调研小组提问,代表回答。

(3)活动小结

①调研小组对活动准备和现场活动进行总结,分享体会。本次活动的要点在于:邀请企业领导参与模拟活动;邀请企业青年榜样代表参与模拟活动,并分享个人事迹,与调研小组进行互动。

②调研小组结合活动开展对于食药相关道德的学习、讨论,采访获奖榜样,撰写学习榜样心得体会,完成表 3-6 的填写。

表 3-6　模拟评选活动记录

参与人员				
参与时间			模拟活动主题	
方案设计		活动宣传		
		人员邀请		
		时间地点		
		物品准备		
		流程设计		
		其他准备		
实施过程记录				
道德规范感悟				
活动总结、要点分析				
心得体会评分				

活动三:医药企业司歌演唱比赛

(1)活动准备

①各小组分别搜集知名医药企业司歌 1~2 首。

②各小组讨论医药企业司歌中体现的食药道德规范,选举代表进行解读。

③邀请企业专家和音乐老师指导,各小组学唱医药企业司歌。

④各小组进行司歌演唱练习、备赛。

⑤邀请导师和医药企业领导专家等担任评委。

⑥准备比赛奖状、奖品等。

（2）活动过程

①小组代表介绍所选医药企业司歌,解读司歌中的食药道德规范。

②小组集体演唱所选医药企业的司歌。

③各小组轮流上台介绍和演唱医药企业司歌。

④评委依据道德规范解读和小组集体唱歌表现两个要点进行打分,评出团体一、二、三等奖各一名,并进行颁奖。

⑤各小组进行医药企业司歌演唱,并在演唱中进一步感悟医药企业理念中体现的食药道德规范以及对食药道德规范的践行。

步骤三:完成体验报告

（1）各小组在活动后,以小组为单位完成活动体验报告表。

（2）活动小组撰写完成食药道德规范体验报告,完成表3-7的填写。

（3）将活动体验表和食药道德规范体验报告交给导师,导师依照活动实施的具体情况和小组道德规范体验报告进行评价和评分。

表 3-7　食药道德规范体验报告

活动参与人员			
活动参与时间		活动内容	
体验报告内容			
导师评语			
活动评分	小组自评(10%)		总分:
	导师评价(60%)		
	企业评价(30%)		

总结反思

食药安全,无疑是关系到国计民生的一件大事。不捍卫好食药安全,何谈民族复兴与国家富强?而食药安全,需要从制度和道德两个层面去下功夫,尤其是从道德层面去固化食药安全。通过对国药集团文化建设和典型事迹的案例进行解读,对企业标识"生命之心"的意义、企业"关爱生命,呵护健康"的品牌理念与"关爱、责任、创新、共享"的核心价值观产生深刻认识,领悟其中体现的敬畏生命、仁爱奉献、精进创新等食药道德规范。通过医药企业调查走访、"青年榜样"评选活动组织模拟、医药企业司歌演唱比赛三个调查体验活动,对国药人追求"至善至真至美"的信念和行为有更深的理解,能够更好地把感悟到的食药道德规范内化为良知,外化为行动,有效提升食药道德修养。

项目三·江苏恒瑞医药股份有限公司食药道德实践案例

项目三 PPT

📖 任务设置

任务一　案例描述

恒瑞医药成立于1970年，是一家从事创新和高品质药品研制及推广的民族制药企业，现已发展成为国内知名的抗肿瘤药、手术用药和影像介入等产品的供应商。匠心铸品质，恒心树品牌。恒瑞医药自成立以来，始终坚持高水平创新，打造高质量品牌，为企业发展注入了源源不绝的动力。

学习标杆　努力掌握关键核心技术

近年来，国外医药技术呈现出迅猛发展的态势，革命性的治疗方法和颠覆性的重磅药物不断出现。在技术变革的潮流中，中国制药企业要想缩小与国际制药龙头企业的差距，必须紧跟国际步伐，追求卓越绩效，不断学习，加快提升自身创新药物的开发能力，掌握核心技术，否则在新一轮的全球医药市场竞争中将会被无情地淘汰。

追求卓越绩效，学习标杆尤为重要。恒瑞医药管理层人士表示："在实施卓越绩效的过程中，学习至关重要，榜样的力量不可或缺。"恒瑞医药一直以国际制药龙头企业作为研发管理的标杆，积极导入卓越绩效管理模式，并实地开展技术和管理理念学习。在这一过程中，恒瑞人客观地认识到，当前医药行业的竞争归根结底是技术的竞争,只有持续不断地学习,才能不断发展。

持续改进 率先接轨国际标准

恒瑞医药遵循"质量源于设计"的理念,采用风险管理手段,在"质量第一"方针的指引下,实行对药品全生命周期的质量管理,确保持续稳定地生产出符合预定用途和注册要求的高质量药品。

多年的持续投入、持续改进,让恒瑞医药的生产质量体系已完全与世界标准接轨。恒瑞生产的注射用环磷酰胺,2019年在美国市场的份额超过了原研药,实现了国产注射剂在欧美市场的规模化销售。多西他赛注射液被美国FDA指定为对照标准制剂(其他同类仿制药申报美国FDA认证,必须选择恒瑞医药多西他赛作为对照品,进行质量和疗效一致性评价),成为国内唯一一个美国FDA参比制剂产品,充分表明公司产品质量水平得到了国际最高质量体系的高度认可。

坚持科技创新 让民族自主创新服务全球

拓展阅读
走向世界的中国
创新药物

科技创新是医药经济持续增长的引擎,从全球药品销售额来看,创新药占了80%,在未来相当长的时间里,创新药将继续主导全球药品市场。恒瑞医药自建立以来,始终植根于中国、面向世界,专注健康事业,将科技创新作为第一发展战略,聚焦前沿领域,攻坚克难,不断构筑和提高核心竞争力,推进医药行业高质量发展。

恒瑞人认为,创新永远是恒瑞医药发展的引擎,没有创新,恒瑞医药走不到今天。恒瑞医药有一个部门,专门搜集国际最新的医药研发进展。在恒瑞医药的研发会议中,常常可以听到:我们的创新点是什么,临床价值是什么,为什么之前没有人研发。恒瑞医药研发的标准就是:把真正有价值的药品带到临床上来。恒瑞医药一直以创新为发展战略,研发投入始终位居全国医药企业前列。截至2022年6月底,恒瑞医药已有11个创新药获批上市,60多个创新药正在临床开发,并建设了多个具有自主知识产权、国际一流的技术平台,覆盖全球前沿的技术领域,形成了梯队化的产品管线。2021年,恒瑞蝉联中国医药研发产品线最佳工业企业榜首,入选"2021中国医药创新企业100强"榜单,位列第一梯级。

聚力服务健康事业 营造大格局

作为民族制药企业,恒瑞人认为,制药人要有大爱,只有对客户饱含深情,以健康需求为导向,才能获得超越物质层面的源源不绝的动力,塑造民族制药发展的大格局,成就服务健康的大事业。

新型冠状病毒感染疫情暴发后,恒瑞医药充分利用自身的海外资源,在疫情初期紧急启动全球采购,联系海外供应商购买口罩、护目镜、防护服等物资驰援武汉抗击疫情前线,将海外防疫物资"引进来",陆续向全国慈善机构、卫生部门、疫情重点防控机构和医院等捐赠了3000多万元的防护物资。在海外新型冠状病毒感染疫情暴发后,恒瑞医药克服一切困难,推动高品质药品"走出去",全力保障海外市场药品供应。新型冠状病毒感染疫情防控期间,在国家卫生健康委员会人才交流服务中心的指导下,恒瑞医药助力中意医疗机构开展多场视频连线,分享疫情防控经验的在线"云交流",让中国疫情防控的经验和成果"走出去",助力世界早日赢取战"疫"胜利。

恒心致远,瑞颐人生。恒瑞医药初心不悔,始终致力于围绕癌症治疗等威胁人类生命与健康的重大疾病领域从事药物创新,不断缩短与国际水平的差距,提升创新和质量水平,努力让中国研制的药品为全球患者服务,奋力打造国际知名的创新型制药企业。

(来源:恒瑞医药:坚持国际创新标准铸就卓越质量品牌[EB/OL].(2020-05-21)[2022-11-30]. https://finance. sina. com. cn/stock/enterprise/cn/2020-05-21/doc-iirczymk2829980. shtml.)

任务二　规范分析

一、厚德博识,彰显民族企业格局

《大学》开篇第一句话是:"大学之道,在明明德,在亲民,在止于至善。"意思是君子之学的宗旨在于弘扬高尚的德行,在于关爱人民,在于达到最完善的道德境界。恒瑞医药作为一家民族企业,将服务人类健康作为企业发展战略,将"科技为本,为人类创造健康生活"作为企业使命,将"专注创新,打造跨国制药集团"作为企业愿景。恒瑞医药深知有国才有家,只有祖国强盛,民族企业才会强大的道理,始终将自身发展融入国家的发展大局,始终以人民的健康需求为导向,坚持厚德修身,为国分忧、为社会尽责,展现了恒瑞医药所具备的大德、大格局。

对于医药企业而言,医药行业的发展日新月异,技术升级和更替的周期不断被压缩,新产品、新检测、新治疗技术层出不穷。恒瑞医药虽然蝉联中国医药研发产品线最佳工业企业榜首,但并未止步不前,骄傲自满。恒瑞医药深知持续学习的重要性,始终保持强烈的求知欲,在化学药、生物药领域,对标国际一线医药企业,不断寻求技术突破,尤其是在无药可用的领域,恒瑞医药一直坚持重点投入和研发。恒瑞医药始终保持兼容并包的学习态度,以国际制药龙头企业为标杆和榜样,不断追赶国外先进医药企业的研发脚步。恒瑞医药坚持终身学习的理念,紧密接轨医药领域发展前沿,持续关注行业动态,通过学习、吸收、融合最新的理论知识和科学技术手段,不断提升自身创新药物的研发能力,始终致力于用先进的科学技术服务好健康事业。恒瑞医药积极践行厚德博识的食药道德规范,彰显了民族医药企业的情怀和视野。

二、质量至上，致力接轨国际标准

药品的质量是医药企业生存和发展的根本，医药企业在任何时候都要把质量安全放在首要位置。我国传统中医药企业同仁堂"炮制虽繁必不敢省人工，品味虽贵必不敢减物力"，胡庆余堂"采办务真，修制务精"的古训都充分体现了我国中医药老字号秉持己心，坚守药品质量至上的食药道德规范。

恒瑞医药作为我国现代医药企业，传承并践行质量至上的食药道德规范，始终秉持"质量第一"的方针。为提升药品的质量水平，恒瑞医药以全球一线医药企业为标准，建立了具备一流生产设备、国际标准化的生产车间。目前，恒瑞医药的生产质量体系已经完全与世界标准接轨。恒瑞医药严把产品质量关，建立了科学严格的质量管理体系，实行对药品全生命周期的质量管理，坚持风险管理、全程管控，确保持续、稳定地生产高质量药品，切实保证了患者的用药安全。恒瑞医药还制定了高于国家法定标准的企业内控标准，出口产品的控制要求均符合或高于欧盟、美国药典规定标准。恒瑞医药的产品质量水平也得到了国际最高质量体系的高度认可，成为国内第一家注射剂获准在欧、美、日上市的中国制药企业。

三、精进创新，助力中国制造药品走向世界

药王孙思邈所著的《备急千金要方·论大医精诚第二》中对"精"有明确的阐释，即医者要有精湛的医术，他认为医道是"至精至微之事"，要熟悉医药业务，要具备科学严谨、精益求精的态度和作风。然而，当今医药行业技术和产品的发展并不能止步于"精"，医药工作是"健康所系，性命相托"，在精益求精的同时，还要不断创新，追求卓越。

恒瑞医药作为一家从事创新和高品质药品研发、生产及推广的民族制药企业，一直以来都十分重视精进创新。恒瑞医药将创新视为自身发展的核心竞争力，始终将科技创新作为第一发展战略，致力于提升创新药物的能力，助力中国制造药品走向世界。恒瑞医药很清楚，虽然药品的创新研发不易，但想要获得可持续、高质量的发展，必须要有自己的创造力。尤其是在面对研发实力强大的欧美制药巨擘时，恒瑞医药只有坚持自主创新，才能牢牢"把命运掌握在自己手里"，才能实现民族制药企业振兴发展的梦想。近年来，恒瑞医药始终稳居中国医药创新类企业前列，研发投入逐年递增，2021年更是再创历史新高。依托多年的研发投入支持，恒瑞医药已在多个领域建立了丰富的研发管线，建设了多个具有自主知识产权、国际一流的技术平台，覆盖全球前沿的技术领域，形成了梯队化的产品管线。天道酬勤，恒者为胜，恒瑞医药矢志自主创新、深耕新药研发的韧劲，值得其他医药企业学习。

四、仁爱奉献，彰显民族品牌初心使命

《论语》中有"樊迟问仁，子曰：'爱人。'""无伤也，是乃仁术"等论述。儒家关于

"仁"的论述,是仁爱救人思想的文化渊源,对仁爱奉献的食药道德规范影响深刻。作为民族医药企业,恒瑞医药专注健康事业,心怀大爱。恒瑞医药时刻不忘医药人治病救人的初心使命,切实践行仁爱奉献的食药道德规范。自企业成立以来,恒瑞医药始终坚持"科研为本,致力于人类健康"的宗旨,将经营重心放在癌症治疗等严重威胁人类生命与健康的重大疾病领域,多年来精耕细作,努力研制更好的产品,致力于解决全世界药品可及性、提高患者可承受性等问题,体现了医药企业的仁爱之心。在新型冠状病毒感染疫情防控期间,恒瑞医药积极投身国内外抗击疫情的行动中,为国内外疫情防控贡献了恒瑞力量。

一直以来,做大、做强从来不是恒瑞医药唯一的目标,恒瑞医药发展壮大的最终目的是在为中国患者提供优质、可及性高的健康服务的同时,努力为全球患者提供可负担、多样性的医药资源。恒瑞医药认为,制药人要有大爱,应牢记医药企业的初心使命,要心存仁爱,奉献于社会,奉献于人类。只有始终对患者饱含深情,以人民的健康需求为导向,才能获得超越物质层面的源源不绝的动力,塑造民族制药发展的大格局,成就服务健康的大事业。

任务三　调查体验

步骤一:评估准备阶段

组建若干活动小组,与走访企业进行沟通,准备调查体验活动过程相关的设备、用品等。

步骤二:实践探究阶段

在导师的指导下,小组依据活动要求,熟悉活动目的、流程及内容,明确活动要探究的关键性问题及难点问题。

活动一:调研走访

结合案例,组建调研小组,对恒瑞医药或其他创新型医药企业进行调研走访。

(1)通过浏览公司网站、查找文献、翻阅报刊等途径收集恒瑞医药或其他创新型医药企业的相关资料,特别是能体现企业践行食药道德规范的相关资料,再结合案例进行分析。

(2)制订调研计划,实地参观走访恒瑞医药或其他创新型医药企业,了解企业经营管理过程中所体现的食药道德规范。

(3)结合调研与走访,开展小组讨论,形成对恒瑞医药或其他创新型医药企业践行食药道德规范的认知,完成表3-8的填写。

表 3-8　企业食药道德规范调研走访记录

调研企业		走访地址	
调研时间		调研人员	
调研主题			
调研内容			
走访记录			
道德规范感悟			

活动二:"精进创新"手绘海报设计大赛

结合案例,组建手绘海报制作小组,通过制作手绘海报对恒瑞医药等企业的"精进创新"事迹进行解读及宣传。

(1)通过登录公司网站、查阅文献、新闻报道等途径收集企业"精进创新"相关资料。

(2)手绘海报内容紧扣"精进创新",海报风格不限、形式不限。要求作品构图合理,有一定的艺术性,做到主题明晰、内容新颖、思想健康。所有参赛作品必须是手绘原创作品,内容充实、生动、健康向上,不得有抄袭行为。

(3)完成"精进创新"手绘海报制作,并填写表 3-9。

表 3-9　"精进创新"手绘海报设计过程记录

海报主题		作品形式	
海报创意			
小组分工			
海报内容设计要点			
道德规范感悟			

活动三:医药企业文化中的食药道德规范竞赛

结合案例分析,学习医药企业文化所蕴含的食药道德规范,通过医药企业文化中的食药道德规范竞赛,掌握分析、鉴别医药企业践行食药道德规范的能力。

(1)自主学习。学习者结合本章节案例及规范分析,各自广泛收集知名食药企业文化相关资料,认真学习和解读食药企业文化中所蕴含的食药道德规范。

(2)开展知识竞赛。组织开展线上医药企业文化食药道德规范知识竞赛。从初赛中遴选若干优胜者,自行组成 4 人小组。

(3)开展小组现场竞赛。组织小组现场抽题竞答,现场解答医药企业实践案例中所蕴含的食药道德规范相关问题。

步骤三:完成体验报告

(1)在活动后,以小组为单位完成活动体验报告。

（2）活动小组撰写完成表 3-10 食药道德规范体验报告。

（3）将活动体验表和食药道德规范体验报告交给导师，导师依照活动实施的具体情况和小组道德规范体验报告进行评价和评分。

表 3-10 食药道德规范体验报告

活动参与人员			
活动参与时间		活动内容	
体验报告内容			
导师评语			
活动评分	小组自评（10%）		总分：
	导师评价（60%）		
	企业评价（30%）		

总结反思

通过研读恒瑞医药的经典案例，领悟企业在创建品牌、塑造企业形象过程中所体现的食药道德规范。通过调查体验，深化对食药道德规范的内化。恒瑞医药作为一家现代化的民族医药企业，自成立以来，始终坚持厚德博识，不断学习赶超标杆，追求卓越绩效；始终坚持质量至上，致力于提升产品的质量水平，坚持打造高质量品牌；始终坚持精进创新，在坚持精益求精的基础上，将人力、物力、财力重点放在研发和技术、产品创新上；始终坚持仁爱奉献，坚持以"科技为本，为人类创造健康生活"为使命。恒瑞医药将厚德博识、质量至上、精进创新、仁爱奉献的食药道德规范凝聚成独特的企业文化，为恒瑞医药的发展注入源源不绝的动力，为民族医药企业的健康发展提供了坚实的保障，也为我国医药行业高质量发展提供了强有力的支撑。

项目四·广州医药集团有限公司
食药道德实践案例

项目四 PPT

学习目标

1. 了解广州医药集团有限公司（以下简称广药集团）食药道德实践案例。

2. 理解并掌握广药集团食药道德实践案例中体现的敬畏生命、仁爱奉献、精进创新等食药道德规范。

3. 结合案例开展调查体验，践行食药道德规范，提升食药道德修养。

任务设置

任务一　案例描述

广药集团是中国最大的制药企业、中国最大的中成药生产基地，旗下拥有 30 多家子公司，超过半数为中医药企业，其中 12 家为中药中华老字号，有 10 家超过百年历史，占据全国医药行业老字号的半壁江山。站在巨人的肩膀上，广药集团率先提出打造"时尚中药"，大力推进中药现代化、国际化、科普化、大众化的"中药四化"建设。

拓展阅读
老字号：坚守品牌信誉
激发创新活力

守护生命，抗疫中的"大山"

2003 年，"非典"疫情暴发，板蓝根火了。广药集团提出，不提价、不停工，保证产品质量、全力保供。

2020 年底，新型冠状病毒感染疫情蔓延，板蓝根又火了。广药集团再次提出"不提价，不停工，保证产品质量，保证公益为上"的承诺，全力保供。

业界流传着这样一句话，2003 年"非典"之时，有四座山：小汤山、王岐山、钟南山和白云山；新型冠状病毒感染疫情还有四座山：火神山、雷神山、钟南山和白云山。疫情就是一场没有硝烟的战争,以火神山、雷神山为代表的医院就是战场。"战争"既需要医务人员这样的"战士",也需要像钟南山院士、张伯礼院士这样的"将帅",而以广药集团为代表的医药企业就是"弹药武器"的提供者,四方面缺一不可。作为世界500强企业,义利并举,公益为上,是广药集团发展壮大的土壤。守护生命、爱心满人间的使命,始终扎根在广药人心里。

爱无止期,免费为消费者更换过期药品

家里的过期药品如何分类?怎么回收?家庭过期药品回收仍存在许多盲点。医院和社区诊所一般只负责开药和院内医疗废物的处理,家庭过期药品回收尚无人指导;一些药店设有过期药品回收箱,却鲜有人问津。废旧药品属于有害垃圾,一颗过期药的污染相当于三粒废旧电池的污染,比一个人五年使用的生活用水的污染还严重。过期药品如果被不法分子趁机回收加工进行翻新上市,将会给人民群众的生命和健康造成巨大危害。

从2005年开始,广药集团开展"家庭过期药品回收"活动,以授权定点更换药店为形式,长期免费为消费者更换家庭过期药品。广药集团牵头组建了"家庭过期药品回收终端联盟",十余年间,从广州扩展到全国200多个城市,从起初的5家药店增加至6000多家。如今,广药集团更是顺势而为,在集团旗下的采芝林、健民医药门店设置了最新研发的5G家庭过期药品回收机,市民只需输入手机号码,即可轻松完成一键自助回收。过期药品回收从城市扩大到农村,从线下到线上,每一次升级都更加注重便民、利民、惠民。药品有期爱无期,广药集团始终坚持仁爱奉献、服务人民、回馈社会。

守正创新,老字号焕新扬帆远航

来到岭南首家中药行业博物馆——陈李济博物馆内的"陈皮+"产品体验区,市民正三三两两来品尝柑普茶、陈皮山楂条等极具特色的茶饮和茶点。广药集团陈李济几年前启动了百年陈皮大健康产业,陆续研发上市的陈皮茶饮、休闲零食、滋补膏方、中药饮片等"陈皮+"产品都非常受欢迎。尝试以"陈皮+"撬动百亿元"大市场"的陈李济,赶上了传统中医药产业"传承精华、守正创新"的新机遇。这家400多年的老药厂,深感"守正"需要定力,"创新"更费思量。

成为消费者偏爱的,不只是陈皮,还有刺柠吉产品的主要原材料刺梨。早年间,刺梨一直得不到开发,"养在深闺无人知"。如何最大限度地保留刺梨的营养还兼有好口味?王老吉科研小组绞尽脑汁,反复实验,采用果汁复溶和复合配兑的手法来保留刺梨营养并改善酸涩口感,推出符合大众口味、营养健康的刺柠吉产品,还让更多人认识到刺梨这枚"金果果"。

以"陈皮+"撬动百亿"大市场",创新研究让野果变身"致富果"的"广药方案",正

是拥有全球最长寿药厂、拥有众多老字号的广药集团深挖中医药瑰宝、守正创新的一个缩影。面向未来,医药企业只有继续保持"闯"的精神、"创"的劲头、"干"的作风,在创新中谋发展,于变局中开新局,才能向着具有强大品牌号召力、产业控制力、市场话语权的世界级企业的目标奋勇前行。

(来源:贺林平.广州:家庭过期药可自助回收[N].人民日报,2021-08-24(12).案例大部分内容根据广药集团官网公开资料编写。)

任务二　规范分析

一、坚守敬畏生命的济世初心

守护健康、敬畏生命对于医药人来说是亘古不变的初心。广药集团源自陈李济,创建于明万历二十七年(1600),至今已有 400 多年的历史,创下"全球最长寿制药厂"的吉尼斯纪录。广药集团始终从关爱生命出发,以济世情怀老老实实做好药。当新型冠状病毒感染疫情发生以来,广药集团为确保前方防疫药物的正常供应,提前复工复产,加急生产防疫用药,组织捐赠应急药品到武汉、广东等一线医院用于抗击疫情,成为抗击疫情坚强的"弹药武器"提供者。无论是在抗疫、灾区捐献中,还是在扶贫助困、关爱老人健康中,总有"陈李济人""广药人"的身影,义利并举、公益为上。广药集团一直坚持"人民至上",把"提升人民健康水平、降低医疗费用"作为奋斗目标,正如广药集团司歌所唱的"我们为健康护航,给生命爱和希望的力量"。这是数十代广药人济世救人义行的体现,更是我们作为未来食药事业继承人必须坚守的,尊重生命、守护生命的济世初心。

二、厚植仁爱奉献的为民衷心

习近平总书记在谈"初心"系列中也提到,忠于党、忠于人民、无私奉献,是共产党人的优秀品质。[①] 同样地,对于肩负人民饮食用药安全的食药人,仁爱奉献更是必须厚植的为民衷心。发扬仁爱奉献精神不是空洞口号,它要求从业者始终怀着一颗为人民矢志奋斗的衷心,坚持做到"干一行、爱一行、钻一行、精一行",在平凡的岗位上,始终勤勤恳恳、兢兢业业做好自己的工作,服务人民,回馈社会。只有这样,我们才能在奋斗中实现人生价值。广药人的仁爱奉献之心源自百年前,革命年代,他们是杨殷、李朗如,心怀天下,对万物皆有仁爱之心;和平年代,他们是向秀丽、"跳水哥""献

---

① 习近平谈"初心"系列之五:忠于党、忠于人民、无私奉献,是共产党人的优秀品质[EB/OL].(2019-07-09)[2022-11-30].http://dangjian.people.com.cn/n1/2019/0709/c117092-31221965.html.

血哥",用实际行动对人民群众全身心地付出,不求回报。广药白云山的家庭过期药品回收,让"爱心满人间",也不仅仅是企业的理念,更是实实在在的行动,服务人民、回馈社会。广药人正通过不懈努力,推进绿色发展,共同建设"美丽中国"。

三、永葆精进创新的强国雄心

新时代呼唤新精神。新时代需要有新作为,从"中国制造"走向"中国创造",需要我们积极培育新动能,实现新发展。中药自古以来都给人以"苦、大、黑、粗"的印象,广药集团求新求异提出了打造"时尚中药"的理念,即用先进的科研技术,用时尚、流行的市场推广模式,打造当下普罗大众最需要的健康产品,通过推进中医药现代化、国际化、科普化和大众化,特别是推动中医药与其他产业的跨界合作,将中医药融入衣食住行,促进"中药时尚化、时尚中药化",实现中医药板块的高质量发展。从古方正药到百年陈皮,陈李济不断演绎经典和蜕变创新。永葆青春活力的创新雄心,在创新中谋发展,于变局中开新局,是新时代医药企业的奋斗目标。

任务三 调查体验

步骤一:评估准备阶段

组建若干活动小组,与走访企业进行沟通,准备调查体验活动过程相关的设备、用品等。

步骤二:实践探究阶段

在导师的指导下,小组依据活动具体要求,熟悉活动目的、流程及内容要求,明确活动要探究的关键问题及难点问题。

活动一:探访全国科普教育基地中医药博物馆,感受企业食药道德规范内涵

结合案例,组建探访小组,参观广药集团斥资建立的全国科普教育基地广州神农草堂中医药博物馆,记录观后感。

(1)实地感受:探访小组可到位于广州市白云山南麓的广州神农草堂中医药博物馆,实地感受广药集团对传统中医药文化和食药道德规范的阐述与解读。

(2)数字博物馆云体验:受条件限制无法实地参观广州神农草堂中医药博物馆时,可采用信息化手段,进入广州神农草堂中医药博物馆数字博物馆进行云体验。

(3)结合体验,开展小组内讨论,形成对广药集团践行食药道德规范的认知,完成表3-11的填写。

(4)探访延伸:2022年3月,中国科学技术协会官网公布了《2021—2025年全国科普教育基地第一批认定名单》,首批800家单位认定为"全国科普教育基地"。其

中,博物馆、纪念馆 165 家,包括北京中医药大学中医药博物馆、浙江中医药大学浙江中医药博物馆、云南中医药大学云南省中医药民族医药博物馆等。各探访小组可查阅教育基地名单,就近选取所在地与医药相关的科普教育基地、场馆等,进行实地参观体验。

表 3-11　企业食药道德规范体验探访记录

场馆名称		探访形式	线上/线下
探访时间		探访人员	
探访展厅名称			
探访记录	选取三个小组商讨出最能体现企业食药道德规范的馆厅或藏品、历史事件等,简要记录名称、讲解特色等		
道德规范感悟			

活动二:开展弘扬中医药文化的主题演讲,内化企业食药道德规范

结合案例,各小组对广药集团等医药类企业的价值文化进行深刻理解和内化,并通过主题演讲形式进行展示。

(1)通过浏览主流媒体网站、公司网站、查阅报刊等途径收集企业相关资料,并结合案例进行分析。

(2)选取敬畏生命、仁爱奉献、精进创新等主题,自拟题目,结合收集的资料和切身体会进行演讲。主讲人用 PPT 形式进行脱稿演讲,可配以背景音乐。演讲要求主题突出,内容积极向上;表达流畅,大方得体,表现力强;演讲时长为 5～8 分钟。

(3)主题演讲前,提交演讲 PPT 及主题演讲内容记录(见表 3-12)。演讲时,由各小组成员拍摄小视频记录本小组主讲人的演讲过程,结束后提交。

表 3-12　弘扬中医药文化的主题演讲内容记录

演讲主题		主讲人	
小组分工			
演讲内容			
道德规范感悟			

活动三:结合本专业开展志愿服务,践行企业食药道德规范

结合案例,以小组为单位,结合自身专业特点,开展各种形式的志愿服务活动,可选取以下一种形式或根据实际情况自拟内容开展。

(1)在导师的指导下,与所在地社区联系,集中开展免费为社区居民回收、更换过期药品,测血压、血糖及常见病用药咨询等志愿活动。

(2)成立志愿者小组,在导师的指导下与所在地社区联系,开展为行动不便需定期服药的孤寡老人提供代买药品的关爱活动。

(3)结合自身专业知识和对企业食药道德规范的理解,采取手绘或电脑制作等方式,绘制饮食用药安全的海报、宣传册等,在所在地进行志愿宣传,或将作品通过 QQ、微信、微博等方式进行正确宣传,将食药道德深刻于心,惠及他人,并完成表 3-13 的填写。

表 3-13 食药道德规范志愿服务记录

志愿服务时间		地点	
主题			
组员岗位、职责及内容安排			
志愿服务过程记录			
志愿服务活动纪实图片、新闻报道等			
道德规范感悟			

步骤三:完成体验报告

(1)各小组在活动后,以小组为单位完成活动体验表相关内容。

(2)活动小组撰写完成表 3-14 食药道德规范体验报告。

(3)将相关活动记录表和食药道德规范体验报告交给导师,导师依照活动实施的具体情况和小组道德规范体验报告进行点评,并对相关主体进行评分。

表 3-14 食药道德规范体验报告

活动参与人员			
活动参与时间		活动内容	
体验报告内容			
导师评语			
活动评分	小组自评(10%)		总分:
	导师评价(60%)		
	企业评价(30%)		

总结反思

通过对广药集团经典案例的研读,向学习者重点展示广药集团敬畏生命、仁爱奉献、精进创新食药道德规范,通过参观科普基地、中医药博物馆等活动,让学习者更全面、深刻地认识传统中医药治病救人、救死扶伤的济世情怀。加强敬畏生命、仁爱奉献、精进创新食药道德规范建设,通过主题演讲的方式,让学习者抒发所见、所想、所感,内化于心;通过开展志愿服务活动,将内化的道德规范付诸实践,外化于行。

项目五·华东医药股份有限公司
食药道德实践案例

项目五 PPT

🎯 学习目标

1. 了解华东医药股份有限公司（以下简称华东医药）食药道德实践案例。

2. 理解并掌握华东医药食药道德实践案例中体现的仁爱奉献、诚实守信、精进创新等食药道德规范。

3. 结合案例开展调查研究，践行食药道德规范，提升食药道德修养。

📖 任务设置

任务一 案例描述

华东医药成立于 1993 年，总部位于浙江杭州，于 1999 年 12 月在深圳证券交易所上市。华东医药业务覆盖医药全产业链，以医药工业为主导，同时拓展医药商业和医美产业，已发展成为一家集医药研发、生产、经销为一体的大型综合性医药上市公司。华东医药始终秉承"以科研为基础，以患者为中心"的企业理念，致力于成为一家科研创新驱动的国际化品牌医药强企。2021 年中国化药企业 Top100 排行榜，华东医药排名第 10。商务部公布的 2021 年药品流通行业批发企业前百位榜单内，华东医药排名第 9。

共克时艰，尽显仁爱奉献

自新型冠状病毒感染疫情暴发以来，华东医药密切关注一线医护人员的防护保障，并积极与浙江省卫生健康委员会等组织联系捐助药品事宜。公司主要产品百令胶囊在长期临床实践中被证明具有提高机体免疫力，修复肺肾损伤的功效。疫情防控期间，华东医药公司分批捐赠了价值超过 2000 万元的百令胶囊等防疫物资，助力一线医护人员救治病患。

2022年初杭州再次暴发疫情。在接到上级通知之后，华东医药党委积极号召企业员工踊跃响应，在第一时间紧急组织了一支由党委副书记亲自带队的包括30名志愿者的队伍参与抗疫。在他们中间，既有公司高管，也有来自生产一线、销售一线、管理岗位上的员工。在冬雨寒风中，他们与医护人员并肩战斗，在志愿服务工作中耐心讲解，亲切引导，为抗疫做出了贡献。同时，华东医药还不忘同行的伙伴，及时向兄弟团队捐赠了一批防疫物资，助力杭州打赢这场疫情防控阻击战。他们用初心践行使命，用奋战到底的姿态，为杭州打赢战"疫"贡献华东力量！

华东医药的仁爱奉献精神不仅仅体现在抗疫上，同时还体现在爱心基金上。作为国内免疫抑制剂市场的龙头企业，华东医药成立了"生命之花"亲属活体器官移植爱心基金，用以提供一定数量的免疫抑制剂作为爱心捐赠。该基金对器官移植受者特殊群体承担起社会责任，每年都有几百例器官移植受者得到捐赠。

诚信为本，服务大众健康

华东医药的企业使命是服务大众健康。华东医药始终以大众健康为己任，致力于提供优质产品及服务，以达到满足顾客需求和改善其生活质量的目标，其核心价值观是济世、诚正、执着、务实。济世即"济世为民"，在取得利润回报的同时，严守职业道德，为大众生命健康做出应有的贡献。诚正即"诚信和公正"，这是华东医药待人处事的原则。华东医药对客户、员工、投资者坚持"诚信公正"这一信条，以诚信立企。

华东医药一直秉承诚信经营的理念，严格遵守国家法律法规，将诚信作为出发点。自2010年以来，浙江省药品监督管理局根据《浙江省药品经营企业药品质量信用分类管理实施办法（试行）》规定以及年度各地录入的监管信息和行政处罚情况，结合飞行检查及药品储存温湿度在线监管等工作，对全省药品批发企业的药品质量信用等级进行综合评定，华东医药一直被评定为"药品质量信用AA级（诚信）企业"。

深化精进创新，为未来创新转型之路打下基础

创新药研发只争朝夕，华东医药不断加强和完善自主研发体系，公司已建立起以内分泌、肿瘤和自身免疫性疾病领域为重点，以中美华东国际新药研发中心为核心、科学开放的全球化研发生态圈，目前已拥有近40款在研创新药及生物类似物，并积极打造具有国际一流水准的抗体药物偶联物（antibody-drug conjugate，ADC）研发平台，为后续医药产业发展奠定了坚实的基础。华东医药核心产品进展迅速：利拉鲁肽注射液国产首家报批并获受理；ADC产品Mirvetuximab国内临床快速推进；肾小球滤过率动态监测系统进入创新医疗器械特别审查程序。华东医药商业也顶住压力，加速探索创新业务，打造冷链金名片，培育全新商业模式。华东医药始终立足于自身核心业务，正在坚定走出一条具有自身特色的创新发展之路，逐步形成创新型、国际

化、多点发力的新型发展格局，并取得了阶段性成果，受到了行业与市场的关注和肯定。

（来源：根据华东医药官网公开资料编写。）

任务二　规范分析

一、仁爱奉献是华东医药的根本出发点

食药行业肩负人民的生命健康，从业者需以仁心仁术服务社会，具备仁爱且无私奉献的精神。古往今来，仁爱奉献是食药行业从业者对职业素养的生动诠释和不懈追求。仁爱要做到爱自己、爱万物、爱他人，奉献则是在注重个人发展的同时，还要有强烈的社会责任感，做对人民、对社会、对国家有益的事。医药行业要完成"性命相托，健康所系"的重任，必须秉承"仁爱于心""奉献于行"的精神。

华东医药以大众健康、提升生命质量为己任，致力于提供优质产品及服务以达到满足顾客需求和改善其生活质量的目标。仁爱奉献渗透到华东医药的方方面面，是做一切决定的根本出发点。华东医药成立的"生命之花"亲属活体器官移植爱心基金，为病患带来了新希望。这是"仁爱于心"的真实阐述。同时，在疫情防控期间，华东医药捐赠价值超过 2000 万元的百令胶囊，助力一线医护人员救治病患。杭州突发疫情时，华东医药集结志愿者队伍，为抗疫做出贡献。华东医药用一次次的实际行动展示了"奉献于行"。

二、诚实守信是华东医药的企业信条

诚实守信，是中华民族的传统美德，它早已融入了我们民族的血液。古训"君子一言，驷马难追"，《论语》中"人而无信，不知其可也"都在告诉我们诚信的重要性。诚实守信不仅是为人处世的基本原则，也被很多企业立为信条。做到诚实守信，对于引导医药企业诚信自律，加强医药市场长效监管，形成统一开放、公平竞争、规范有序的药品市场秩序具有重要作用。

华东医药将诚实守信作为立企信条。在公司秉承的核心价值观里就有诚正这一条。华东医药官网里关于企业文化的部分赫然写着以下内容："诚正，即'诚信和公正'，这是我们待人处事的原则，作为一个企业，我们对客户、员工、投资者坚持'诚信公正'这一信条，以诚信立企。"这充分体现了"内诚于心，不自欺"的要求。自浙江省药品质量信用等级企业评定以来，华东医药一直被评定为"药品质量信用 AA 级（诚信）企业"，获得社会、医药同行、服务对象的认可与信任，践行了"外信于人，守承诺"的诚实守信道德规范。

三、精进创新是华东医药发展的不竭动力

精进创新是为了谋求长远发展,放眼未来,企业需做到精益求精和变革创新。宝剑锋从磨砺出,持续追求精湛的技艺,用匠心筑梦,最终一定能抵达成功的彼岸。创新则彰显无穷的动力和巨大的潜力,谁驾驭了创新,谁就能把握时代发展的主旋律。华东医药一直清晰地认识到精进创新在医药行业中具有重要作用,是企业发展的永恒动力。

拓展阅读
促创新激潜能
中医药行业迎来
新的机遇期

华东医药自 1993 年创立以来,在研发、生产环节都有过硬的技艺,做到了精益求精。目前,行业内前所未有的市场竞争压力一直警醒着华东医药所有员工:我们需要创新,需要有新产品。精进创新成为华东医药在行业中立稳脚跟,继而获得长足发展的不竭动力。

任务三　调查体验

步骤一:评估准备阶段

组建若干活动小组,与走访企业进行沟通,准备调查体验活动过程相关的设备、用品等。

步骤二:实践探究阶段

在导师的指导下,小组依据活动具体要求,熟悉活动目的、流程及内容要求,明确活动要探究的关键问题及难点问题。

活动一:调研走访

结合案例,组建调研小组,对华东医药等医药企业进行调研走访。

(1)制订调研计划,实地参观走访华东医药等医药企业,了解企业文化和经营理念,感悟公司对食药道德规范的内化。

(2)结合调研走访结果,开展小组内讨论,形成对华东医药等医药企业践行食药道德规范的认知和深入理解,并完成表 3-15 的填写。

表 3-15　食药道德规范调研走访

调研企业		走访地址	
调研时间		调研人员	
调研主题			
调研内容			
走访记录			
道德规范感悟			

活动二:医药企业志愿者活动

结合案例,在导师指导下,与华东医药等医药企业相关部门和人员做好对接工作,活动小组参加华东医药等医药企业开展的志愿者活动。

(1)通过浏览公司网站、查找文献、查阅报刊等途径,熟悉企业仁爱奉献食药道德规范。

(2)调查企业在社会责任方面做出的贡献。

(3)为志愿者活动制订详细的方案。

(4)参加企业志愿者活动。

(5)活动结束后,完成表 3-16 的填写。

表 3-16   志愿者活动记录

活动名称		活动时间	
活动参与人员			
实施过程记录			
实施结果			
道德规范感悟			

活动三:小剧场——体会精进创新

结合案例,组建若干活动小组,以最美药师或者著名科学家的事迹为素材,开展小剧场演绎,从中体会精进创新的食药道德规范。

(1)查阅资料,选取能表现精进创新精神的最美药师或著名科学家的事迹。

(2)在导师指导下,撰写小剧场剧本。内容要求真实生动,具有启发性,能够很好地阐述精进创新的内涵,演绎时间控制在 30 分钟以内。

(3)小剧场演绎。邀请导师、学习者作为观众观看。

(4)完成小剧场演绎后,开展小组内讨论和心得体会分享,进一步体会食药道德规范的践行,完成表 3-17 的填写。

表 3-17   小剧场演绎记录

小剧场剧名		素材来源	
小组分工			
剧本概要			
小剧场演绎过程记录			
道德规范感悟			

步骤三:完成体验报告

(1)各小组在完成活动后,以小组为单位完成活动体验表的内容。

（2）活动小组撰写完成表 3-18 食药道德规范体验报告。

（3）将活动记录表和食药道德规范体验报告交给导师,导师依照活动实施的具体情况和小组道德规范体验报告进行点评,并对相关主体进行评分。

表 3-18　食药道德规范体验报告

活动参与人员			
活动参与时间		活动内容	
体验报告内容			
导师评语			
活动评分	小组自评(10%)		总分:
	导师评价(60%)		
	企业评价(30%)		

👤 总结反思

　　通过对华东医药经典案例的研读,以及相关活动的体验,不难发现,华东医药已将党的要求和人民对药品安全的期盼渗透到了企业的方方面面,体现出了对食药道德规范的遵循。华东医药以大众健康为己任,积极践行仁爱奉献、诚实守信、精进创新等食药道德规范。有这样一批践行食药道德规范的医药企业和医药人,相信未来我国医药行业必将取得更长远的发展,为人民群众提供安全、有效、高质量的药品,为人民群众的生命健康保驾护航。

项目六·杭州娃哈哈集团有限公司食药道德实践案例

项目六 PPT

🎯 学习目标

    1. 了解娃哈哈集团食药道德实践案例。

    2. 理解并掌握娃哈哈集团食药道德实践案例中体现的质量至上、诚实守信、精进创新等食药道德规范。

    3. 结合案例开展调查体验，践行食药道德规范，提升食药道德修养。

📖 任务设置

任务一　案例描述

    由人民日报社主办的，以"加强品牌建设、推动高质量发展"为主题的 2021 中国品牌论坛在北京举行。论坛上，娃哈哈集团凭借三十多年来积极履行社会责任、践行"产业报国、泽被社会"的突出成就，获评"企业社会责任案例奖"。

    从高速增长转向高质量发展，已成为我国社会经济发展的共识，这也对民营企业的创新发展与转型升级提出了更高的要求。在这一过程中，品牌作为企业软实力的重要象征，是推动企业高质量发展、提升竞争力的核心要素之一。"十年树企业，百年树品牌。"品牌建设没有捷径，需要将质量精神、社会责任融入生产、管理、经营的方方面面，守正笃实，久久为功，才能让"金字招牌"历经风雨洗礼仍然闪闪发光。

以质量为魂树立品牌

    娃哈哈集团创业之初，每年都会做罐头产品"马蹄爽"。每年 11 月是马蹄上市的时间，娃哈哈集团会从浙江、安徽等地收购大量的马蹄。马蹄在生产前，需要进行二次精细加工，为了确保原料质量，当天运到的马蹄必须当天处理完。马蹄一到，无论是办公室员工还是车间员工，大家都会一起把马蹄搬运到车间，削马蹄。

当年 11 月的杭州,天气已经很冷了,人坐在那儿,脚很快就冻僵了。还有很多人的手因长期湿漉漉的,被风吹得多了,都生了冻疮,甚至开裂。有一次大雪天,四辆马蹄车同时到达。当时已经过了下班时间,员工们都回家了。于是有人顶着寒风,骑着自行车到员工家里去通知加班。大家再次赶回厂里一起卸马蹄,把一筐筐的马蹄搬运到车间。虽然又冷又饿,手脚发抖,但是没有一个人抱怨,也没有一个人退缩。因为员工们都知道,这些马蹄必须削出来,不然会变质,影响产品质量。

质量是企业的生命,娃哈哈集团有责任、有义务履行食品安全主体责任,确保食品安全。娃哈哈集团自成立以来,始终严控产品质量,构建了食品安全风险评估和质量追溯体系,引进一流的人才、技术和设备,推行"前道服务后道、后道监督前道"的特色质量管理制度,并建立了"集团总部—片区监测中心—分公司"三级质量监管体系,实现层层监管、相互服务、相互监督,确保公司产品质量。通过"服务输出、技术输出"将质量链拓展到供应商、经销商,致力于推动产业链相关方的共同提高,臻于至善地追求品质,得到了消费者长久的信赖和喜爱。

以诚信经营做强品牌

品牌的一半是诚信。企业希望消费者对品牌有忠诚度,必须首先对消费者、对社会有诚信度。娃哈哈集团"非常营销"史上的"百万果奶大赠送"就是娃哈哈人的经典行动。为了让娃哈哈果奶能够快速进入市场,娃哈哈集团借助人流量极大的报业公司,在其报纸上刊登了这样一则广告:凭借这个报纸广告可以免费领取娃哈哈果奶一瓶,时间为 3 天。短短几天,娃哈哈集团制作的 14 万瓶果奶被一抢而空。到了第三日,30 万瓶果奶发放完毕。但是,还有大量的市民持报纸广告来领取果奶,这个时候娃哈哈集团再次通过各种媒体向市民进行道歉,并且不但没有停止这个兑换活动,反而增加了 30 个兑换日。娃哈哈集团终于兑现了自己的诺言——"有票必有奶",也使得娃哈哈集团讲诚信的"金字招牌"深深地烙在了每一位消费者的心里。

娃哈哈集团将"先以诚信施诸于人,才得以取信于人"这句话作为企业的座右铭,始终坚守诚信经营,做到对政府诚信,照章纳税,积极履行社会责任;对消费者诚信,保证产品安全健康;对供应商、经销商诚信,实现合作共赢;对员工诚信,让员工共享企业发展成果。一个好的品牌,意味着品质可靠、服务有保证,能获得消费者的信任,亦能给企业和国家带来美好的发展前景。只有这样的品牌,才能够进一步高质量创新发展,才是能够走出国门的强国品牌。

以创新淬炼长青品牌

娃哈哈集团自成立以来,就像一部永不停转的"创新"机器,娃哈哈儿童营养液、纯净水、AD钙奶、八宝粥、营养快线、爽歪歪……消费者每年都能在娃哈哈品牌的产品线中看到全新"面孔"。这些附加值高、口感好的健康饮品一经推出,无一不引领了消费潮流,成为大众所喜爱的"网红"产品。

当前,娃哈哈集团瞄准国人亚健康问题频发的现状,深挖食品饮料行业的创新潜力。产品定位从"安全"转向"健康",大力发展大健康产业。娃哈哈生物工程研究所以生物工程、中医食疗为基础,将传统中医食疗理念与现代生物工程技术有机融合,开发出了更多高附加值的大健康产品,满足各个年龄段的健康需求,以实际行动落实"健康中国 2030"战略。

站在"两个一百年"奋斗目标交汇的新起点上,我们要从历史中汲取走向未来的智慧和力量,锚定新坐标,把握新阶段。新时代呼唤新作为,新征程要有新担当。在全面建设社会主义现代化国家的新征程上,食品企业只有坚守质量与诚信,推动企业高质量发展,才能培育出更具影响力的世界品牌。

(来源:用质量与诚信打造品牌[N].人民日报,2021-12 02(10).案例大部分内容根据娃哈哈集团官网公开资料编写。)

任务二　规范分析

一、质量至上是企业的立业之基

2021 年 9 月,国家主席习近平向中国质量(杭州)大会致贺信。他指出,"质量是人类生产生活的重要保障"。[①] 食品质量直接关系着人民群众"舌尖上的安全",关系着人民群众的生命与健康。要从根源上解决食品质量问题,企业就要从自身做起,增强质量至上的道德责任意识,不断完善企业道德价值体系,以身作则,促进社会形成一种良好的道德氛围,真正地维护好食品公共健康安全。

娃哈哈集团正是基于"质量是企业的生命"的质量观,构建了企业独有的质量文化,在企业管理层的带领下,将质量精神传递到每位娃哈哈人的心中,并在质量行动上得到充分体现。从产品到品牌,娃哈哈集团一直抓牢质量安全防线,从源头上抓好产品质量,在生产中实现层层监管、相互服务、相互监督,确保公司产品质量。通过矩阵式质量监管体系、多维稽核管理模式、服务型质量培训体系等,确保质量安全的精细化管理,通过"工序—车间—工厂—产业链",最终实现了集团高效管控,打通"大循环",实现质量双循环,成就了娃哈哈集团 2021 年的"全国质量奖"。

二、诚实守信是企业的立身之本

孟子曰:"思诚者,人之道也。"诚实守信是中华民族的传统美德。习近平总书记

---

① 习近平向中国质量(杭州)大会致贺信[EB/OL].(2021-09-16)[2022-11-30].http://www.gov.cn/xinwen/2021-09/16/content_5637631.htm.

在不同场合对诚信的重要性作了多次阐述,他指出公有制企业也好,非公有制企业也好,各类企业都要把诚信作为安身立命之本,制假、贩假等违法的事情坚决不做,质次价高的亏心事坚决不做。构建食品企业诚信道德体系既是保障消费者生命健康的现实需求,也是促进我国市场经济健康发展的重要基础,更是维护社会稳定、保持国家长治久安的根本前提。

娃哈哈人将诚实守信作为企业走向成功的另一张底牌。在娃哈哈集团的人才观中,"正直"是第一要素。在其公司的文化手册中,对于"正直"是这么解释的:所谓正直,首先要诚实守信,追求实事求是,不弄虚作假,做到忠于集体利益和公司利益。这是对于"内诚于心,不自欺"的最完美的阐述。"先将诚信施诸于人,才得以取信于人"是公司的座右铭,要让大家相信,必须首先要讲诚信,这既是企业的做事原则,也是员工的做人准则。娃哈哈集团对政府诚信,照章纳税,积极履行社会责任;对消费者诚信,保证产品安全健康;对供应商、经销商诚信,实现合作共赢;对员工诚信,让员工共享企业发展成果。"外信于人,守承诺"在此展现得淋漓尽致。

三、精进创新是企业的不竭动力

《诗经》有云:"如切如磋,如琢如磨。"反映了古代工匠在雕琢器物时执着专注的工作态度。创新是一个民族进步的灵魂,是一个国家兴旺发达的不竭源泉,也是中华民族最鲜明的民族禀赋。随着我国经济社会的不断发展、人民生活水平的不断提高,人民对于食品的需求从"吃得饱"转为"吃得好""吃得健康",这种需求的变化推动着食品行业的优化发展。

多年来,娃哈哈集团专注于食品饮料,其中纯净水、AD钙奶、营养快线可谓家喻户晓。一大批员工在普通的工作岗位上潜心打磨和精雕细琢,有多名员工被评为区级以上职业技能带头人和劳动模范。精益求精的精神品质早已融入娃哈哈人的文化血液中。与此同时,娃哈哈集团瞄准国人亚健康问题频发的现状,深挖食品饮料行业的创新潜力,变革创新,使产品从"安全"转向"健康",大力发展大健康产品,以差异化战略为指引,每年都有新产品、新的增长点,形成了自己的产品链,较好地解决了产品生命周期影响企业生命周期的问题。娃哈哈集团既完成了企业的华丽成长,又展示了创新带来的不竭动力。

任务三 调查体验

步骤一:评估准备阶段

组建若干活动小组,与走访企业进行沟通,准备调查体验活动过程相关的设备、用品等。

步骤二：实践探究阶段

在导师的指导下，小组依据活动具体要求，熟悉活动目的、流程及内容要求，明确活动要探究的关键问题及难点问题。

活动一：调研走访

结合案例，组建调研小组，对娃哈哈集团等食品类企业进行调研走访。

（1）通过浏览公司网站、查找文献、翻阅报刊等途径收集娃哈哈集团等食品类企业的相关资料，特别是能体现公司食药道德做法的相关资料，再结合案例进行分析。

（2）制订调研计划，实地参观走访娃哈哈集团等食品类企业，了解公司的企业文化和经营理念，感受企业文化底蕴和传递出的食品安全正能量。

（3）结合调研与走访，开展小组内讨论，深入认识娃哈哈集团等食品类企业践行的食药道德规范，完成表 3-19 的填写。

表 3-19　企业食药道德规范调研走访记录

调研企业		企业地址	
调研时间		调研人员	
调研主题			
调研内容			
走访记录			
道德规范感悟			

活动二：企业质量文化宣传短视频大赛

结合案例，组建视频拍摄小组，对娃哈哈集团等食品类企业的质量文化进行解读及宣传。

（1）通过浏览公司网站、查阅报刊等途径收集企业相关资料，特别是能体现企业质量文化的相关资料，再结合案例进行分析。

（2）围绕"企业质量文化"这一命题创作短视频。题材不限、风格不限。作品有一定的艺术性、故事性，包括画面、音乐、音效、字幕等元素，做到内容新颖、格调高雅、思想健康、画质清晰、音质达标等。所有参赛作品必须原创，内容充实、生动、健康向上，不得有抄袭行为。

（3）完成 30 秒及以上的短视频制作过程记录，并完成表 3-20 的填写。

表 3-20　企业质量文化宣传短视频制作过程记录

视频主题		视频时长	
视频创意			
小组分工			
视频文案			
道德规范感悟			

活动三:榜样力量 身边的劳模

结合案例,组建体验小组到娃哈哈集团等食品类企业进行实习实训,在实习实训中了解普通工作岗位上的专家劳模。以娃哈哈集团为例,公司有70多人被授予区级以上"劳动模范"称号,其中有两位员工荣获2020年"全国劳动模范"称号。

拓展阅读
大力弘扬劳模精神、
劳动精神、工匠精神

(1)在导师的指导下,小组撰写实习实训的目标、内容和要求。

(2)在企业专家劳模的带领下,前往相关岗位开展短期实习实训,建议每个实习实训小组人数控制在5人以内。

(3)完成实习实训,开展小组内讨论和心得体会分享,着重分析实习实训中身边专家劳模的精进创新道德规范,完成表3-21的填写。

表 3-21 食药道德规范实习实训记录

实习实训时间		实习实训企业	
实习实训目标			
实习实训内容			
实习实训要求			
组员岗位及职责			
实习实训过程记录			
道德规范感悟			

步骤三:完成体验报告

(1)各小组在活动后,以小组为单位完成活动体验表中相关内容的填写。

(2)活动小组撰写完成表3-22食药道德规范体验报告。

(3)将相关活动记录表和食药道德规范体验报告交给导师,导师依照活动实施的具体情况和小组道德规范体验报告进行点评,对相关主体进行评分。

表 3-22 食药道德规范体验报告

活动参与人员			
活动参与时间		活动内容	
体验报告内容			
导师评语			
活动评分	小组自评(10%)		总分:
	导师评价(60%)		
	企业评价(30%)		

总结反思

通过对娃哈哈集团经典案例的研读,以及娃哈哈集团等相关食品企业的调研体验,领悟食品企业品牌建设中所体现的食药道德规范,加深对企业文化尤其是质量文化所体现的食药道德规范的认知。例如"用质量与诚信打造品牌"的娃哈哈人,将质量至上、诚实守信、精进创新食药道德规范深深地融入企业发展的价值取向和员工行为规则中,形成信念和习惯来维护食品行业的健康发展,提高食品行业的服务质量,为食品安全保驾护航。

项目七·佛山市海天调味食品股份有限公司食药道德实践案例

项目七 PPT

🎯 学习目标

1. 了解海天味业食药道德实践案例。

2. 理解并掌握海天味业食药道德实践案例中体现的质量至上、精进创新、清廉守道等食药道德规范。

3. 结合案例开展调查体验,践行食药道德规范,提升食药道德修养。

📖 任务设置

任务一　案例描述

海天味业是中国调味品行业的龙头企业,溯源于佛山古酱园,距今已近 300 年历史。1955 年,佛山 25 家历史悠久的古酱园合并重组,因"海天酱园"是众多酱园中历史最悠久、规模最宏大、影响最深远的老字号酱园,故新厂被命名为"海天酱油厂",即海天味业前身。海天味业历经百年风雨的洗礼,成为当代调味品产销"航母"。作为首批"中华老字号"品牌,海天味业的发展史,也是老字号不断焕发新活力的生动样本。

酱油酿造是一个古老的行业,数百年来,人们遵循着蒸煮、拌曲、翻醅、下缸、晾晒等传统工序,代代相传。回溯海天味业的发展史,是一个几代制酱人精益求精的匠心故事。坚持传统古法工艺、坚持阳光酿晒、坚持最优原料、坚持不加香精和色素、坚持为消费者提供良心和放心的安全产品,这五大"坚持"在海天味业是牢不可破的法则。坚持但不固守,传承老祖宗留下来的传统工艺,并融入现代科学技术,海天味业不断焕发出新的生命力。

品质为本,筑起企业"护城河"

在酱油酿造过程中,阳光酿晒是基础,从晒池的玻璃角度调整,到不同季节菌种的选取,都很有讲究。传统的酿晒工艺,在海天味业被发扬光大。如今,海天味业依然坚持传统酿造工艺,坚持用阳光酿晒酱油,让原料日晒夜露、自然发酵,保证了海天味业产品多年来味道始终如一。

基于百年酿造的精耕,"以品质为本"的海天味业,为保证产品质量,一直致力于用现代科学技术对传统酿造工艺进行传承和创新,创造性地研发和使用酿晒技术。设计师根据阳光的方向、四季变化等来设计晒池,每块玻璃倾斜角度都被反复测量,以最大化利用阳光,让每一滴酱油都充满阳光的味道。

海天味业力求在生产技术上不断突破,在生产管理上不断完善。海天味业不仅会在出厂前对产品进行质量检查,还将产品的质量控制放到生产过程中的每一个关键节点。为保证产品质量,海天味业建立了"全面、全程、全员"的质量保障体系,从原料进厂到终端销售的食品安全监测、分析、控制和预防,每道生产工序海天味业都有详细的生产操作规程,以便检验部门依据规程进行检验和判定。这样的管理方式,有效保障了产品始终保持高质量水平。

海天味业还利用智能化、数字化手段将老师傅的技艺全部转化为数据。从黄豆进厂到包装完成,一瓶酱油要经过至少119道工序、494个质量检测点。在大数据监测系统之下,每个生产环节的温度、湿度、时间等各项指标都能得到精准把控,严格执行,有效保障海天味业的产品以高质量标准进入中国家庭的餐桌。

精进创新,老字号永葆活力

海天味业成功的内核之一在于以工匠精神为核心的人才战略。什么是工匠精神?在海天员工看来,工匠精神是"四个一":一个行当,只做调味品行业;一门技术,只做电机技术;一家单位,只做海天酱油;一辈子,从大学毕业做到退休。"一辈子只打一份工"、用劳动和实干托举海天梦,是许多海天人的缩影。而海天味业之所以能形成专一、专业、专注的人才结构,得益于海天味业以工匠精神为核心的人才战略,为一批批精益求精的海天工匠插上了腾飞的"翅膀"。

同时,创新的基因也一直都镌刻在海天人身上。《佛山市轻工业志》中记载了海天味业有不少行业领先的技术创新。1961年,海天味业建成了第一座水泥晒池,以池代缸发酵酿制酱油,这一改革在当时的酱油业算是开创了先河。传统酱缸晒制容量小、占地大,相比之下,晒池容量大、更卫生,也易于操作。1971年,海天味业历经几年时间研发的酱油真空注瓶机问世,使酱油注瓶时更加高效、卫生。同年,海天味业的第一条酱油自动包装流水线也投入使用。目前,海天味业建有面积超60万平方米的玻璃晒池和发酵大罐,专门用于高品质酱油的阳光酿晒,拥有多条世界先进的全自动包装生产线,以及行业先进的国家认可实验室,并从国外引进了成套科研检测设备,努力打造具有世界先进水平的调味品生产基地。

海天味业的品牌总监认为,海天味业的产品畅销多年的奥秘是创新、定位、口感的与时俱进。目前,海天味业旗下产品涵盖酱油、蚝油、调味酱、醋品、鸡精等多系列百余品种及300多个规格,海天味业从调味品行业向食品行业不断延伸。在海天味业产品体系中不乏金标生抽、草菇老抽这样畅销多年的产品,经久不衰,依然保持着增长活力;也不乏味极鲜、黄豆酱等后起之秀,来满足消费者对新口味的追求,保持了发展的后劲。在包装及产品的品质方面,海天味业几乎每年都会进行升级。2021年,在消费升级的背景下,包含"95后"在内的消费者越发关注饮食健康、品牌质量、膳食营养等。在这股浪潮下,海天味业陆续推出有机、零添加、无脂肪系列调味产品,在进军细分品类赛道的同时,满足年轻消费者健康饮食、高效便捷的追求,持续打开新的增长空间。与此同时,海天味业也在持续、积极探索营销新模式,加快电商平台建设,以不断满足新技术时代下不断变革的消费习惯及消费趋势,持续巩固海天味业在线上线下的竞争优势。

专注企业廉洁建设,成就海天味业风清气正

海天味业高度重视廉洁建设,立志将合规文化建设内化为企业核心竞争力,形成保廉洁促发展的新路径。一方面,海天味业强化制度体系建设,建立了《海天味业反舞弊管理制度》《海天股份员工行为准则》《海天股份员工自律准则》《员工签订廉洁自律承诺书规定》《关于净化两种关系的双八项规定》等相关制度。同时细化管理,以审计为抓手,构建针对重点岗位、重大风险的预警体系。另一方面,海天味业致力于营造公平、公开、公正的企业文化,并通过多种方式强化企业文化在员工行为意识中的作用,进一步严格企业风气的推进和传承,提升员工队伍的凝聚力和战斗力。

在海天味业,廉洁自律是对员工的基本要求。海天味业经常性地举办廉洁教育学习活动,如廉洁自律微课堂、廉洁自律宣传活动、企业文化学习和制度考试、强化警示教育学习等,强调倡导廉洁自律对个人和企业的意义,帮助员工端正思想,打造正确的人生观和价值观。除了不断加强企业自身的反腐管理工作外,在与供应商交往的过程中,海天味业要求员工和供应商零成本交际,还要求供应商签订《廉洁协议》,最大限度地保障了采购环节不存在任何贿赂、勒索、欺诈或洗钱等违法行为的隐患。对出现违反《廉洁协议》要求的供应商,海天味业会进行淘汰处理。

海天味业坚守传承与创新,让"老字号"品牌不断焕新,获得了市场和消费者的广泛认可。在《2020胡润中国10强食品饮料企业》中,海天味业排名第一。海天味业获得"2021中国消费者首选前十品牌"荣誉。2021年,中国品牌力指数2021C-BPI榜单发布,海天味业在调味品行业勇夺"四冠",分别获得2021C-BPI酱油、蚝油、酱料、食醋行业品牌排名第一的荣誉,其中酱油已蝉联11届榜首,展现了牢固的行业地位和对产品服务精益求精的追求。

(来源:海天味业2021年度环境、社会及治理报告[EB/OL].(2022-03-25)[2022-11-30].https://data.eastmoney.com/notices/detail/603288/AN202203241554741796.html.)

任务二 规范分析

一、质量至上,是企业发展的基石

民以食为天,食以安为先,安以质为本,食品质量直接关系人民群众的生命健康

和切身利益,关系到社会安全稳定,是重大的民生工程,是社会经济发展的基础和保障,是企业生存和发展的基石。食品企业是食品质量安全的第一责任主体,质量至上是食品企业及其从业者必须恪守的食药道德规范。

海天味业传承了老祖宗留下来的传统工艺,并将传统工艺与现代科学技术相融合,始终坚持"以品质为本"的经营理念,坚持为消费者提供良心和放心的安全产品。为保证产品质量,海天味业建立了"全面、全程、全员"的质量保障体系,从原料的质控开始,覆盖产品研发、生产、经营、销售的全过程,对食品安全进行全周期的监测、分析、控制和预防。海天味业利用现代化数字手段精准把控产品生产环节中的每一项指标,保障高质量标准产品进入中国家庭的餐桌。凭借过硬的质量安全管理,海天已通过 HACCP 管理体系、FSSC 22000 标准、BRC 食品技术标准等认证。同时,海天味业凭借高品质的产品,获得了市场的认可和消费者的信赖。海天味业已连续多年获得调味品市场的高占有率,持续推动了更为庞大的市场基础及良好的消费口碑,不断提高人民群众的获得感、幸福感、安全感。

二、精进创新,使企业永葆活力

当前,我国已进入全面建设社会主义现代化国家的新发展阶段,人民群众对于食物的需求已经发生了从"吃得饱"到"吃得好、吃得放心、吃得健康"的转变。习近平总书记指出,要树立人食物观,从更好满足人民美好生活需要出发,掌握人民群众食物结构变化趋势,在确保粮食供给的同时,保障肉类、蔬菜、水果、

拓展阅读
树立大食物观 让"中国饭碗"端得更好、更健康

水产品等各类食物有效供给。[①] 在大食物观的理念下,食品行业和从业者只有不断精进创新,通过全方位、多途径开发食物资源,开发丰富多样的食物品种,实现各类食物供求平衡,才能满足人民群众日益多元化的食物消费需求,满足人民群众对美好生活的向往。

数百年来,海天味业始终坚守精进创新,让老字号不断焕发新活力。一是在人才战略方面,海天味业始终坚持以工匠精神为核心的人才战略,通过多年的累积,造就了一大批海天工匠。二是在生产设施设备方面,海天味业一直追求精进创新,在坚持传统酿造工艺的基础上不断精益求精,实现了不少领先行业的创新,如建成第一座水泥晒池,以池代缸发酵酿制酱油,拥有多条世界先进的全自动包装生产线等。三是在产品布局方面,海天味业与时俱进积极拥抱多元、细分的新消费趋势,加快新品类的创新,满足消费者多样化的需求。例如,针对健康饮食理念,海天味业陆续推出有机、零添加、无脂肪系列主打健康的新产品等。正是因为海天味业一直以来的精进创新,让"老字号"海天味业品牌不断焕新,获得了市场和消费者的广泛认可。

---

① 刘慧.从大食物观出发更好满足人民需要[N].经济日报,2022-03-08(5).

三、清廉守道,提升企业软实力

食品行业要想实现高质量发展,优化行业风气,就要加强廉洁建设,将廉洁建设融入各项工作中。食品企业和从业者要坚守清廉守道的食药道德规范,对廉洁心存敬畏,秉公办事,在淡泊名利的同时,坚守底线,勤于律己,敢于同不正之风做斗争。食品企业和从业者要始终坚持社会大义于先,义先于利的义利观,为食品行业的健康发展贡献自己的一份力量。

作为调味品行业的领先者,清廉守道一直以来都是海天味业的文化特色。海天味业主张正气、廉洁,致力于营造公平、公开、公正的企业文化。海天味业高度重视员工、团队的廉洁自律,在建立完善制度体系的基础上,要求各级管理人员以身作则、廉洁自律,对舞弊问题保持"零容忍"态势。海天味业在员工队伍中加强廉洁建设,将廉洁自律在工作中常态化。海天味业每年都会定期组织廉洁自律学习和宣传,组织多种形式的学习活动,强化全体员工的廉洁自律意识,帮助员工提高个人修养。海天味业对外明晰廉洁透明的合作关系,例如,海天所有的供应商不允许和员工有亲属关系,而且在签合同前要先签一份《廉洁协议》,连粽子、月饼都不能送。通过廉洁建设,海天味业创造了风清气正的工作环境。海天味业的廉洁企业文化,已成为促进其发展的软实力。

任务三　调查体验

步骤一:评估准备阶段

组建若干活动小组,与走访企业进行沟通,准备调查体验活动过程相关的设备、用品等。

步骤二:实践探究阶段

在导师的指导下,小组依据活动要求,熟悉活动目的、流程及内容,明确活动要探究的关键问题及难点问题。

活动一:调研走访

结合案例,组建调研小组,对海天味业或其他调味品企业进行调研走访。

(1)通过浏览公司网站、查找文献、翻阅报刊等途径收集海天味业或其他调味品企业的相关资料,特别是能体现企业践行食药道德规范的相关资料,再结合案例进行分析。

(2)制订调研计划,实地参观走访海天味业或其他调味品企业,了解公司的企业文化和经营理念,感悟其中所蕴含的食药道德规范。

(3)结合调研与走访,开展小组内讨论,形成对海天味业或其他调味品企业践行食药道德规范的认知,并填写表 3-23。

表 3-23　企业食药道德规范调研走访记录

调研企业		企业地址	
调研时间		调研人员	
调研主题			
调研内容			
走访记录			
道德规范感悟			

活动二:"弘扬工匠精神,宣传工匠标兵"展板设计大赛

结合案例,组建展板设计小组,对海天味业等食品企业的工匠标兵事迹及其工匠精神进行解读及宣传。

(1)通过浏览公司网站,查阅报纸新闻等途径收集企业工匠标兵的先进事迹,再结合案例进行分析。

(2)围绕"弘扬工匠精神,宣传工匠标兵"这一主题展开设计,作品形式不限。作品要有一定的艺术性,做到立意创新,形式新颖。作品整体要美观大方,体例清晰,文字图片搭配合理。所有参赛作品必须原创,主题鲜明、内容积极向上,不得有抄袭行为。

(3)填写表 3-24"弘扬工匠精神,宣传工匠标兵"展板设计过程记录。

表 3-24　"弘扬工匠精神,宣传工匠标兵"展板设计过程记录

展板主题		作品形式	
展板创意			
小组分工			
展板内容设计要点			
道德规范感悟			

活动三:食品安全科普志愿服务

结合案例,以小组为单位,结合自身专业,开展各种形式的食品安全科普志愿服务,可选取以下一种形式或根据实际情况自拟内容开展。

(1)在导师的指导下,小组与所在地社区联系,对当地社区居民开展爱国卫生、疫情防控、食品安全知识讲解等活动,传播正确的饮食观念和食品安全知识,提高群众的食品安全意识。

(2)成立志愿者小组,在导师的指导下,小组与所在地社区联系,开展为行动不便、孤寡老人提供代购食品、药品等关爱活动。

(3)结合所学知识和对企业食药道德规范的实践案例进行解读,小组制作食品安

全宣传小册子等,在学校或社区免费发放,开展志愿宣讲,提升大众的食品安全意识水平,营造良好的社会氛围,并完成表 3-25 的填写。

表 3-25　食药道德规范志愿服务记录

志愿服务时间		地点	
主题			
组员岗位、职责			
志愿服务计划及内容安排			
志愿服务过程记录			
食药道德规范感悟			

步骤三:完成体验报告

(1)各小组在活动后,以小组为单位完成活动体验表相关的内容。

(2)活动小组撰写完成表 3-26 食药道德规范体验报告。

(3)将相关活动记录表和食药道德规范体验报告交给导师,导师依照活动实施的具体情况和小组道德规范体验报告进行点评,并对相关主体进行评分。

表 3-26　食药道德规范体验报告

活动参与人员			
活动参与时间		活动内容	
体验报告内容			
导师评语			
活动评分	小组自评(10%)		总分:
	导师评价(60%)		
	企业评价(30%)		

总结反思

通过对海天味业食药道德规范经典案例的研读,以及对海天味业等食品企业的调查体验,学习者能主动践行食药道德规范,提升食药道德规范修养。海天味业作为中华老字号品牌,之所以能屹立不倒,是因为其始终坚守质量至上,用品质赢得消费者的信任,用质量筑起企业的"护城河";海天味业始终坚守精进创新,在弘扬工匠精神的同时将"创新"的基因镌刻在其"骨血"中,焕发活力;海天味业始终坚守清廉守道,将廉洁融入企业文化,形成独特的软实力。海天味业已将质量至上、精进创新、清廉守道等食药道德规范深深地融入企业文化、企业发展战略和日常经营管理中,这些已成为海天味业发展不可或缺的底气。正是因为海天味业对食药道德规范的坚守和实践,人民群众舌尖上的安全才得以保障,对美好健康生活的需求才得以满足。

参考文献

[1]习近平.决胜全面建成小康社会 夺取新时代中国特色社会主义伟大胜利:在中国共产党第十九次全国代表大会上的报告[M].北京:人民出版社,2017.

[2]中共中央党史和文献研究院,中央"不忘初心、牢记使命"主题教育领导办公室.习近平关于"不忘初心、牢记使命"论述摘编[M].北京:党建读物出版社,2019.

[3]中国共产党第十九届中央委员会第五次全体会议公报[M].北京:人民出版社,2020.

[4]论语[M].北京:中国文联出版社,2016.

[5]孟子[M].北京:中国文联出版社,2016.

[6]黄帝内经:影印本[M].北京:人民卫生出版社,2013.

[7]长孙无忌.唐律疏议[M].北京:中国政法大学出版社,2013.

[8]焦诠.药业道德[M].南京:江苏科技出版社,2002.

[9]刘俊荣.中华传统医德思想导读[M].北京:中央编译出版社,2011.

[10]胡锦涛.坚定不移沿着中国特色社会主义道路前进 为全面建成小康社会而奋斗:在中国共产党第十八次全国代表大会上的报告[M].北京:人民出版社,2012.

[11]习近平.习近平谈治国理政:第二卷[M].北京:外文出版社,2017.

[12]习近平.习近平谈治国理政:第三卷[M].北京:外文出版社,2020.

[13]杨天才,张善文.周易[M].北京:中华书局,2020.

[14]张仲景.伤寒杂病论[M].北京:中国中医药出版社,2019.

[15]孙思邈.备急千金要方校释[M].北京:人民卫生出版社,2014.

[16]王守仁.王阳明全集[M].上海:上海古籍出版社,2011.

[17]刘安.淮南子[M].上海:上海古籍出版社,2016.

[18]颜世安.庄子评传[M].南京:南京大学出版社,1999.

[19]陈泽环.敬畏生命:阿尔贝特·施韦泽的哲学和伦理思想研究[M].上海:上海人民出版社,2013.

[20]陆晓莉,林世杰,孙倩.药德教育与实践[M].杭州:浙江大学出版社,2022.

[21]胡文耕.生物学哲学[M].北京:中国社会科学出版社,2002.

[22]曾世荣.活幼心书[M].北京:中国中医药出版社,2016.

[23]何九盈,王宁,董琨.辞源[M].北京:商务印书馆,2019.

［24］许慎.说文解字［M］.北京:团结出版社,2020.

［25］陈邦瞻.宋史纪事本末［M］.北京:中华书局有限公司,2018.

［26］王伟.当代中国食品安全道德建设的历史溯源［M］.北京:社会科学文献出版社,
2015.

［27］靳文泉.中华传统廉政文化十三篇［M］.北京:民主与建设出版社,2022.

［28］中国行为法学会廉政行为研究会.从严治党与廉政之道［M］.北京:人民出版社,
2017.

［29］唐芹,高明喜.廉洁行医,从我做起:现代医护人员廉洁自律手册［M］.北京:企业
管理出版社,2014.

［30］朱世僧.王玉润论医药［M］.上海:上海浦江教育出版社,2009.

［31］李长林.古罗马兴衰时期的社会道德［J］.湖南师院学报(哲学社会科学版),1984
(1):52-56.

［32］崔梦.荷马史诗与古希腊人的饮食文化［J］.农业考古,2019(4):219-224.

［33］曾鹰,曾丹东,曾天雄.后危机时代食品安全的伦理叩问及救赎［J］.湖南大学学
报(社会科学版),2017,31(1):124-129.

［34］吴布林.民国时期上海华界食品卫生监管初探(1927—1937)［J］.临沂大学学报,
2015,37(2):133-138.

［35］赵欣.品牌经营的精髓:中华老字号的经营理念［J］.品牌,2006(12):35-37.

［36］包玉清,叶冬青.医学上的"西塞罗":塞尔萨斯［J］.中华疾病控制杂志,2020,24
(1):118-121.

［37］李勇,苏东民,倪居.食品专业职业道德教育研究:评《中国食品安全道德治理研
究》［J］.食品工业,2020,41(6):363.

［38］刘力军,周漠柳.古代医家医德刍议［J］.农家参谋,2020(8):228-229.

［39］周祖亮,陆源鸿.古代医德文献对医学生思政教育的价值及应用［J］.广西中医药
大学学报,2018,21(4):153-156.

［40］任晓明.生命本质辨析［J］.南开学报,2003(2):91-96.

［41］董妍.中国古代食品安全监管的启示［J］.沈阳工业大学学报(社会科学版),
2014,7(6):481-485.

［42］高华.浅析食品道德责任对食品安全的影响［J］.食品安全质量检测学报,2018
(22):6055-6058.

［43］李凤婷,王浩.药学生职业道德教育现状调查与分析［J］.现代职业教育,2020
(22):132-133.

［44］姚明霞.习近平关于廉政建设重要论述的生成逻辑、创新发展及时代价值［J］.中
共成都市委党校学报,2022(1):36-43.

[45]赵友琴.晚清名医何鸿舫传略[J].上海中医药杂志,1982(12):40-41.

[46]佚名.创新在于求异[J].发明与创新(综合版),2007(10):1.

[47]韩兴龙.我国传统医德教育思想探析[D].长春:吉林大学,2018.

[48]卜小玲.食品安全形势下的职业道德建设研究[D].长春:吉林大学,2015.

[49]娜塔莎.中西饮食文化内涵与观念[D].杭州:浙江大学,2012.

[50]习近平在全国卫生与健康大会上强调把人民健康放在优先发展战略地位 努力全方位全周期保障人民健康[N].人民日报,2016-8-21(1).

[51]张俊杰.群众工作要学会换位思考[N].中国组织人事报,2013-11-27(6).

[52]人民观点:尊重科学,做到求真务实开拓创新:大力弘扬伟大抗疫精神[N].人民日报,2020-09-17(5).

[53]印发《"健康中国2030"规划纲要》[N].人民日报,2016-10-26(1-10-11).

[54]海天味业百年沉淀迸发创新活力[N].南方日报,2021-9-28(4).

[55]习近平.习近平2014年五四在北京大学师生座谈会上的讲话全文[EB/OL].(2014-05-04)[2022-11-30].https://sph.xmu.edu.cn/2017/1027/c15868a314641/page.htm.

[56]习近平.习近平在中央党校建校80周年庆祝大会暨2013年春季学期开学典礼上的讲话[EB/OL].(2013-03-01)[2022-11-30].http://cpc.people.com.cn/n/2013/0303/c64094-20656845.html.

[57]徐秦法.以人民为中心:中国共产党执政价值取向与治国理政旨归的统一[EB/OL].(2020-12-14)[2022-11-30].http://www.rmlt.com.cn/2020/1214/601681.shtml.

[58]江岸区中药炮制技艺上榜第五批国家级非遗名录[EB/OL].(2021-06-15)[2022-11-30].https://www.163.com/dy/article/GCH88LE705527HB7.html.

[59]雷风雨.同事眼中的人民英雄张伯礼:乐于学习善于学习终身学习的"大家"[EB/OL].(2020-09-13)[2022-11-30].https://m.gmw.cn/baijia/2020-09-13/1301557036.html.

[60]《李时珍》课文原文[EB/OL].(2018-01-15)[2022-11-30].http://www.ruiwen.com/wenxue/kewen/400452.html.

[61]习近平.习近平在全球健康峰会上的讲话(全文)[EB/OL].(2021-05-21)[2022-11-30].http://www.gov.cn/xinwen/2021/05/21/content_5610214.htm.

[62]习近平在中央党校(国家行政学院)中青年干部培训班开班式上发表重要讲话[EB/OL].(2022-03-01)[2022-11-30].http://www.gov.cn/xinwen/2022-03/01/content_5676282.htm.

[63]习近平对吉林长春长生生物疫苗案件作出重要指示[EB/OL].(2018-07-23)

［2022-11-30］. http：//www. xinhuanet. com/politics/2018-07/23/c_1123166080. htm.

［64］韦钦国. "修合无人见 存心有天知"的来历［EB/OL］.（2016-07-22）［2022-11-30］. http：//www. cntcm. cn/zywh/2016/07/22/content_18493. htm.

［65］童顺鸣,吕汉波. "诚信是金"：五粮液的成功之道［EB/OL］.（2004-05-27）［2022-11-30］. https：//news. sina. cn/s/2004-05-27/03502637046s. shtml.

［66］修正药业：用良心和责任制药［EB/OL］.（2012-10-17）［2022-11-30］. http：//cs. sina. com. cn/minisite/news/201210172028. html.

［67］习近平向 2021 中关村论坛视频致贺［EB/OL］.（2021-09-24）［2022-11-30］. ht-tps：//www. chinanews. com. cn/gn/2021/09-24/9573086. shtml.

［68］盼盼食品集团蔡金钗：精益求精做食品行业的匠人匠企［EB/OL］.（2019-05-13）［2022-11-30］. http：//food. china. com. cn/2019-05/13/content_74778249. htm.

［69］中华人民共和国国民经济和社会发展第十四个五年规划和 2035 年远景目标纲要［EB/OL］.（2021-03-13）［2022-11-30］. http：//www. gov. cn/xinwen/2021-03/13/content_5592681. htm.

［70］潘珊菊,韩天博. 央视 3·15 晚会曝光劣质义齿市场［EB/OL］.（2016-03-16）［2022-11-30］. http：//media. people. com. cn/n1/2016/0316/c40606-28202134. html.

［71］朴实无华谱写生命之歌［EB/OL］.（2011-09-09）［2022-11-30］. http：//siyanhui. wenming. cn/sxddkm/dxtj/201109/t20110909_319009. shtml.

［72］葛兰素史克"贿赂门"［EB/OL］.（2014-09-19）［2022-11-30］. http：//news. cntv. cn/special/glsskxh/index. shtml.

［73］鲁粮集团储备粮管理工作之"廉洁储粮" 筑牢防控堤 储好廉洁粮［EB/OL］.（2020-08-31）［2022-11-30］. http：//www. chinagrains. org. cn/wzfcms/html/chi-nese/qydt_1034/20200831/8bf6059a9e6643c6903ccf46b84f0d5e. html.

［74］生态美酒涵养生态［EB/OL］.（2022-03-08）［2022-11-30］. http：//szb. eyesnews. cn/pc/cont/202203/08/content_48968. html.

［75］深圳市市场监督管理局,深圳市发展和改革委员会. 深圳市食品药品安全"十四五"规划［EB/OL］.（2022-02-16）［2022-11-30］. http：//www. sz. gov. cn/attach-ment/0/947/947711/9575076. pdf.

［76］宗庆后. 用质量与诚信打造品牌［EB/OL］.（2021-12-02）［2022-11-30］. http：//fi-nance. people. com. cn/n1/2021/1202/c1004-32297149. html.

［77］海天味业 2021 年度环境、社会及治理报告［EB/OL］.（2022-03-25）［2022-11-30］. https：//www. cfi. net. cn/newspage. aspx？ id＝20220325000236&client＝

phone.

[78]海天味业 2020 年年度报告[EB/OL].(2021-03-31)[2022-11-30].https://data.eastmoney.com/notices/detail/603288/AN202103301478452255.html.

[79]贾玎玎.同仁堂为世界抗"疫"献良方[EB/OL].(2021-08-24)[2022-11-30].https://www.tongrentang.com/newsList/60/1.htm.

[80]张景华,董城.同仁堂:诚信为本 药德为魂[N].光明日报,2015-01-22(4).

[81]麦婉华,阳博骞.广药集团成为首家以中医药为主业的世界 500 强企业[EB/OL].(2021-08-04)[2022-11-30].http://szyyj.gd.gov.cn/zwyw/gzdt/content/post_3451656.html.

[82]贺林平.广州:家庭过期药可自助回收[N].人民日报,2021-8-24(12).

[83]习近平谈"初心"系列之五:忠于党、忠于人民、无私奉献,是共产党人的优秀品质[EB/OL].(2019-07-09)[2022-11-30].http://dangjian.people.com.cn/n1/2019/0709/c117092-31221965.html.

[84]恒瑞医药:坚持国际创新标准铸就卓越质量品牌[EB/OL].(2020-05-21)[2022-11-30].https://finance.sina.com.cn/stock/enterprise/cn/2020-05-21/doc-iirczymk2829980.shtml.

[85]李秀芝."最牛医药夫妻档"各自掌舵千亿市值上市公司,背后的故事……[EB/OL].(2021-05-06)[2022-11-30].http://www.iceo.com.cn/renwu2013/2021/0506/308723.shtml.

[86]习近平在统筹推进新冠肺炎疫情防控和经济社会发展工作部署会议上的讲话[N].人民日报,2020-02-24(2).

[87]张蓝飞.刘敬桢:胸怀"国之大者"锻造全球竞争力[EB/OL].(2021-12-19)[2022-11-30].http://www.yyjjb.com.cn/12/20/20211220105434534_13054.shtml.